BUSQUE EMPLEO CON ÉXITO

Grupo ROBIN BOOK

Barcelona - México
Buenos Aires

BUSQUE EMPLEO CON ÉXITO

EL ARTE DE SABER VENDERSE

Christoph Kühnhanss

Traducción de Eva Nieto Silva

Un sello de Ediciones Robinbook

información bibliográfica
Indústria, 11 (Pol. Ind. Buvisa)
08329 - Teià (Barcelona)
e-mail: info@robinbook.com
www.robinbook.com

Título original: *Bewerben ist Werben*

© Ullstein Buchverlage GmbH, Berlin. Published by Econ Verlag

© Ediciones Robinbook, s. l., Barcelona

Diseño interior: La Cifra
Diseño de cubierta: Regina Richling
Fotografía de cubierta: iStockphoto © Nicholas Monu
ISBN: 978-84-9917-053-4
Depósito legal: B-17.236-2010
Impreso por Limpergraf, Mogoda 29-31 (Can Salvatella) - 08210 Barberà del Vallès

Impreso en España - *Printed in Spain*

ÍNDICE

NOTA DEL EDITOR

En la presente edición hemos adaptado la mayoría de los topónimos (generalmente situados en Suiza y Alemania) y antropónimos con tal de conservar el estilo directo y cercano del autor. Para ello, la traductora ha usado principalmente nombres ficticios y, en otras ocasiones, aquellos que ha creído más indicados en nuestro ámbito. Por ejemplo, si la edición en alemán localiza una fábrica de muebles en la Selva Negra (la zona de mayor manufactura de mobiliario de la Europa central), en nuestra versión la sitúa en Valencia o Alicante. En resumen, hemos intentado acercar las referencias al lector intentando que no pierdan el valor y las connotaciones que el autor ha tratado de darles.

Algo similar ocurre con las referencias a páginas web, cifras, contextos e instituciones, para los que hemos buscado un análogo más cercano al contexto del lector en lengua española.

PRÓLOGO ETÍOPE

Meditaciones sobre el Tercer Mundo

E n el año 2004 pasé varios meses en Etiopía, uno de los países más pobres de la Tierra. ¿Qué tiene que ver eso con la forma de venderse? Un montón: todos los acontecimientos y problemas europeos se ven desde Etiopía como si fueran auténticos lujos. Junto a las innumerables ventajas evidentes de las que disfrutamos, como pueda ser el agua y la electricidad, los centros comerciales y la Seguridad Social, a ellos les falta, como ocurre en la mayoría de los países de la Tierra, lo más esencial: las posibilidades de elección por parte de los seres humanos para hacerse cargo de su propia vida, para diseñar su concepción vital individual y llevar a término su biografía personal. Para ellos no es fácil disponer de las mismas oportunidades que nosotros, los europeos, dejamos pasar de forma negligente.

Eso es, exactamente, de lo que trata este libro: venderse no significa otra cosa que no dejar escapar las oportunidades profesionales y hacer algo de tu vida.

Esto no lo puede negar nadie. Venderse es exactamente llegar a ser el más eficaz, pero siempre que te lo sepas montar, si eres capaz de buscar la solución de tu propio futuro con fuerza, ímpetu y convicción, con sed de aventuras, espíritu pionero y potencial creador. Como un profesional, como un empresario, como un Cristóbal Colón que vio el paraíso más allá del proceloso y enorme océano. ¡El que hoy sea una mosquita muerta, haga pocos sacrificios o se quede cruzado de brazos, se hundirá sin remedio!

Evidentemente, buscar trabajo o estar a punto de caer en el desempleo puede resultar muy estresante y no voy a restar importancia a ese tema. Sin embargo, sin malicia y con toda modestia: ante todo, no te olvides nunca de pensar en las expectativas de que disfrutas al haber nacido, por un azar de la fortuna y como un enorme regalo, en este continente. A fin de cuentas, nosotros discutimos en Europa sobre si nuestro nivel está entre el 97 % y el 100 % del posible estándar de vida del planeta. El problema de los etíopes se basa en que su estándar va del 0 al 2 %.

Los que propagan la autoflagelación colectiva, las siempre odiosas búsquedas de culpables y la total desesperación a causa de pequeñas imperfecciones, nos ofrecen la impresión de encontrarnos ante un gigantesco desastre. A la política, la Iglesia, los empresarios, y las oficinas de empleo y a no sé cuántos más se les exige resolver nuestros problemas de una vez por todas.

Incluso llegamos a mostrarnos sencillamente ciegos ante nuestras posibilidades y oportunidades: la desgraciada queja centroeuropea es la mejor estrategia de autoobstrucción y conduce directamente al fracaso, cuando lo importante es encontrar un nuevo trabajo y organizar nuestra vida en los próximos años.

POR TAL MOTIVO, DE ESTE LIBRO DEBES ESPERAR TRES COSAS:

- Motivación y fuerza: *El arte de saber venderse* está escrito de forma tan relajada, plena de humor y motivadora, que apenas podrás dejar de leerlo. El libro elimina el rigor y la gravedad con que otras guías hacen de la solicitud de empleo una especie de funeral.
- Amplia información: el libro está abarrotado de pequeñas guías, de consejos y trucos acreditados miles de veces, de ejemplos y de «DEBES» y «NO DEBES» de las empresas profesionales de búsqueda de empleo.
- El saber de los expertos: *El arte de saber venderse* lanza un valioso vistazo detrás del escenario de las empresas de Recursos Humanos, elimina clichés estereotipados acerca de cómo hacer *autopublicidad* y expone sin miramientos lo realmente importante.

Al principio publiqué *El arte de saber venderse* siendo yo mismo mi propio editor. En un cortísimo intervalo de tiempo conseguí que el libro figurara en los estantes de las librerías, y el libro se mantuvo durante catorce meses en la lista de best-séller de la prestigiosa revista suiza de economía *BILANZ,* fue galardonado por Get-Abstract con la etiqueta «BestBook» y fue incluido en la Top 20 de los libros de economía.

¡Que ahora aparezca de la mano de Econ, de la conocida editorial Ullstein, es un verdadero bombazo!

¡Deseo de corazón que mis lectores emprendan su búsqueda de trabajo de una forma juguetona, valerosa, optimista y, al tiempo, placentera, pues también así se consigue el éxito!

CHRISTOPH KÜHNHANSS
BERNA, BERLÍN Y GONDAR, JUNIO DE 2005

TITULARES Y REACCIONES SOBRE *EL ARTE DE SABER VENDERSE*

Top 20 del año 2003 de los libreros de economía

www.getabstract.com, la mayor biblioteca on-line del mundo con resúmenes de libros de negocios ha incluido a *El arte de saber venderse* entre los 20 mejores libros de economía del año 2003.

«Uno de los más peculiares y mejores libros sobre el tema de solicitud y búsqueda de empleo. Lo recomendamos calurosamente a todos los que desean ascender profesionalmente, los que buscan empleo y los que quieran cambiar de trabajo.»

Best-séller Bilanz

Desde noviembre del año 2003 hasta diciembre de 2004, *El arte de saber venderse* ha figurado ininterrumpidamente en la lista de best-séllers de la prestigiosa revista suiza de economía *BILANZ*.

Algunas reseñas y reacciones abreviadas

«Absolutamente necesario para todos los que trabajan. Una obra con categoría, con un gran sentido del humor, entretenida y, al tiempo, fascinante. Es uno de los pocos libros que he devorado de forma rápida y completa y lo he asimilado realmente. Un volumen que me explica exactamente cómo hacer un currículum, cómo entenderlo y cómo abordarlo. Imprescindible para todos los que participan en el mundo laboral.»

CRÍTICO DE OFFENBURG

«Cristoph Kühnhanss sabe hacerlo bien. Un as de los que ya no se encuentran en el tema de la búsqueda de empleo. ¡Auténticamente magnífico!»

CRÍTICO DE MÚNICH

«Un libro muy logrado sobre el tema del empleo. Un consejo personal para el 2004: El arte de saber venderse *es realmente lo adecuado.»*

«¡Un bombón para tu candidatura a un empleo! Si no sabes en qué falla tu solicitud, este libro es el más adecuado.

CRÍTICO DE FREISING

«Absolutamente recomendable, y no sólo para los que buscan trabajo. Los consejos para la autogestión y la ampliación de horizontes están perfectamente equilibrados. Está escrito con un estilo práctico, con riqueza de conocimientos, pleno de humor y relajado. Su lectura supone un prolongado deleite.»

CRÍTICO DE FREIBURG IM BREISGAU

«¡Motivación pura y dura! Por fin un libro que me ha causado sensación porque mis solicitudes de empleo han resultado eficaces. Es una obra en la que este tema se trata con un poquito de humor y se asimila de forma muy positiva. A mí me ha ayudado mucho. Frecuentemente me he reído en alto. Escribir solicitudes y tener éxito a toda velocidad: ¡Magnífico!»

CRÍTICO DE COLONIA

«Es imprescindible leerlo. Un superlibro, profesional, divertido y muy refrescante de leer. Con multitud de ejemplos prácticos. Obligatorio, y no sólo para los que buscan trabajo.»

CRÍTICO DE BERNA

«Va en cabeza y muy por delante de su tiempo. Sería hermoso que hubiera más libros como éste, tan poco encorsetado y relajado.»

CRÍTICO DE WERNBERG, AUSTRIA

«Buenas formas para las solicitudes de trabajo y, además, con alegría. Eso es exactamente lo que me ha parecido. He encontrado una respuesta para

cada una de mis preguntas, una respuesta que ha conseguido que esté satisfecho y, al tiempo, me ha llevado a reflexionar. ¡Sencillísimo!»

CRÍTICO DE BERNA

«Los consejos y trucos son lo más útil y encantador que he leído sobre este tema.»

H. V.

... y otros muchos más.

BERNA, 1 DE JULIO DE 2005

A MODO DE PRÓLOGO

DE QUÉ TRATA REALMENTE, QUÉ CONTIENE ESTE LIBRO, POR QUÉ SURGIÓ, ETC.

Lo que tienes ante ti es un libro carente de convencionalismos sobre métodos para realizar de forma eficaz una solicitud de trabajo y búsqueda de empleo, de planificación de carrera y de autogestión. El lema es *El arte de saber venderse*, y si utilizas las enseñanzas más importantes de esta obra te convertirás en un peso pesado entre las empresas de empleo. Obtendrás, y no es una exageración, mucho más éxito en la búsqueda y además te divertirás y también te acompañará el éxito en la vida. A través de internet nos han llegado millares de reacciones relativas a nuestros trucos y consejos.

Aquí encontrarás divertidos y eficaces consejos profesionales de un crítico asesor de Recursos Humanos que en los últimos 16 años ha ocupado más de cien puestos, ha dirigido 4.000 entrevistas de trabajo y ha examinado unos 40.000 expedientes de solicitud de no menos de 10 páginas cada uno (¡uf!, eso son más de 450.000 páginas). Mientras tanto, aunque ha conseguido que el pelo se le ponga gris, poco más o menos lo mismo que le ha ocurrido a su inteligencia, no ha perdido la alegría. Y ahora él sabe de qué va el negocio de las solicitudes de empleo.

Es cierto que promocionarse uno mismo es una cosa muy seria, como terriblemente serios son los libros que tratan del tema y terriblemente serios los consejeros que, sin excepción, levantan su dedo en un gesto solemne para declarar: «Debes hacer esto y abstenerte de esto otro. Así es correcto y así no lo es», hasta que ante tanto sincero consejo se te líe totalmente la cabeza y pierdas de vista lo más esencial.

¡Tomáoslo en serio, pero sin crearos dificultades!: promocionarse no es complicado, como tampoco lo es usar la mejor técnica para anudar la corbata o para encontrar la posición ideal de la columna vertebral mientras haces una presentación.

Eres un pequeño empresario con un trabajo importante, como es el de gestionar tu propia vida. Eres el jefe de tu pequeña empresa, y aquí descubrirás lo que necesitas para que tu preciosa empresa continúe su rumbo hacia el éxito. Aquí no podemos perdernos en detalles complicados ni en temas muy serios, sino que las cosas se acometen como jugando y, de nuevo, debemos hacer incursiones filosóficas en nuestros puntos de vista, desde los que vemos con más claridad y en los que nos basamos para guiar nuestra vida.

En cada uno de los siete capítulos («La publicidad», «La solicitud», «Internet y teléfono», «El puesto de trabajo», «La entrevista de trabajo», «Entrénate tú mismo» y «Planificar tu carrera profesional») encontrarás:

- Pequeñas guías resumidas de la praxis de las solicitudes.
- Resúmenes de «DEBES» y «NO DEBES».
- Ejemplos reales surgidos de las empresas de empleo.

Al final del libro dispones de una relación de páginas web relativas al tema del empleo, empresas temporales, oficinas, etc.

¿Sientes ya deseos de empezar? ¡Pues vamos a ello! En todo el libro nos referimos a gente de Personal o de Recursos Humanos porque así suena a condición humana, y no nos referimos a jefas de Personal porque se pueden ofender los jefes de Personal y todos los demás que contratan gente pero no son jefas: ¿Está claro? O sea, con el concepto de gente de Personal nos referimos a todos los que tienen que hacer preguntas personales y son responsables de la contratación. ¿De acuerdo? ¡Bueno, y ahora comenzamos!

BERNA, 1 DE JULIO DE 2005

LA PUBLICIDAD

LO QUE DEBES SABER SOBRE PUBLICIDAD

L a mayoría de las veces no queda muy claro lo que es más importante en toda la historia de las solicitudes:

¡Debes promocionar tu imagen!
¡Promocionarse es venderse!

Y por eso queremos hacer de ti un profesional de la promoción y la venta. No tengas miedo: no queremos que seas uno de esos que pretenden endosar a los pobres esquimales unas neveras de poco renombre. Sólo te vamos a proporcionar las herramientas más importantes con las que puedas ponerte a trabajar inmediatamente y llegar a obtener de forma sencilla el éxito en tu tarea de buscar un nuevo puesto de trabajo. En este capítulo te vamos a transmitir nuestros conocimientos sobre:

- Cómo funciona realmente el mercado de trabajo.
- Cómo convertirte en un profesional de la publicidad: una sencilla pero contrastada fórmula reducida para conseguir la propaganda más adecuada.
- Todo se puede vender, sólo hace falta saber cómo hacerlo.
- Cómo funciona el pérfido *direct marketing* o marketing directo, y cómo usarlo en tu solicitud.

◯ La publicidad tiene decibelios: cómo regular adecuadamente los altavoces de tu solicitud.

Quizá ya lo notes: nosotros te ofrecemos una guía que sólo es conocida de forma habitual en el lenguaje especializado de las empresas. Pero que quede claro que en el mercado de trabajo tú eres un verdadero pequeño empresario que debes hacer, al mismo tiempo, todos los trabajos de la empresa.

Examinemos esto:

¿CÓMO FUNCIONA EL MERCADO DE TRABAJO?

Lo que viene a continuación resulta algo desmoralizador. Normalmente eso puede llevarte a un primer período de depresión, ¡pero no queremos que eso te ocurra!

¡Más de 4 millones de desempleados en Alemania!
¡Unos 2 millones en España!
¡Pronto habrá 160.000 en Suiza!

Cada año se baten récords más lastimosos y el 2004 fue uno de esos años lúgubres. ¡Así es, y cada vez será peor! Si lees los periódicos ya sabrás algo sobre este tema: 5.000 despedidos por aquí, 3.000 por reajuste de plantilla por allá, quiebra de la empresa «x» y liquidación de la firma «y». Los bancos y algunos gestores anuncian fusiones y, mientras exhiben luminosas sonrisas, hacen crecer ficticiamente el valor de las acciones para falsear sus balances y aprovechar sinergias, que es una forma de decir que van a poner en la calle a sus trabajadores. ¡Es lamentable, muy lamentable! ¿Y encima quieres encontrar un nuevo trabajo, y a lo mejor pretendes que te permita autorrealizarte?

Si buscas o necesitas un trabajo así, lo único que te cabe esperar es la desesperación. ¡Hoy en día ésa es una empresa inútil! El Banco Mundial, la Unión Europea y los dirigentes de los países están endeudados. Y algunos pueblos se vienen abajo convirtiéndose en desesperados y folclóricos grupos de marginados. Y, además, tenemos la ingeniería genética, la destrucción del medio ambiente, el aumento de la población, los descontrolados mercados financieros, el final de los estados sociales, el miedo y la monotonía, y la casi olvidada brutalidad en las escuelas y las violaciones de niños, y tantas otras cosas... La lista es interminable, pero ya estamos preparados para todo.

En otros tiempos todo era mejor. El mundo se encamina a su desaparición. Así que debemos dejar caer los hombros, poner cara larga y angustiada y dejar descansar, desmadejadas, las manos sobre nuestro regazo. Ante esto, sólo puedo aconsejarte que renuncies a esas ideas y abandones esos irracionales esfuerzos que carecen de valor. Así jamás encontrarás un buen trabajo, lo mejor es que te sientes delante del televisor. ¡Esto no te aporta nada! Bueno, y ahora, ¿cómo te encuentras? ¿No te parece que resultas un poco miserable? Sí, a eso llevan los pensamientos catastróficos, que son una mala costumbre, sobre todo entre nosotros, los europeos. Y eso a pesar de que formamos parte de los campeones/as del mundo (incluso vamos por delante de otros de nuestro entorno...). Y protegemos, cuidamos y cultivamos esas malas sensaciones que no nos llevan a nada bueno.

Pero ¿has leído ya lo que viene ahora?

4 millones de contratos de trabajo firmados.
2004 fue de nuevo un año récord.

Este titular puede resultar poco usual, pero es cierto. Lo que pasa es que no se lee nunca. Es verdad que en Alemania se han generado 4 millones de puestos de trabajo. Esto corresponde a una tasa del 10 % de la población activa de Alemania, que es de 42,7 millones de personas. En España, unos 450.000 sobre unos 19 millones de empleados. En Austria y Suiza las cifras se mueven entre los 300.000 y los 400.000. Y así funciona el mercado de trabajo. Y eso que en tales cifras no se cuentan los autónomos ni los trabajadores temporales. Para ti el único problema es arrimarte al grupo y atrapar uno de esos miles de puestos de trabajo. ¡Y eso tiene que ser fácil!

¿Qué?, ¿cómo te sientes ahora? ¿Tienes más confianza que antes o no? Sólo hacen falta unas pocas buenas noticias para volver a cargarnos de energía. Y ahora, ya con las baterías recargadas podemos comenzar sin miedo con una de las partes más desagradables del tema de la solicitud que, a pesar de ser tan repulsiva, (¡qué palabra tan fuerte!) no deja de ser menos cierta:

¡El mercado de trabajo es un mercado!

¡Y por tanto es considerablemente duro! La cosa no resulta bonita, yo tampoco la considero tan maravillosa, pero la vida es así. Ningún ser humano puede tener éxito si lo ignora. Y, como cualquier otro mercado, el del trabajo se rige por la ley de la oferta y la demanda. Para triunfar tienes que ofrecer el mejor producto, la mejor publicidad y la mejor prestación de servicios. Y ahora hablemos de la venta:

¡Tú eres el vendedor/a!

Para buscar un puesto de trabajo debes venderte, y eso suele resultar duro para la mayoría de las personas. A muchos de nosotros nos resulta muy penoso perfumarnos con incienso y ponernos por las nubes, mientras que a otra gente, este trabajo les resulta menos arduo.

Ahora, naturalmente, esto puede sonar un poco desleal, pero vamos a ello: la mayoría de los mortales tienden a subestimarse y mostrarse recatados, pero esto es lo peor que se puede hacer, pues un vendedor timorato carece de posibilidades de éxito. A lo anterior hay que añadir:

¡Y tú eres el producto a vender!

Hay que hacer un trabajo que no suele resultar fácil. Tienes que gestionar un producto, que eres tú mismo (*product management* o gestión del producto); debes inflar el expediente de tu solicitud (publicidad); tu solicitud no debe ir a la papelera, sino llevarte a una entrevista (marketing directo); debes encontrar el comprador, o sea el empresario, apropiado (marketing); debes conseguir un buen sistema de hablar por teléfono (marketing telefónico); debes presentarte (ventas); debes perfeccionarte (desarrollo del producto, gestión del ciclo vital); y, por último, debes mantenerte frío ante las negativas y, en suma, siempre permanecer con el mejor ánimo y en permanente evolución (autopreparación).

¡Y todo eso a la vez! ¡Pero es fácil, nosotros ya lo hemos conseguido! Ahora ya te has dado perfecta cuenta: ¡Eres el jefe de una pequeña empresa! Si sabemos esto, entonces podremos utilizar los astutos conocimientos del gestor acerca de publicidad, marketing, gestión del producto, ventas, etc., para nuestra búsqueda de empleo. ¡Lo que te ofrecemos aquí es un entrenamiento en publicidad, ventas, marketing, etc.! Pero no tengas miedo, nosotros mantendremos los pies en la tierra y nos atendremos al siguiente lema:

¡Sé breve, sencillo y estúpido!

Nos centraremos en lo esencial y lo útil y así tendremos a la vista estas instrucciones.

ASÍ TE HARÁS PROFESIONAL DE LA PUBLICIDAD Y REDACTOR DE ANUNCIOS

Una cosa debe quedarte totalmente clara: con tu solicitud y tu documentación lo único que te haces es publicidad, y nada más que eso. Una instancia para pedir un empleo no es una solicitud de auxilio, una llamada para mendigar donativos o un pregón de fiestas del barrio. Sólo sirve para hacerte buena publicidad. Hazlo así: ahora te vamos a proporcionar una eficiente guía para el éxito de tu petición:

Éxito de la publicidad =
+ Refuerzo
– Factor de aburrimiento
– Filtro

Esto necesita de una explicación, pero sin embargo es muy sencillo.

La fuerza del refuerzo
¡Se puede pensar, hablar y escribir sobre cualquier cosa, y lo mismo te puede producir alegría como parecerte un asco! ¿A qué se debe? Depende del

tipo de pensamientos, impresiones y palabras que utilicemos. Te vamos a dar un ejemplo:

Estás en una playa de blanca arena, al mirar a lo lejos contemplas la inmensidad del mar, de un profundo color azul, el sol calienta agradablemente tu piel, las olas dejan oír su tranquilizador murmullo, te envuelve una suave brisa templada que agita la fronda y lleva hacia ti el salobre aroma del mar; tienes en una mano un sabroso cóctel de coco y, en la otra mano, ¿qué es lo que puedes tener en la otra mano? Digamos que un libro sobre la belleza de este maravilloso mundo.

¿Lo has observado? Seguro que has percibido las mejores sensaciones al leerlo, te ha surtido el efecto del tiempo de vacaciones, los recuerdos de aquellos estupendos días. Cada palabra ha servido para reforzar tus impresiones positivas. Has comenzado a sonreír, a soñar con aquellos días, a tranquilizarte, se ha rebajado tu número habitual de pulsaciones y has vuelto a rememorar a aquellos amigos, aquellas alegrías... y la sangría que tanto te gustaba.

Además, a través de mi pequeña historia yo te he manipulado de una manera brutal y eso lo he controlado de forma totalmente consciente.

Vamos a limitarnos a contemplar las fantásticas palabras contenidas en la historieta. Hay unos términos maravillosos que traen bellas asociaciones e irradian buenas sensaciones y afectos. Nosotros experimentamos sus efectos, pensamos en algo bueno e, intuitivamente, decimos SÍ a lo que nos han presentado. Son palabras del siguiente tipo: *refrescante, vivo, enérgico, mágico, flor, amor, brisa, murmullo del mar, sol, éxito* o *fuerza vital*.

¡Date cuenta de lo gratas que resultan esas palabras! ¿Has percibido también las sosegantes imágenes y cálidas sensaciones que traen a tu corazón y tu cabeza?

Estos términos son los que denominamos *refuerzos* y exigen la aceptación por parte del receptor del mensaje, pues difunden simpatía y benevolencia, y eso hace que se genere un gran SÍ.

Los filtros brutales

Piensa ahora por un momento en la cara, retorcida de dolor, de un niño iraquí que ha sido alcanzado de lleno por una mina personal.

Figúrate al pobre niño inocente volando por los aires, hecho jirones. Hay mucha sangre, el dolor es insoportable, suenan gritos despavoridos, la sensación es de impotencia y contemplas una vida inútil, sin piernas ni brazos. Y bien, ¿qué has notado ahora? Pienso que te has quedado un poco impresionado, ¿no? También este ejemplo lleva, adrede, una fuerte carga de mal gusto, pero causa un impacto brutal y, desde luego, es muy actual.

Existen palabras, expresiones, historias e ideas que te ponen los pelos de punta, y producen una pésima sensación por lo que, intuitivamente, les otorgamos un NO. Lo habrás comprobado perfectamente. Piensa sólo en palabras anodinas como: *Chernóbil, malo, feo, horrible, atroz, podredumbre, odio, infamia* o *extremismo* (y que cada país piense en sus extremistas...). ¿Notas en tu interior cómo se te arruga la nariz y te surge una sensación de rechazo? Bueno, pues ésos son los *filtros*.

Los sosos factores de aburrimiento

Naturalmente, también existen palabras que nos dejan fríos y son neutras a la hora de provocar sensaciones. No se nos ocurre nada al leerlas y nos provocan unos potentes bostezos. Son palabras como *calle, tranvía, cristal, alimento, equipo, dinámico*. O piensa en un chiste bobo, en una persona que siempre te está contando las mismas historias. Son *factores de aburrimiento* y verdaderamente provocan el tedio. Son como un veneno para el éxito de tu publicidad y actúan como filtro.

En eso radica realmente todo el truco de la publicidad. La buena publicidad está repleta de impactos provocados por los refuerzos. Una búsqueda eficaz de empleo significa que debes introducir en tu solicitud tantos refuerzos como te sea posible, utiliza palabras y expresiones agradables, escribe sobre ti mismo con buen humor siguiendo el lema: ¡Haz cosas buenas y habla de ellas! ¡Arroja lejos de ti, de forma inexorable, los filtros y los factores que aburren!

¡Quítalos de tu solicitud, y también de tu cabeza y de tu corazón! No se les ha perdido nada ni aquí ni allí. Haz la prueba y contabiliza todos los refuerzos, los filtros y los factores aburridos que hayan en tu solicitud, y eso te mostrará el factor de éxito de la misma. No pienses sólo en las palabras que has escrito, sino también en cómo lo escribes, en el papel y en el sobre. Hazlo todo de forma muy meticulosa, tal y como lo hacen los profesionales de la publicidad, ellos saben lo que se hacen. El resultado es la cota directa del éxito de tu solicitud. Examina una vez tu propia publicidad y luego cuenta los factores de aburrimiento y los filtros. ¡No debes encontrar ninguno, ni uno sólo!

Tal vez te surja espontáneamente, como argumento en contra, los tenebrosos anuncios de Benetton o los rótulos con advertencias de muerte en los paquetes de cigarrillos. Pero qué demuestra esto. Como mucho que tú mismo eres muy crítico y de forma reflexiva siempre buscas los motivos por los que algo puede ser erróneo o malo. ¡Presta atención! A lo mejor he sido yo precisamente el que te ha desenmascarado, haciéndote ver como un tipo gruñón. Es mejor que busques los motivos por los que crees eso, y limítate a ir probándolos. Esto te motivará y aumentará tu éxito. ¡Te lo prometo!

Dado que los jueguecitos son importantes, mira ahora éste: un sólo filtro suficientemente tupido puede destrozar el éxito de tu solicitud:

Piensa otra vez en la cálida playa, en las palmeras que se mecen y en el viento que susurra. Disfruta de nuevo y una vez más de las buenas sensaciones, y ahora piensa en...

...mosquitos negros y repugnantes, que revolotean constantemente a tu alrededor y hacen que tu vida sea un infierno. Te devoran completamente y chupan la sangre de tu mutilado cuerpo.

Un único filtro pequeño como un ratoncito, un diminuto y repugnante mosquito, y todo se ha perdido. ¡Ah, sí!, ahora me viene a la memoria algo importante.

Una pequeña digresión filosófica...

Lo que es correcto en el plano de las palabras lo es más todavía en el de nuestras ideas. Nosotros pensamos en refuerzos, en factores de aburrimiento o en filtros. Según nos vaya, bien, regular o mal, pensaremos que hemos tenido éxito o hemos fracasado. Examina tu propio diálogo interno. ¿Cómo se desarrolla? ¿Qué es en lo que más piensas? ¿En tu pasado o en tu porvenir? ¿Haces planes o sólo te creas preocupaciones? ¿Eres un creativo lleno de fantasías o un destructivo carcomido por la angustia?

La forma en la que reflexionas y sobre qué lo haces, resulta decisiva para la calidad y el éxito en tu vida. Acostúmbrate de forma lenta y consecutiva a que tus pensamientos y fantasías sean refuerzos. Así no: «No puedo, soy muy viejo, soy muy joven, demasiado feo, muy gordo, muy tonto y el jefe de Recursos Humanos es un monstruo».

Por el contrario: «Soy bueno, exactamente así es como soy yo; yo tengo ante mí una buena vida y una magnífico futuro, conozco muchas cosas y puedo hacer mucho, y además la jefa de Personal es una dama encantadora. Tendremos juntos una estupenda charla».

Haz la prueba y lo encontrarás maravilloso. Naturalmente, la vida no siempre es así de fácil, pero casi. Puedes saber algo más sobre este tema en el capítulo «Entrénate tú mismo». Vuelve a nuestra fórmula mágica, y para que te resulte realmente útil, ahora te quiero mostrar un par de ejemplos:

HASTA LA COCA-COLA SE PUEDE VENDER...

Ahora te vas a percatar de cómo funcionan los refuerzos, los factores de aburrimiento y los filtros. También acabas de aprender la fórmula del éxito de un anuncio. Si insisto sobre estos temas es por un motivo: cuando se trata de que la solicitud cause un impacto que sea plenamente efectivo, nosotros escuchamos siempre lo mismo en nuestros seminarios sobre búsqueda de empleo: «No soy lo suficientemente bueno. No sé hacer nada que pueda ser objeto de publicidad. ¡Y no puedo mentir!». Y yo les digo que ésa es una cuestión opinable:

Ejemplo1: Coca-Cola

Érase una vez, y por desgracia lo sigue siendo, un líquido negro de cuyo nombre no quiero acordarme. La cosa es de un desagradable color marrón negruzco hasta el punto de parecer realmente estiércol líquido; cuando está caliente no hay quien se la trague; si, contra todo pronóstico, uno se la bebe, es tan dulzona que te hace enfermar antes de que llegue al estómago. Después de tomarla queda una especie de fieltro áspero en los dientes. Se debe echar mano del cepillo de dientes para evitar que aparezcan caries espontáneas. Si durante una noche sumerges en ella un trocito de carne, a la mañana siguiente casi lo ha corroído.

¿Conoces esa bebida? ¡Exacto! Pero, en todo caso, no bajo ese aspecto. Sin embargo, la gente de publicidad de Coca-Cola ha llevado a esa temible lejía a situarla como la bebida más consumida de todos los tiempos. Han conseguido, sin ninguna dificultad, hacer un placer de este brebaje y relacionar este indefinible y nauseabundo consomé con una sensación refrescante, y eso sin que nadie lo pueda evitar. Yo mismo me he llegado a convencer de que una coca-cola con hielo es una cosa buena.

Esto ha surgido a partir de una utilización consecuente de los refuerzos y de eludir cuidadosamente los factores de aburrimiento y los filtros en cualquier publicidad. Quien haya estado alguna vez en el templo de la Coca-Cola, en Atlanta, sabe a qué me refiero. ¿Piensas que te hubieras comprado en algún momento de tu vida una lata de coca-cola, si el eslogan de publicidad dijera lo siguiente?:

Lo siento, pero la coca-cola es una bebida poco agradable a la vista. Hemos mezclado un par de ingredientes poco saludables, pero no saben demasiado mal, a pesar de lo que pudiera parecer. En cambio, si la sirves muy fría y con una rodajita de limón el gusto cambia totalmente. ¿No te gustaría tomar un traguito, aunque sea uno muy pequeño? ¡Anda, por favor, es que nos hace falta vender!

Por supuesto que te das cuenta: ¡Las cosas se hubieran torcido! De eso se da cuenta cualquiera: aquí nadie piensa en él mismo o en su producto, y hay que lloriquear un poquito porque evidentemente hay algo que no marcha.

Ejemplo 2: McDonald's

Existe un sándwich asqueroso, de aspecto desagradable, formado por varias filas apiladas una sobre otra, hecho de cartón dulzón, salsa grasienta y, según se rumorea, algo de carne de vaca. Como es tan defor-

me, hay que tener las mandíbulas de un cocodrilo para morder un trozo. También puedes apretarlo muy fuerte, pero entonces brotará de él por todas partes una pringosa pomada amarillenta. Esa cosa no te la sirven en un plato ni te facilitan un cubierto para comerla, sino que te la ponen, sin más, sobre una cajita de cartón barato. Debes comerla usando las manos, como si fueras un hombre primitivo y, si no eres un auténtico malabarista, te chorreará por todas partes. Quien se coma más de uno puede entrar en estado de coma.

Ya sabes de qué se trata. ¡El auténticamente horripilante e insano Big-Mac de toda la vida! Esa cosa es el éxito de ventas del siglo. Y no es porque sea muy buena, ¡de ninguna manera! Lo es porque su gente de publicidad no lo describe como yo lo he hecho, sino que, en lo que se podría considerar la más flagrante mentira de todos los tiempos, han asociado esa horrible criatura con un sentimiento vital, una sensación de frescura, una calidad de producto, un *feeling* familiar, incluso con una protección de los recursos ecológicos. Mientras tanto, por todas partes se abren estos nuevos restaurantes de comida basura, pues todos queremos ser tan gloriosamente gordos como los americanos.

¿Hacen falta otros ejemplos? Pensemos en los paquetes de cigarrillos Marlboro Gold. Imagínate que el *gold* («oro») fuera *black* («negro») y que la marca se denominara Marlboro Black. ¿Habría tenido el mismo efecto? El oro es noble, valioso y bueno, es un refuerzo nato, mientras que lo negro es tenebroso, oscuro, brea y cáncer... ¿Está claro? O imagina que el chocolate suizo Toblerone no fuera tan bellamente triangular, alargado y con esas «nervaduras» sino, sencillamente, una vulgar pastilla de chocolate. El éxito sería prácticamente nulo. ¿Este ejemplo te lo ha aclarado un poco más?

Como verás, casi todo se puede vender correctamente, basta sólo con presentarlo en la forma y el color adecuados, y decir de ellos algo que resulte oportuno. Date cuenta de esto:

Porque al hacer publicidad se debe decir exclusivamente lo que es bueno, es decir, hablar de refuerzos y no utilizar ninguna palabra letal sobre lo que tiene de malo, no mencionar ningún filtro y olvidarse también de los factores de aburrimiento. Recuerda el lema «También la mala publicidad es publicidad». Esto, que puede ser cierto en determinadas ocasiones (mira el caso de Benetton), en el caso de una solicitud es, sin rodeos, ¡¡¡falso, falso y otra vez falso!!!

Y ahora se me ocurre...

Una pequeña digresión filosófica...

El mal de la publicidad es que, lo queramos o no, afecta directamente a nuestra conciencia. Tú vas por la calle y en los quioscos ves los periódicos con los titulares de cada día. Basta un rápido vistazo y ya los has leído: un padre mata a tiros a su familia, 150.000 despedidos, violada 12 veces, 5 millones de parados, guerras, muertes, inundaciones.

Quieras o no, lo has leído, incluso antes de lo que pensabas, y eso sin hablar de haberlo elegido o deseado. De forma sibilina te ha quitado la libertad de decidir acerca de lo quieres pensar, saber y sentir. Otro lo hace por ti con malos, o sea manipuladores, propósitos. La mayoría de la publicidad incide en los rincones más profundos de tu espíritu más nostálgico y te dicta cuáles deben ser los temas de tus pensamientos, la calidad de tus sentimientos, tu punto de vista sobre el mundo. ¡Todo es malo, muy malo! ¡Piénsalo!

Esto sirve de base para muchas cuestiones: ¿Quién decide sobre tu vida? ¿Quién decide acerca de lo que es importante que hagas o que discutas, etc.? ¿Quién cuida de tu atención y tus sentimientos? ¿Quién diseña la visión del mundo de la que surge tu concepto de los valores? ¿Quién ejerce aquí el poder? ¿Dónde estás tú? En realidad, ¿progresas en la vida? O también: ¿Qué es digno para tu vida? ¿Qué te hace avanzar? ¿Por qué haces lo que haces y por qué lo haces así? Vaya, siento haberme excedido en las preguntas, pero en el capítulo «Entrénate tú mismo» estas preguntas serán extraordinariamente importantes para plantear cómo debe transcurrir tu ciclo vital.

La publicidad y los medios de comunicación tienen una inquietante y manipuladora fuerza de decisión sobre la vida de las personas y su definición en la sociedad.

De todos modos, nosotros podemos aprender cuáles son las cosas más eficaces en una solicitud, por ejemplo, cómo y por qué funciona el marketing directo.

CÓMO FUNCIONA EL PÉRFIDO MARKETING DIRECTO

Ahora, para mejorar tu publicidad debes saber algo acerca del marketing directo. Lo que debes hacer para enviar tu solicitud. Apenas te figuras la fuerza que puedes ejercer sobre las ideas de un jefe de Personal. Veamos lo que sigue:

iCada dos días gano un millón! Me llega una carta y ya lo pone, negro sobre blanco, en el sobre:

«Querido señor Pérez, ¡ACABA DE GANAR 1 MILLÓN!

»¡Y para eso no tiene que hacer casi nada! Sólo debe...». Seguro que has recibido en tu buzón más de una carta como ésa y, ponte la mano en el corazón, las dos primeras veces has abierto el sobre y has notado las manos temblorosas al ponerte a soñar en los mares del Sur y en un magnífico *dolce far niente,* y te has leído cuidadosamente todos los papelotes, la carta, has rascado cuidadosamente las pegatinas de la suerte, has consultado la lista de premios y te has emocionado porque tus números figuran reproducidos exactamente en la relación de ganadores, le has dado vueltas al catálogo de productos, has consultado las condiciones de participación, etc. Ahora ya sólo cabe comprobar lo que ya sabías hace tiempo: ¡No has ganado nada!

Pero el efecto ya está conseguido: tú, que eres una persona inteligente, has leído de cabo a rabo todas esas tonterías y has sacrificado varios minutos de tu valioso tiempo, exactamente como el otro se había figurado que ocurriría. Es un control de la atención de los hombres más inteligentes perfectamente planificado, incluso en contra de su propia voluntad. ¡Así es como funciona el marketing directo y toda la publicidad!

Ahora pregúntate: ¿Qué hay que hacer para buscar trabajo? Muy sencillo: ¡Las solicitudes de empleo funcionan exactamente igual! También tenemos la fuerza, que es una fuerza enorme, de controlar intencionadamente las ideas, los sentimientos y la atención de nuestros destinatarios: la gente de Recursos Humanos. Eso depende, además, de lo que en el lenguaje especializado de la publicidad se llama:

El diálogo silencioso

Esto funciona así: cuando abres el correo de la mañana, en tu cabeza, y de forma más o menos consciente, se entabla un diálogo: ¿Qué tipo de carta es? ¿De dónde viene y quién la envía? ¿Qué intenciones tiene? También se desarrollan sensaciones como pueden ser: alegría por el supuesto millón, frustración por tratarse de un aviso de Hacienda sobre los impuestos, rabia si se trata de un aviso de multa, gozo si contiene una invitación de boda, etc. Esas ideas y sensaciones están controladas por la carta y su contenido, pero también por el remitente. Exactamente lo mismo que ocurre con la publicidad: nosotros controlamos con nuestra solicitud y nuestro currículum y expediente el flujo de pensamientos, sentimientos y vivencias de la gente de Personal. ¡Realmente impresionante!

Te lo tienes que imaginar: nosotros manipulamos lo que queremos que piensen y sientan los demás. Y si somos astutos, pensarán y sentirán exactamente lo que hayamos planeado. Esto es lo que siempre aseguran los especialistas en publicidad. El ramo de marketing directo no prospera en vano. Y yo pienso lo mismo, pues lo compruebo todos los días en mí mismo: ¡Controlan con su publicidad mis ideas y sentimientos! ¡De un modo brutal tienen en sus manos mi ser y mi vida!

Las tres urnas: los *Invi,* los *Como* y los *Noto*

Y así suena el diálogo silencioso de la gente de Recursos Humanos cuando tiene en sus manos tu solicitud y tu expediente:

- ¿Qué aspecto tiene?
- ¿Qué tacto tiene?
- ¿Esto es bonito o desagradable?
- ¿Qué quiere de mí?
- ¿Qué hay detrás de esta persona?
- ¿Qué intenciones tiene esta persona?
- ¿Dónde encuentro lo que busco?
- ¿Es, por casualidad, la solución que tanto tiempo he buscado para mis problemas?
- ¿Es, por casualidad, el candidato/a de mis sueños?

Y entonces se pone a buscar lo que desea encontrar:

- ¿Cumple con el perfil necesario requerido?
- Aunque no lo cumpla, ¿debo tomar en consideración a esta persona?
- ¿Se cumplen, en todo o en parte, los criterios debidos y deseados?
- ¿Qué tipo de ser humano es?
- ¿Podemos permitirnos a esta persona?
- ¿Encaja bien en el equipo?
- ¿Es bueno, regular, malo...?

Y si ha encontrado respuestas positivas a sus muchas y breves preguntas (¡piensa en la fórmula del éxito!) podrá pronunciar un bello SÍ a cada una de ellas y dispondrá de un SÍ-SÍ-SÍ gigante y tu solicitud irá a la urna de los *Invi*, es decir de los *invitados*.

Si entre los SÍ hay un par de NO, o sea filtro y factor aburrimiento, llegarás al final con un «bueno-puede-ser» e irás a la urna de los *Como*. Esto son los *comodines* que, a lo mejor, en algún momento, puede que un día, sean invitados, o que nunca lo sean.

Si han aparecido muchos NO, irás de cabeza a la urna de los *Noto*, los que NO hay que TOmar en cuenta. Son los que reciben una breve y cordial negativa escrita por el ordenador y, frecuentemente, ni eso.

¡No te lo tomes demasiado en serio, es fácil que hayas enviado una solicitud para un puesto no adecuado o que te hayas vendido mal! ¡Dentro de poco irá mejor! La gente de Recursos Humanos también son personas y a veces es casi imposible dar una respuesta aceptablemente correcta a todos los *Como* y los *Noto*.

Y eso cuesta un dineral: calcula que sólo por costes de correo, si de 400 solicitudes deben devolver 399, cada hoja Din-A4 enviada por correo supone un dinero que multiplicado por 399 significa ya mucho, y ¡eso sólo en costes de envío! ¡Nosotros ya hemos tenido un caso así en este año! Ahora incluye sobres, impresión, tiempo para hacer los impresos y meter en los sobres, etc. ¡Todo se va acumulando! Lo que queremos es ganar dinero y no tirarlo. Y todavía nos preguntamos por qué cuesta tanto la asesoría de Recursos Humanos.

Ahora piensa en esto: ¡No quiero manipular nada, sólo deseo escribir y decir la verdad, yo no quiero exagerar ni congraciarme! Olvida estos reparos: aquí no hay verdad ni mentira, sólo existe la forma de presentarlo. Se puede hablar y pensar de buena o mala forma, se puede mostrar sólo el lado oscuro de las cosas y no ver el luminoso, ver siempre el vaso medio vacío y no verlo medio lleno, ver sólo las nubes del cielo y no el propio cielo. Y viceversa.

Y ahora, después de todo, la frase informativa más importante:

**No exageres, ya que eso sería mentir.
Pero tampoco te quites importancia en ningún caso, pues...
¡Quitarse importancia también es mentir!**

¡Miente el que exagera sus limitaciones y también miente el que disimula sus buenas cualidades! Quien sólo ve problemas sólo ve, como mucho, la mitad del mundo y lleva una vida equivocada. No lo olvides nunca.

Y ahora se me ocurre...

Una pequeña digresión filosófica...

Acerca de pensar mal: pensar mal sólo es, la mayoría de las veces, una mala costumbre. Nada más. Permitidme un pequeño comentario acerca de mis compatriotas los suizos y nuestros vecinos alemanes: nosotros, los suizos, somos los amos del mundo en darle vueltas a los problemas mientras que en Alemania tienen una omnipresente disposición de ánimo. ¡Si no tuvieran a Stefan Raab![1] Nosotros cuidamos de nuestros problemas y gimoteamos sobre ellos como niñitos hasta que se hacen gigantescos y nos pasan por encima de la cabeza. La mayoría de las veces los malos pensamientos no tienen nada que ver con la maldad del mundo, pues el mundo marcha totalmente bien.

Además es sencillo. Sólo son nuestros pensamientos los que no marchan bien. Acostúmbrate a que de forma consecutiva tus pensamientos sean los más amables, los más simpáticos, los más afectuosos y los más comprensivos: te sentirás mejor y tendrás más éxito en la vida. Encontrarás más sobre esto en el capítulo «Entrénate tú mismo».

---

1. Stefan Konrad Raab es un actor, presentador y compositor alemán, y posee la empresa de producción Raab TV. Entre 2003 y 2004 presentó las pruebas del concurso «SSDSGPS» («Stefan sucht den Super-Grand-Prix-Star», similar a «Operación Triunfo») en busca de un candidato para la preselección alemana de Eurovisión 2004. *(N. de la T.)*

LA BUENA PUBLICIDAD TIENE LOS DECIBELIOS ADECUADOS

En la publicidad existe otro concepto extremadamente importante; es el de los *altavoces*: la publicidad es ruidosa, pega gritos y berrea. La cosa es así de sencilla: normalmente, los periódicos de tipo tabloide o sensacionalista braman sus titulares al mundo a base de palabras cortas y letras gigantescas. Los desquiciantes rótulos o imágenes nos golpean de forma casi letal y no *tenemos más remedio* que mirarlos y sufrirlos todos los días mientras nos cuentan quién se ha suicidado y cuándo y cómo lo ha hecho. En los periódicos de más categoría los titulares son más discretos y detallados, las letras son menores. ¿Está claro?

Éstos son los altavoces de un mensaje publicitario. Tu solicitud también tiene decibelios. En tu solicitud debes hablar en voz alta y suficientemente clara y enérgica con la astuta gente de Recursos Humanos a fin de hacerles llegar tu mensaje publicitario, que no debe ser silencioso, pero tampoco muy ruidoso.

Los suizos y las mujeres tienen fama de hablar bajito y hacer exposiciones incompletas o no decir nada importante. Entre los alemanes, y no digamos los españoles (disculpen la comparación, pero se basa en la experiencia), parece más bien que estemos ante unos altavoces de alta tecnología discotequera. Ambas posturas son erróneas. ¡Suizos y mujeres, deberíais subir el tono de voz de modo que los demás os puedan escuchar!

Cómo hay que configurar los reguladores adecuados

Haz circular tu solicitud entre tus conocidos, tus amigos y tu pareja, y pregúntales si han captado el mensaje. Compruébalo con cada uno de ellos. Si te dicen: «Suena arrogante y forzado» es que, seguramente, te has ido a un tono muy elevado. Si, en cambio, afirman: «Queda simpático» es que, seguro, estás en una onda algo silenciosa.

Ojo a los efectismos baratos: la publicidad actúa de forma intensiva si tiene sentido y los altavoces suenan fuertes, pero no demasiado, para el grupo al que se destinan.

Recuerdo una publicidad de los pantalones Levi's en el que un soso vaquero de plástico con una estúpida sonrisa de anuncio de pasta de

dientes rescata del tejado de una casa en llamas a una rubia, también estúpida y de plástico, a base de quitarse sus fuertes pantalones vaqueros (a los que, por cierto, la rubia destroza más que las ardientes llamas que los rodean), los enrolla alrededor del cable del teléfono y, junto con la fascinada rubia, se desliza colgado de ellos hacia la otra casa. Aquí el efecto grandioso tiene que ver con el mensaje de que Levi's fabrica sus resistentes vaqueros para tipos muy calientes. Mucho ruido y mucho humo, pero muy eficaz, pues el contenido se entiende perfectamente.

La publicidad fracasa totalmente si sólo consigue hacer un efecto ruidoso pero no exhibe ningún tipo de mensaje. Una marca suiza de relojes muy pop, de mucho éxito y muy a la moda, cuyo nombre no voy a mencionar, ofrecía con el producto un He-Man[2] de la firma Mattel (seguro que conoces a este musculitos de plástico con cuyas huestes tus niños están condenados a jugar). Ese engendro llevaba en el cuello un pequeño escudo de plástico que dice: «I am your He-Man», es decir, «Yo soy tu hombre», y además el nombre, la dirección y el teléfono. ¡Fin!

Es barato y claramente demasiado ruidoso, le falta contexto, información. Es una idea de tipo bombazo y, además, de mal gusto. ¡Evita esas bromas! Entre humor vivaz y bufonada estúpida hay una inmensa diferencia. La solicitud es arrugada y tirada a la papelera, el He-Man devuelto y su álter ego, la mediocre muñequita tipo Barbie, llora amargamente. Aunque el valor directo es loable, también hay que buscar el ataque en diagonal.

Y ahora vamos a nuestro tema, es decir, a las solicitudes de empleo. Primero veamos los cimientos de la solicitud: la carta, el currículum vitae (o historial, o como se llame), el expediente (informes, calificaciones, diplomas...) y el embalaje donde vas a enviarlo.

---

2. Uno de los ocho muñecos de la serie «Masters del Universo» de la firma Mattel. Se estima que sus precedentes están en el personaje de «Conan, el bárbaro». Su éxito de ventas fue tal que Mattel también lo explotó en forma de serie televisiva, cuyo protagonista era He-Man, un musculoso guerrero que vive en el planeta Eternia donde debe preservar la paz y rechazar los ataques de Skeletor y sus huestes. (N. de la T.)

LA SOLICITUD

LA CARTA ADJUNTA: CONCISA, INFORMATIVA Y AGRADABLE

A hora ya sabes lo principal sobre publicidad y marketing directo. Antes de cambiar de tema, veamos la frase sagrada de la comunicación, importantísima para tu solicitud:

¡No podemos no comunicar!

Este Santo Grial de la comunicación proviene del libro clásico *Menschliche Kommunikation*,[3] de Watzlawick, Beavin y Jackson. No quiere decir otra cosa sino que nosotros, en la forma en que somos, nos presentamos, hacemos y decimos o no decimos, siempre estamos comunicando algo: con cada fibra y cada contracción de nuestro cuerpo, con las manos y los pies, con el rostro, con nuestra camisa, con el paquete de cigarrillos, con nuestra letra manuscrita, con nuestra casa, con el perro o con el automóvil... Naturalmente, también con todo lo que decimos y todo lo que callamos.

Es imposible no comunicar nada. En esto debemos ser claros: con el menor detalle incluido en tu solicitud estás enviando mensajes más o menos

---

3. Edición en castellano: *Teoría de la comunicación humana: interacciones, patologías y paradojas*, Barcelona, Herder, 1993. *(N. de la T.)*

claros e inequívocos, con todo, incluso con lo que escribes en tu documentación o en el pendiente que llevas en la oreja o con tu forma de llamar a la puerta. ¡Con TODO y SIEMPRE!

Pero ya lo sabemos, y no debemos preocuparnos pues disponemos de una gran fuerza sobre los pensamientos y sentimientos de aquellos con los que hemos de comunicarnos.

Un escrito que cale hondo

Puesto que quieres enviar un primer mensaje que resulte positivo, te voy a sugerir lo siguiente: tu carta de solicitud es lo primero que va a escuchar o a ver de ti la gente de Personal. Conocemos a gente de Recursos Humanos que observará tu carta minuciosamente a fin de leer lo que dices entre líneas, y eso le habla de ti a ese hombre. Y entre líneas se puede captar una increíble cantidad de cosas.

Aquí ya generas un primer aspecto, una impresión intuitiva, un efecto básico, es el *primacy effect* o primera impresión. Y ese efecto lo creas a partir de lo que dices y cómo lo dices. Piensa en lo que llamábamos el *diálogo silencioso*. Por tanto, escribe con estilo agradable, simpático, gracioso y original, lo que señala que te has esforzado y no eres un tipo vulgar. Escribe, pues, lo que interesa a la gente de Recursos Humanos, nada de insignificancias ni cosas secundarias. Piensa en la fórmula del éxito:

Éxito de la publicidad = + Refuerzo – Factor de aburrimiento – Filtro

Examina con nosotros los siguientes tres ejemplos extraídos de nuestra experiencia como consejeros de Personal. Cualquier parecido con personas reales es inevitable pero no intencionado. ¡Lee con atención y observa lo que se te ocurre, tus reacciones, tus sensaciones y tus impresiones! Lo que se te ocurra también se le va a ocurrir a la gente de Personal que lea esas líneas, pues debes pensar que esos muchachos también son personas como tú y como yo.

Partamos de la idea de que estamos buscando un/a vendedor/a para nuestro negocio. Y ahora vamos a leer un par de cartas de solicitud de empleo:

Ejemplo 1: Antonio Corriente

Estimado señor Buscagente:

Me refiero a su anuncio del pasado sábado en el diario *Artículos,* donde indican que buscan a un vendedor. El puesto me interesa y por la presente me ofrezco para ocuparlo. Acompaño currículum vitae.

Quedo a la espera de sus noticias y estaría encantado de tener una entrevista con ustedes.

Reciban el testimonio de mi más atento respeto

ANTONIO CORRIENTE

Bien, ¿qué piensas de lo que has leído? Sincero, ¿no? Yo te lo puedo decir: ¡No sientes nada, excepto lo que te provocaría un Valium en su fase inicial! No ocurre nada. No hay nada grandioso. Sólo un aburrimiento mortal. Desde la primera frase de esta nota se ha generado una barrera interior y, después de la lectura, la motivación se ha ido a pique. Y el motivo es sencillo, y es que el 97 % de los escritos de solicitud de trabajo están formulados de esa forma. Y después de haber leído un par de miles de esas cartas (como, por desventura, he tenido que hacer personalmente) se nos endurece el corazón y pensamos: «¡Oh, Dios mío, de nuevo una de esas personas grises que ha copiado de un mal libro de publicidad una carta de solicitud que es una sandez!». O algo similar e igual de amable.

Y si en esas tres líneas me cuenta algo que yo ya sabía de todos modos, no hay duda de que estamos ante una pérdida de tiempo, y mi tiempo es muy valioso. Y yo, que soy del equipo de Personal, sé muy bien lo que he puesto en el anuncio, y también sé que estamos buscando un vendedor. También sé, igualmente, que Antonio Corriente quiere promocionarse y presentarse, así qué, ¿por qué, Dios mío, me lo cuenta en su carta? ¿Es que cree que soy tonto? Todo esto es tremendamente aburrido.

Si en una primera impresión quieres dar la sensación de ser una persona aburrida, desalentada y falta de originalidad e interés, debes escribir una carta tan sosa como la de Antonio Corriente. Sin embargo, es seguro que con ella mezclada en una pila con otros 100 expedientes no vas a ganarte ningún trofeo, sino que te vas a quedar hundido en la masa de las mosquitas muertas. Es una pena, porque has perdido la oportunidad de haber despertado entre la gente de Recursos Humanos buenas impresiones y sensaciones y curiosidad por conocerte y, además, ofrecerte un par de sabrosos canapés de sustanciosa información. Y luego ese *testimonio de respeto...*

Resumen

Yo, como jefe de Personal, ya me he convencido de que estoy ante un hombre aburrido que tiene poca fantasía y empuje, y que no creo que pueda ser el futuro vendedor de mis productos. También pienso, aunque no sea consciente de ello, en la primera impresión que me han producido sus frases, ¡ay!, tan normalitas. Todo lo que sigue lo he deducido de esa primera impresión. Y yo he encontrado con toda seguridad puntos de referencia en los que confirmar y reforzar esa impresión. Ha malgastado la oportunidad.

Y encima ese *testimonio de respeto...* ¿O lo he dicho ya?

Ejemplo 2: Francisco Triste

Estimado señor Buscagente:

Por desgracia no soy un vendedor muy experimentado, pero necesito trabajo de forma perentoria, pues estoy en el paro desde hace seis meses. Yo estaba en un pequeño almacén como jefe de sección, pero la crisis lo afectó gravemente .

Desde entonces busco en vano un empleo y espero encontrarlo con ustedes.

Muy humildemente

FRANCISCO TRISTE

¿Qué opinas de esto? ¿Has sentido que se te ponía el corazón en un puño y, de forma intuitiva, has sacado la papelera de debajo de la mesa? Yo lo que busco es un vendedor que coloque mis productos y aquí me viene el señor Triste y desea que le ayude. ¡Yo mismo preciso de apoyo, y lo que necesito es un supervendedor que nos ayude a superar la crisis a mí y a mi negocio, y no un pobre diablo afectado por el paro que me genere más problemas de los que ya tengo! No puedo lanzarlo con la mejor de las intenciones entre mis clientes, etcétera, etcétera. Esto es lo que piensa y siente la gente de Personal, y se acabó la cuestión. ¡Lástima de dinero y trabajo perdidos por unos y otros! Y, sobre todo, un innecesario desengaño a causa de la negativa que va a recibir el señor Triste, y la va a recibir tan seguro como que dos y dos son cuatro.

¿A qué se debe? Se debe a los filtros que ha utilizado nuestro amigo Triste de forma tan sistemática que ha llegado a hacernos saltar las lágrimas:

Por desgracia - no soy un vendedor muy experimentado - perentoria - trabajo - estoy en el paro - pequeño - crisis - gravemente - debo buscar trabajo - espero

¿Te das cuenta de que esto no marcha? La carta es excesivamente artificial, hasta (no me lo puedo callar, lo siento) en la *humilde* despedida.

La carta no es mala a causa de las duras palabras con las que la he presentado. El desempleo no es una broma sino algo muy problemático, y eso lo sé mejor que nadie. Pero no hay que mimarse demasiado y *no debes* escribir como lo hace el señor Triste, aunque las cosas te vayan mal. ¡No sirve de nada!

Resumen

Comprueba el efecto que te ha provocado. Y piensa siempre en esto: el único objetivo de los de Recursos Humanos es cubrir adecuadamente los puestos de trabajo, y si no lo hacen de forma correcta a lo mejor son ellos mismos los que se quedan en el paro. Por eso debes convencerles de que eres la opción correcta. Nadie te ofrece un puesto de trabajo por piedad, amor al prójimo, aflicción, esperanza o cualquier cosa parecida. Esto no resulta adecuadamente hermoso ni paradisíaco, pero las cosas son así. ¡Y por eso tenemos que poner algo de nuestra parte!

Cuando leas el próximo ejemplo a lo mejor te quedas atontado, incluso puede que esté algo exagerado. Pero léelo con ojos de alguien de Recursos Humanos, o del propietario del negocio, que busca a una vendedora, y notarás que se te enciende una luz:

Ejemplo 3: Francisca Alegre

Estimado señor Buscagente:

Usted tiene una empresa fenomenal, con una decoración que llama la atención y un gran sentido de la belleza. ¡Enhorabuena! Yo estaría muy orgullosa de formar parte de su equipo, al que daría lo mejor de mí misma. En mi aún poco dilatada, pero muy intensiva, carrera profesional he aprendido mucho de lo que hace falta para dispensar un eficaz asesoramiento a los clientes. Los últimos seis meses los he aprovechado para poder presentar a mi nuevo patrón un par de reconocidos diplomas. Resulta sorprendente que el entrenamiento en ventas me haya ofrecido un enriquecimiento tan auténtico. Pero de estos temas me gustaría informarle detalladamente en una entrevista personal.

Acompaño como información básica mi currículum vitae.

Afectuosamente

FRANCISCA ALEGRE

¿Qué nos supone esta vendedora? Aleluya, ¡después de la tenebrosa noche, por fin ha llegado la luz del día! ¿Lo notas? Elogios para mi *empresa*, mi *decoración* y *mi buen gusto*. Incluso estaría *orgullosa* de trabajar para mí. Y aunque mi cabeza sabe de forma positiva que sólo me está cantando una nana de arrullo, mi corazón se alegra por ello. Y se trata de alguien *ilusionado* que está dispuesto a dar lo *mejor de sí misma*, que tiene iniciativa y ha aprendido *sorprendentemente*. ¿Qué son esos *diplomas*? Debo estudiar su expediente con toda atención. Tengo que ver a esta dama.

Y así ocurre que el hombre de Personal vuelve a leer con toda curiosidad y con el pecho inflamado de orgullo y, aunque no debía hacerlo, su corazón le está diciendo SÍSÍSÍSÍ y su mano se está yendo disparada a coger el teléfono.

Aquí nuestra querida señora Alegre ha utilizado un conglomerado de refuerzos y lo ha hecho de una forma realmente perfecta. Tal vez, admitámoslo, ha cargado un poquito las tintas, pero de ahí le ha venido el poder; es original y se ha esforzado en demostrarlo. Lo quiera o no lo quiera, yo, como individuo de Recursos Humanos, tengo que encajar todos los casos dentro unas opciones muy limitadas. Y doña Francisca ha alcanzado su objetivo. ¡Puede que su mensaje publicitario haya resultado un poco ruidoso, pero seguro que no ha sobrepasado el umbral del dolor!

Resumen

¡Haz tu escrito dirigiéndolo un poco al corazón y otro poco a la cabeza! Escribe para la gente de Recursos Humanos, escribe sobre lo que es interesante *para ellos* desde *su propia* perspectiva. Sé un poco valiente y original. Utiliza muchos refuerzos, tantos como puedas, y no te ocultes detrás de banales convencionalismos:

¡Detrás de los convencionalismos no podrán reconocerte!

Los que trabajan en Personal te lo agradecerán con su amistad. No hay que ser precisamente como Francisca, pero la solución va, al 100 %, por ese camino. Te lo garantizo. ¡Ah!, y ahora se me ocurre...

Una pequeña digresión filosófica...

Esta receta sirve para las solicitudes y para todo lo que digas, escribas, pienses o sientas. Entrénate para que todo lo que pienses y digas lo hagas con buenas palabras. Practica para ver, decir y pensar lo poco bueno que pueda haber en algo.

No hables, sobre todo contigo mismo, como si lo hicieras con un pillo, que es como obran muchos otros, sino de forma agradable, amable, honesta, inteligible y vivaz. Así serás una persona más afortunada. ¡Prometido! Si te interesa saber más cosas sobre este tema, en el capítulo «Entrénate tú mismo» te presentamos un par de técnicas con los que llegarás a alcanzar la mejor disposición de ánimo y el mejor éxito. La vida puede gastar bromas desagradables, así que ¡cuídate!

Estimado señor Vertedero...

¡Ah!, se me olvidaba: no envíes ningún escrito en el que no figure el nombre *concreto* y *correcto* de la persona de contacto *adecuada*. La mejor palabra para cualquier persona es su propio nombre, y eso que la conoce mucho. El que mancille ese tesoro personal comete un grave fallo y puede ofender la identidad de su interlocutor.

No te dejes llevar por fórmulas de cortesía como «Muy señor mío» o «Estimada señora». Y escribe el nombre de forma totalmente correcta. Lo peor que puedo recibir es una carta dirigida al «Estimado señor Vertedero», y que yo me llame Heredero de apellido. Me horrorizaré porque, escrito en negro sobre blanco, han profanado el nombre del que me siento orgulloso y el malhechor debe sufrir una amarga penitencia. ¡Si no estás seguro, llama y haz que te deletreen el nombre!

«DEBES» Y «NO DEBES»

Ahora las principales virtudes (DEBES) y defectos (NO DEBES) de un jugoso texto, que son aplicables a todos los tipos de escritos utilizados en el mundo empresarial como son los e-mail, actas...

«DEBES» de forma
- Sé breve, sencillo y estúpido. Nada que supere una página de extensión.

- Dirige tu solicitud con el nombre escrito de forma correcta y adecuada.

«DEBES» de publicidad
- El mundo de la gente de Recursos Humanos es el de ver y escribir lo que les interesa. ¡Y tu solicitud les va a ellos!

«NO DEBES» de forma
- Nada de elegías novelescas. Prohibidas tres páginas, y apenas se autorizan dos.

- Nada de fórmulas convencionales de cortesía tipo: «Muy señor mío» o algo así de anónimo.

«NO DEBES» de publicidad
- Abstente de excursiones alrededor de tu ego personal: «De pequeño me hice con una caja de jabón y con ella atropellé a mi abuelita...».

- Escribe en el centro de tu solicitud los tres méritos más importantes por los que te creas acreedor al puesto.

- Resalta lo más importante: <u>subráyalo</u>, **ponlo con letra negrita** o bien colócalo como una tabla en el centro de la hoja.

- Refuerza todo a más no poder. Cuanto más lo hagas, mayor será el efecto.

- Desarrolla un estilo personal y auténtico, que te entiendan con pelos y señales.

- ¡Derrama optimismo por donde vayas!

- Pon realmente altos los altavoces ¡Déjalos sonar!

- Esconde discretamente tus triunfos y no los nombres en absoluto. ¡El imbécil del fulano de Personal los debe buscar por sí mismo!

- Nada de largos textos sin remansos para poder descansar la vista, sin párrafos ni subdivisiones.

- Los filtros y factores de aburrimiento y todo lo que sea negativo y soso lo debes eliminar sin piedad.

- ¡Evita la acumulación de fórmulas de cortesía convencionales! Detrás de ellas tu personalidad queda irreconocible.

- ¡Está totalmente prohibido mendigar, gemir, lamentarse, titubear, dudar o ser pesimista!

- ¡No demasiado alto, no exageres! Pero en ningún caso demasiado bajo: quitarle importancia a las cosas también es mentir!

«DEBES» de lenguaje

- Siempre es necesaria una formulación positiva. Algo así como: «Dentro de seis meses conseguiré mi diploma de contable».

«NO DEBES» de lenguaje

- No uses negaciones como: «Aún no soy contable, pero dentro de seis meses intentaré aprobar los exámenes».

● Escribir siempre en modo indicativo: «Yo quiero esto, digo esto otro y hago esto, yo presento mi solicitud». Esto expresa conciencia de la propia valía, seguridad y convicción.

● *Música de marcha militar* y *staccato* en el texto: utiliza frases cortas. Eso expresa fortaleza y convicción.

● Para cada sustantivo, un adjetivo florido; así se presentan las cosas. Así todo resulta más perceptible y sensible.

● Huye de subjuntivos y expresiones modales: «Yo podría, si yo fuera, yo hubiera hecho, quisiera presentarme; tal vez, probablemente intentara, hubiera probado, no estoy seguro». ¡Provoca un efecto de mojigatería!

● Abstenerse de «sinfonías y Wagner». Nada de frases largas como ciempiés: prohibido las mayores de dos líneas. Sólo se autoriza una oración subordinada, más de una no está permitido.

● El desierto es muy seco, pero no permitas que esta sequedad llegue a tus escritos.

«DEBES» de estética

● Vigila la distribución de espacios; deja sitio para que la vista se pueda mover; deja mucho papel blanco; bordes amplios y uniformes. Todo eso contribuye al sosiego y resulta muy estético.

● Utiliza una escritura bonita y legible con la fuente y el tamaño (10 a 12 puntos) adecuados.

«NO DEBES» de estética

● No fabriques un tostón plúmbeo con un negro aluvión de palabras que vaya desde arriba a la izquierda hasta abajo a la derecha de la página. Eso resulta brutal y provoca un pánico cerval incluso antes de leerlo.

● Nada de escritura enana que exija usar una lupa. Ni tampoco garabatos manuscritos.

Podrás encontrar más «DEBES» y «NO DEBES» de las solicitudes en la página 74. Ahora habrás provocado en la gente de Recursos Humanos una curiosidad total hacia tu expediente. ¡Y eso te dará la ocasión de obtener un buen resultado!

SOLICITUDES CON IMPACTO

Ahora vamos a dedicar las próximas paginas de la solicitud a preparar tu historial, currículum vitae (CV) o como lo quieras llamar. El objetivo de todo este montón de papel es, al fin y al cabo, que puedas promocionarte en persona para un puesto de trabajo, que *realmente* es lo *quieres*. Por eso, debes hacer de tu autobiografía una *bomba publicitaria*. A eso vamos. Merece la pena que redactes y presentes tu expediente con el mismo esmero con que una empresa prepara para sus clientes el catálogo de presentación de sus barnices y lacas. En este capítulo encontrarás información sobre:

- Datos personales: cómo te llamas y todo eso.
- Foto sí o foto no: tomar una decisión.
- Instrucción básica: escuelas a las que has asistido.
- Estudios complementarios: diplomas conseguidos hasta ahora.
- Experiencia profesional: desembúchalo todo de manera precisa.
- Conocimientos especiales: la información suplementaria que estimes más importante.
- Idiomas: nivel real que tienes.
- Fortalezas y debilidades: debes resultar astuto.
- Aficiones: ¿coleccionas arañas? ¡Puff!
- Referencias: ¿eres vecino de algún aristócrata de alta cuna? ¡Puff! ¡Puff!
- Pretensiones salariales: que sea algo intermedio entre el sueldo de Diógenes y el de Bill Gates.
- Expediente: que esté todo claro, y lo que no, que no vaya en él.
- Lenguaje de los informes: ése en el que se entiende la gente de Personal.
- «DEBES» y «NO DEBES»: consejos estéticos, qué es lo que debes hacer y de qué debes abstenerte.

Y algo más:

- Pruebas manuscritas: la grafología es vudú.
- ¿Qué hacer con las lagunas de tu currículum?

Datos personales

De estos forman parte, obligatoriamente:

- Nombre, señas, lugar de residencia, número de teléfono particular y, si acaso, el del trabajo, número del móvil, fecha de nacimiento, estado civil, número de hijos y, si parece preciso, su edad. Además, los extranjeros deben indicar la clase y validez de sus permisos de residencia y trabajo.
- Naturalmente, resulta muy profesional la dirección e-mail. Hoy día es una necesidad.
- Importante: anota dónde se te puede localizar. Así evitarás que la gente de Recursos Humanos se despelleje los dedos marcando tus numerosos teléfonos.

Queda simpático poner también los nombres de tus hijitos. También resulta entrañable eso de «llevo tantos años felizmente casado con Mónica». Esto ya ha sido escrito por más de uno y nos ha conmovido a muchos pero, todo hay que decirlo, porque el resto del escrito era coherente y lógico.

Evita: nombre y profesión de los padres (no le interesa a nadie), ¿has escuchado decir que sea necesario adornarse con los laureles de tus antepasados? Puedes prescindir también de tu número de la Seguridad Social o del de tu plan de pensiones, no se va a usar para nada y, con excepción de EE. UU., se puede seguir siendo una persona a pesar de no tener esos números. ¡Por favor!, no pongas tu altura ni tu peso, eso también lo hemos visto ya, ni el número que calzas, el grupo sanguíneo, la talla de la ropa o cualquier otra nadería. Todo eso te descalifica ya desde el principio. Y ahora vamos con la foto:

La decisión sobre el tema de las fotos

¿Lo has vivido ya? Me bajo al fotomatón de la esquina, echo las monedas necesarias, saco algo el pecho, me congratulo del aspecto que ofrezco en el espejo, me doy un rápido toque con el peine, un par de contorsiones sobre la banqueta del invento y ahora me digo: sonreír amablemente, conservar la postura, fijar la vista (nada), sigo sonriendo (de nuevo nada), sonrío de nuevo (ahora debería relampa-

guear el flash), mi sonrisa se endurece visiblemente (por fin brilla el flash), la sonrisa se desfigura lentamente en un rictus doloroso y se congela en una torcida mueca (¡Dios, vuelve a encenderte, máquina asquerosa!).

Y justo cuando ya he perdido la paciencia y lleno de rabia ante la máquina le propino un merecido puñetazo, aparece: ¡Otra vez brilla, por fin, la luz! La primera foto no vale para nada porque me ha pillado con pinta de matón agresivo. Veamos la próxima: vuelvo a adoptar la pose y, mientras me coloco, vuelve a dispararse el flash por segunda vez. Blasfemo, y mientras suelto un «¡¡Tú, máquina, hija de... una foto!!, salta un tercer fogonazo y con el «¡¡Te voy a echar fuera las tripas!!», se obtiene el cuarto flash. Dinero perdido, todo relampaguea, los ojos hacen chiribitas y el resultado de mi humillación aparece en una de las rendijas de la máquina.

Cuando recojo la serie de pequeñas fotos de la caja de secado, el resultado es impresionante: «Pero ¿se me ve así? ¡¡Yo soy notablemente distinguido y realmente bien conformado, así es cómo soy. Y también agraciado!!» A ti te puede ocurrir lo mismo. Conozco pocos hombres que se encuentren fotogénicos y que piensen que salen bien en las fotos. Eso es debido a que sólo nos conocemos por la imagen que nos ofrece el espejo, que está invertida, la parte derecha a la izquierda y viceversa. Es sorprendente, pero es así. La imagen procedente del espejo no se ve igual que la imagen de frente, y por eso las fotos nos resultan, en cierta forma, extrañas; no son correctas. También nos vemos igual de raros por detrás o desde los lados. Dicho de una forma más sencilla, nos conocemos peor de lo que nos conocen los demás. La imagen que ven los otros y la que tú tienes de ti mismo. Si lo que intentas es presentarte ante tu abuelita no hace falta que te tomes más molestias pero, ¿qué pasa si quieres presentarte ante ti mismo? ¡Prueba de nuevo!

Como consejero de Personal, también me ocurrió en entrevistas no ver coincidencias entre las fotos y el aspecto de los que entraban por la puerta. ¡Siempre eran distintos!

Y qué lamentable resulta cuando la foto miente, bien sea de forma real o intencionadamente. Yo he recibido fotos de gente que ya tenía 25 años, y no el individuo real, sino el de la foto. El que entraba era un anciano tembloroso. Algo así es una mentira y no se debe hacer, es un filtro total. Presta atención, que empieza la carrera. ¿Y la moraleja? Yo pienso que:

¡Una foto miente siempre!

- Por ello sólo hay que acompañar una foto cuando nos la pidan, y además eso nos saldrá más barato.
- Sólo una foto que sea muy sobresaliente puede servir de super refuerzo.
- ¡Nada de míseras fotos de un fotomatón o similar! Es filtro puro.
- ¡Nada de fotos de mala calidad! No te la hagas hasta que no estés preparado: mafiosos, gente de la trena, niñas lloronas, aspecto deprimido, personas tenebrosas, asesinos de niños, todo ello está prohibido. Quizá ignoras que a veces nos reímos con las fotos de mala calidad. ¡¡Sí!!, no debería decirlo, pero ya sabes que los de Personal también somos como las demás personas.
- Las fotos son obligatorias en trabajos cara al público: moda, ventas, los de tipo recepcionista, etc., o cuando la exijan terminantemente en la convocatoria y su falta se pueda considerar como un filtro. Si no la incluyes en la solicitud puedes quedar como un grosero.

Estas opiniones son poco ortodoxas. Muchos colegas insisten en las fotos y las encuentran muy importantes: «De esa forma ya me voy haciendo una idea». Pero también existen realmente buenas razones en contra:

- La primera tiene que ver con la mentira, pues lo que suele verse es una imagen falsa.
- La segunda es que no se sabe la acogida que va a tener la foto. Puede ocurrir que en la foto vean que eres un vecino del hombre de Recursos Humanos con el que mantuviste un pleito hace diez años. ¿Y entonces?
- La tercera se refiere a que nadie debe caer de la carrera por ofrecer un *mal aspecto* en la foto. Y eso no ocurrirá si no hay foto.
- Y la cuarta razón se dirige a la gente de Personal: ¡Por favor, fijaos en el original!

Instrucción básica

Sobre todo para los menores de 40 años es imprescindible que en su currículum vayan los datos de su instrucción básica. Según se pasa de esa edad se va haciendo paulatinamente menos perentorio decir las escuelas a las que has asistido. Indica tanto el período de permanencia como el grado alcanzado y el lugar de ubicación de las escuelas en las que has estado hasta casi los 20 años, y lo que has obtenido, como el certificado de estudios primarios, bachiller, selectividad, diplomas comerciales... Y si hay algo que pueda resultar efectivo para tu solicitud, ¡hazlo constar también! Los títulos son muy importantes, son refuerzos por antonomasia, por ello deben ser destacados de forma prominente. Nada de poner cosas de la niñera, la guardería infantil o similares, ya que estos datos pueden calificarte como a una persona que no sabe por dónde van las cosas.

Ejemplo

09/63 - 05/67: Educación primaria. Valladolid
09/67 - 05/72: Educación secundaria. Burgos
09/72 - 05/78: Colegio XXX. Burgos. **Bachillerato**

Tiene buen aspecto, ¿no te parece? Este colegio sigue existiendo hoy en día y se ha transformado en una modernísima escuela, aunque en aquellos tiempos se asemejara totalmente a los sótanos de la Inquisición.

Estudios complementarios

En este apartado se incluyen todas las escuelas, cursos y *trainings* que hayas hecho después de tu instrucción básica. Por ejemplo, cursos de informática o especializados sobre temas de oficina, cursos por correspondencia, entrenamiento para ventas, etc., pero, sobre todo, la preparación que haya durado varios años, como la Universidad, Escuelas Técnicas (superiores o de grado medio), Escuelas Profesionales, etc. ¡Hay que dar la duración exacta de los estudios y los diplomas y títulos obtenidos, es muy importante!

Ejemplo

04/83 - 04/87: Universidad Centralizada. Madrid. **Licenciatura en CC. Económicas.**

09/87 - 10/91: Universidad Macrotécnica. Barcelona. **Ingeniería Industrial.**

09/87 - 10/91: Escuela de Artes Contables. Bilbao. **Censor Jurado de Cuentas.**

01/02 - 10/02: Centro Superior Greco-Latino. Valencia. **MBA.**

No te dejes llevar por la falsa modestia. A los hombres de Recursos Humanos se les debe llamar la atención adecuadamente sobre lo que es más importante. No pienses que toda la información está en los informes, títulos y diplomas, eso implicaría que los de Personal deben buscarlos por sí mismos, en lugar de eso debes ayudarlos y, sobre todo, tratar de *controlarlos*. ¿Qué ocurriría si ese día no tuviera buen humor ni ganas de buscar durante mucho tiempo y por ello se hubiera saltado el MBA que hiciste en Valencia? ¡Entonces habrías fracasado sólo porque has sido algo modesto o porque no te has esforzado! Exagerar un poco tiene su compensación.

Si has hecho muchos cursos, haz una lista de los más importantes, pero sólo son importantes los que han supuesto más de cinco jornadas de trabajo; no son importantes los que sólo han sido de un día. También puedes preparar una hoja adicional en la que relaciones todos esos minicursillos.

Ejemplo

Enero 2002. Academia Bit, Sevilla. Cursillo básico sobre PC. 5 días.
Octubre 2002. Centro Informa, Cádiz. Curso avanzado de Excel. 3 días.
1996 - 2003. Varios cursos sobre tratamiento electrónico de datos. Véase lista adjunta.
1998 - 2000. Talleres de ventas. Véanse detalles en el CV. 45 días.

Una vez más hay que decir que ¡nada de falsa modestia! ¡Haz cosas buenas y habla de ellas!

La carrera profesional

Ésta es una de las partes más importantes de tu historial, la que más interesa a la gente de Personal: qué es lo que has hecho anteriormente, qué puede servir a esta empresa, etc. Te propongo escribirlo así: a la izquierda de la hoja, la duración exacta del empleo (por ejemplo, 09/92–03/96); en el centro, el nombre y localización de la empresa; a la derecha, la denominación precisa del puesto de trabajo (por ejemplo, secretaria con idiomas, instalador sanitario o cualquier otra cosa) y una breve descripción de la tarea que has realizado.

Ahora vamos a presentarte un par de buenos ejemplos y, como contraste intimidatorio, un par de ellos que son malos:

Ejemplo 1: María Misterios (primer intento)

04/83 - 04/87. Gerardo S. A. Formación
05/87 - 03/94. Productos Manero. Secretaria general
04/94 - 12/99. Lucas e Hijos S. L. Jefa de Ventas
01/00 - hasta hoy. Lucas e Hijos S. L. Gerente

Una presentación adecuada, pero nada más. Hechos puros y duros reducidos al mínimo. Todo lo que cuenta es importante, pero aquí sólo hay un esbozo. Lo que le falta decir y escribir a María son los testimonios que den fe de su situación laboral desde que comenzó con ese trabajo en 1994.

Y ahora se inicia el diálogo silencioso entre nosotros, la gente de Recursos Humanos: ¿Conoces la empresa Lucas e Hijos, S. L.? ¿No? ¡Yo, tampoco! ¿Qué es lo que hacía en ella nuestra querida María? ¿Qué es la empresa, qué ha hecho en ella, con cuánta gente, qué volumen de negocio tenía, qué responsabilidades tenía allí la gerente? Ahora yo tendría que dedicarme por completo a estudiar el expediente y, vía internet o encargándoselo a alguien, llamar y preguntar, pero eso me pone de los nervios porque no dispongo de todo ese tiempo. ¡Allá va la pobre María a la urna de los *Como* o a la de los *Noto*!

María no dice nada, lo deja todo en penumbra y a nosotros mojándonos bajo la lluvia. Nuestra reacción intuitiva es el rechazo. ¡No dice nada sobre los últimos años de su vida laboral! ¿A qué se debe eso? No han debido ser nada grandiosos, pues de lo contrario nos los había descrito. ¡Una oportunidad desperdiciada! Con un historial así no se puede hacer nada.

María Misterios escribió esto en su siguiente solicitud:

Ejemplo 2: María Misterios (segundo intento)

04/83 - 04/87. Gerardo S. A. Formación en ventas

05/87 - 03/94. Productos Manero, Alicante. Secretaria general
Empresa con 50 empleados. Yo era asistente del apoderado con competencia para todos los temas administrativos: correspondencia en español y, a menudo, en inglés; preparación de pagos salariales; contabilidad de acreedores y deudores; reclamación de pagos; organización de ferias y exposiciones en el mercado local; organización de viajes de negocios; respaldo a los gerentes en todos los temas.

04/94 - 12/99. Lucas e Hijos S. L., Murcia. Jefa de Ventas
Empresa con 80 empleados dedicada al comercio mayorista de frutas y verduras. Responsable general de Administración, Finanzas y Contabilidad, Gerencia de Personal; control de dos secretarias y tres auxiliares de ventas. Utilización del sistema de Banco de Datos IBM S/38.

01/00 - hasta hoy. Lucas e Hijos, S. L., Murcia. Gerente
Gestión general de la empresa: Compras, Ventas, Logística y Administración. Logros: expansión del volumen de negocio en un 30 % sin cambiar el personal disponible y con aumento del 10 % de los costes accesorios; implantación de un nuevo sistema de Banco de Datos (Compaq PC-Ring). Control de suministros y proveedores. Resultados: extraordinario aumento de beneficios. Desde 2001: a pesar de la profunda crisis y la caída de los precios se han mantenido los beneficios.

¿No es ahora mucho más elegante? Esto ya supone mucho más. Esto es exactamente lo que quiere saber la gente de Recursos Humanos. ¡Les dice algo! No se te ocurra pensar que nosotros, los de Personal, lo sabemos todo sobre profesiones y empresas. Si no nos lo presentas, poco será lo que sepamos de ellos. En general, apenas controlamos el empleo de nuestra propia empresa, así que no hablemos del resto del mundo... Si tienes la sensación de que te falta calidad y opinas que no dispones de nada para ofrecer, lee los ejemplos que siguen y haz lo que se te pide a continuación:

Ejercicio: ¿Qué es lo que he hecho?

Siéntate y escribe sobre todo lo que has hecho en el último trabajo. Pero que esté todo muy claro. Aunque lo esté para ti, puede que para mí no tanto. Sobre todo piensa también en lo que te ha resultado realmente divertido de ese trabajo, a fin de que, al escribir, traslades al texto esa alegría de vivir, que es realmente lo que más importa. Cuando te hayas tomado la molestia de escribirlo, cuéntaselo a tu pareja, a tu amigo o a tu perro. Y deja que funcione la cinta magnetofónica. Te sorprenderás de toda la información que se aporta. Además, éste es un ejercicio importante para mantener una eficaz entrevista de trabajo.

Ahora puede que digas: «¡Sí, eso cuando se tiene un historial tan estupendo como el de María Misterios, pero yo no tengo nada de eso!». Pero esto funciona incluso aunque las cosas no resulten tan terriblemente emocionantes o no sean autoexplicativas:

Ejemplos 3 y 4: El señor Manitas escribe

05/76 - 03/97. Instalaciones Grifo, Pamplona. Instalador sanitario
Realización de instalaciones sanitarias en edificios nuevos y reformados, y, parcialmente, en grandes obras de construcción. Proyectos más notables: instalaciones sanitarias en la estación de autobuses de Cádiz, instalación de dispositivos de barreras de luz utilizando las técnicas más actuales, instalación de equipamiento de tipo De Luxe para la villa de un jeque del petróleo en Santander. Conocimientos de las modernas técnicas Agua Buena y su correspondiente gama de productos.

Bueno, aquí habla alguien al que su trabajo le proporciona verdaderas alegrías. Como lo de nuestra querida señora Irene Ropas:

05/87 - 03/94. Almacenes Roncalesa, Pamplona. Vendedora y jefa de sección

Tres años como vendedora en el departamento de moda infantil, asesoramiento a los clientes, venta de ropa y complementos variados para niños (desde bebés hasta los nueve años); también, por suplencia veraniega (tres meses al año) en el sector de moda femenina; a principios de 1990 se asume la responsabilidad de la sección de moda infantil; caja, liquidaciones, gestión de almacén, pedidos.

Desgraciadamente, siempre hay gente que opina que como no tiene nada digno de mención, no puede o no quiere decir nada. Está bien, pero, ¡por Dios!, cuando envías a la gente de Personal una solicitud de empleo, ellos lo que quieren es saber algo de ti. Lo que quieren saber no es ni más ni menos que eso. Así que díselo sin más y no tengas complejos que están equivocados. Ellos te lo agradecerán con una invitación.

Ejemplo 5 y 6: Nuestra camarera

Una de las participantes en nuestros cursos era camarera desde hacía veinticinco años. «¿Qué debo escribir, si todos saben ya de qué va esto?», nos decía. ¿De verdad lo sabemos? ¿Está estancada en un cuchitril de comida basura vendiendo cucuruchos de papel llenos de grasientas patatas fritas, o ha servido cenas de gala en un hotel de lujo? Entre ambas situaciones hay una diferencia gigantesca. Hay que decir más. Desde una escueta nota como la siguiente:

06/68 - 03/93. Varios restaurantes. Camarera.

A lo que exponemos a continuación (quizás se haya suavizado un poco, pero es la versión original) hay, debemos admitirlo, una gran diferencia:

06/68 - 03/72. Hotel Magnificent, Zaragoza. Camarera

Funciones de camarera en un hotel de cuatro estrellas; durante dos años especialmente en el bar: barra, preparación de bebidas y comidas ligeras (platos fríos, consomés, sandwiches...); a los 2 años se incorpora progresivamente al servicio de restaurante: servicio a los clientes, formación como camarera de primera categoría; se comienza con servicio de platos y finalmente con comidas de categoría superior.

04/72 - 04/74. Parador Ventiscas, Jaca. Camarera

Dos temporadas de verano y dos de invierno; fundamentalmente, servicio a turistas (esquí y marchas) con aglomeración en las horas punta; actividad febril pero un servicio muy interesante entre sol y nieve; una cocina poco exquisita, pero con una clientela turística muy exigente.

06/74 - 10/86. Madre de 3 hijos y cabeza de familia

Educación de 3 hijos con unas condiciones muy exigentes de servicio. Mantenimiento de un restaurante de 5 tenedores con una clientela muy, pero que muy, difícil.

11/86 - 10/88. Hostería de la Mariña, Lugo. Camarera al 50 %

Regreso a la actividad profesional en un selecto negocio familiar con cocina ligera, servicio y alojamiento. Por las tardes se tienen todas las responsabilidades: atención a la clientela (ocho mesas), preparación y servicio de platos fríos, recepción en la hostería: inscripción de los huéspedes y distribución de las plazas, servicio de habitaciones, etc.

11/88 - 03/93. Hostería de la Costa, Pontevedra. Camarera al 80 %

Actividad muy variada en el servicio de una hostería con cocina casera y una gran sala con frecuentes eventos importantes (bodas, congresos, reuniones sociales); servicio en el restaurante, en la cervecería y, en caso de ausencia de la encargada, también auxiliar en el bar; muy fatigoso pero un trabajo muy interesante durante los grandes eventos, que es donde realmente había que entrar en acción.

¿Qué opinas? Lo que has leído es suficientemente agradable para tu paladar y has podido oler el ambiente de mar y montaña, has oído gritar a los niños y has percibido los vapores de las cenas de gala. Tal vez algo exagerado, pero sólo un poquito.

No escribas una novela, pero sí lo que le pueda interesar al patrón o a la gente de Personal: conciso, preciso, informativo y, sobre todo, vital, positivo, lleno de alegría de vivir. Piensa, y no lo olvides jamás, que:

¡Quitarse importancia es lo mismo que mentir!

Conocimientos especiales

¿Tienes cualidades, capacidades o conocimientos especiales? Si es que sí, escríbelo en un apartado al que llames «Conocimientos especiales». ¿Eres un fanático del PC? ¿En qué sistema operativo y con qué programas? ¿Eres especialmente ducho en contabilidad? ¿Tienes experiencia notable en cualquier rama práctica? ¿Tienes alguna afición que pueda ser importante para los intereses de tu futuro patrón? ¿Trabajas como interventor de alguna asociación o qué sé yo? ¿Eres muy avispado en tu tiempo libre y creas páginas web, construyes casas, inventas máquinas, escribes libros, diseñas ropa, has descubierto la fórmula para arreglar el mundo, o algo así?

No temas en resumir de forma clara, en forma de tablas y con epígrafes todos tus triunfos más destacados y tus atractivos más seductores. No esperes que un agobiadísimo muchacho de Personal los encuentre por sí solo y les saque partido. Ponle sobre la pista. No te fíes del azar, prepárate para usarlo en tu propio provecho. Así lo controlarás y no quedarás a merced de los acontecimientos, es decir, a los procesos mentales de decisión de la gente de Recursos Humanos.

Son especialmente importante los conocimientos de los especialistas profesionales, como informáticos, organizadores, ingenieros, profesionales de la banca, técnicos, naturalistas, o universitarios.

Piensa siempre en hechos, cifras, denominación exacta de la maquinaria, programas, *hardware,* materiales, artículos, etc. Utiliza el *name-dropping,* es decir, algo así como *goteo de nombres.* Queda de maravilla algo como esto:

Ejemplo para informáticos

Hardware	IBM 3090	7 años	Experto
	IBM AS400	3 años	Experto
	IBM RS/6000	2 años	Usuario avanzado
Sistemas operativos	MVS / OS 390	5 años	Experto
	Unix	2 años	Usuario avanzado
Programación	Cobol 74 y 85	7 años	Experto
	Delta	5 años	Senior
	RPG III / 400	3 años	Senior
Bancos de datos	IMS, DB2	3 años	Usuario avanzado
Métodos	Jackson	2 años	Usuario avanzado
Ramos	Banca	5 años	
	Seguros	3 años	

Proyectos más importantes:

01/96-12/96. Programación de una instrumentación *(tool)* para gestión de cuentas según la especificación de detalles suministrada.

01/97-05/98. Esquema general y de detalle para compensación interbancaria en un sistema Mainframe de IBM, etc.

Idiomas

Sin saber idiomas hoy en día no vas a ir muy lejos, así que dedícales un pequeño apartado. No te limites a escribir: *inglés, francés, alemán*. No hay nada más embarazoso que tener que explicar en la entrevista personal que, después de todo, el italiano hablado no se te da excesivamente bien, pero que, por supuesto, si estás en Milán eres muy capaz de pedir una *pizza*. ¡Tienes que hacer, a toda costa, una descripción rigurosa de tus habilidades idiomáticas, tanto orales como escritas! A continuación te indicamos las denominaciones que utilizamos en nuestra asesoría de Personal:

Oral	Conocimientos; nivel de comprensión; nivel de conversación; nivel de negociaciones; lengua materna.
Escrito	Conocimientos; nivel de carta particular; correspondencia (con plena autonomía o bien siguiendo modelos ya preparados); muy buen estilo; lengua materna.

Es demasiado desenfadado decir cosas como:

Oral	Puedo pedir unos *spaghetti* o preguntar por una dirección; entiendo la mayor parte del lenguaje cotidiano común; puedo pronunciar conferencias sobre temas profesionales; hablo sin nada de acento y estoy absolutamente preparado para salir a un escenario, etc.
Escrito	No puedo escribir nada en absoluto; consigo escribir una carta si tengo el diccionario a mano y, además, siempre que mi corresponsal sea muy benévolo; soy capaz de escribir correctamente un tratado; Cervantes, a mi lado, era un principiante...

No seas tan desenvuelto y no escribas cosas como lo que acabo de hacer yo aquí, pero sí que debes tomar un poco esa dirección, a fin de poder perfilar tu aspecto personal. ¡En un tema tan árido como el de los idiomas eso a veces puede funcionar!

Y no alteres nunca la verdad en lo que se refiere a este asunto, pues la gente de Recursos Humanos puede tener mucho gusto en tratar de verificar la realidad de tus fanfarronadas idiomáticas. Si en tu historial has puesto: «Francés a nivel de conversación», puede ocurrir que tu entrevistador te diga «On peut continuer en français?», y si te sales de esa pregunta con un «¿Quééé?», te verás de patitas en la calle tan rápido como haya sido tu «¿Quééé?». Seguro que no quieres experimentar una situación tan grotesca como ésa.

Estancias para idiomas/escuelas de idiomas

También debes informar de los eventuales viajes de estudios que hayas hecho y de los centros a los que has asistido para aprender o perfeccionar tus idiomas: duración, lugar, centro, diploma... Si todavía no has hecho ninguno, puede que lo hagas en algún momento. Nunca es tarde.

06/04 - 08/04.	Université, Genève: Cours de vacances	Curso de francés: **Alliance Française.**
	Desde 11/04 en la escuela Shakespeare, Madrid	Curso de inglés Previsto tener el **Proficiency en 06/06.**

Fortalezas y debilidades

Numerosos asesores laborales afirman que en tu solicitud debes escribir absolutamente todo, tus miserias, tus fortalezas y tus debilidades. Yo encuentro con frecuencia estas confesiones en los expedientes, ¿y ahora qué? ¡Te sugiero que seas prudente! Guárdate lo mejor de ti mismo para la entrevista de trabajo. Nunca se sabe la acogida que van a tener.

Si acaso, describe sólo tus fortalezas, y presenta tus debilidades con una extremada prudencia, no vaya a ser que alguien (como el cuco, que aprovecha el nido ajeno para criar a su prole) se aproveche de ellas y surja un criterio destructor. Mejor, déjalo estar, aunque esto vaya en contra de lo que te haya aconsejado algún fetichista de la psicología profunda.

Si anotas las fortalezas, deben ser adecuadas al trabajo que vayas a realizar y ser formuladas de una forma original. ¡Deben actuar como verdaderos refuerzos! ¡Si lo haces bien actuará así de una forma natural! Por ejemplo, a mí me agradó una contable que escribió:

Puntos fuertes	Ordenada, rápida, totalmente orientada a los números.
Debilidades	A veces excesivamente meticulosa, más bien introvertida.

¡Eso me sonó muy bien a mí, que tengo fobia a la contabilidad, justo una de mis debilidades. Siempre he deseado tener una contable que sea rigurosamente meticulosa con mis cuentas y que, en la medida de lo posible, no hable mucho de ellas.

Evita de forma perentoria tópicos como *dinámico y capacidad de trabajar en equipo:* hoy en día todos somos *taaaaan dinámicos, taaaaan capaces de trabajar en equipo* y *taaaaan orientados al cliente.* Faltaría más. No existe ningún jefe que se identifique a sí mismo como autoritario-directivo-militarista, todos son *taaaaan amables y taaaaan comprensivos.* Todos se ven como *preparadores* de sus colaboradores y todos pretenden sólo cumplir con el *convenio por objetivos.*

Si las cosas fueran así, sólo se tendrían colaboradores dinámicos y capaces de trabajar en equipo, y jefes encantadores y sumamente eficaces, no habría ninguna desavenencia en la empresa, ni acoso *(mobbing),* ni seguirían existiendo esas montañas de papeles, no habría clientes insatisfechos y no se falsearían los balances ni habría grandes fusiones. ¡Sí, sí, pero lo cierto es que la realidad es otra muy distinta!

Si en tu solicitud incluyes las fortalezas, ten por seguro (piénsatelo) que hay una gran probabilidad de que tengas que demostrarlas: la gente de Recursos Humanos te preguntará en la entrevista por qué opinas de esa forma, si tienes mucha *fuerza para imponerte y dirigir,* qué demuestras con tu *voluntad de mantener la firmeza,* qué consideras que es la *capacidad de trabajar en equipo,* etc. Eso resulta difícil de contestar, sobre todo cuando no te has preparado las respuestas. Pero las preguntas te llegarán con toda certeza, como dos y dos son cuatro.

Si estás inseguro, guárdate las indicaciones que creas que son las más valiosas para ti a fin de soltarlas en la entrevista personal. Y prepárate las respuestas previamente, y con sumo cuidado. Podrás ver más sobre este tema en el capítulo «La entrevista de trabajo», a partir de la página 149.

Aficiones

Una afición encantadora puede reflejar tu verdadera personalidad: un hobby puede dar muchas explicaciones sobre tus características personales y por tanto resulta muy interesante para la gente de Recursos Humanos. Son datos puros *(soft-facts)* por excelencia. Pero también aquí: ¡Cuidado con ellos, que te pueden causar mucho daño! Comprueba si tu afición encaja bien en tu trabajo y no se contrapone diametralmente a expectativas o clichés preestablecidos. Reajusta también tus aficiones demasiado exóticas. ¿Qué se espera de un contable apasionado por el *puenting* o que practica *snowboard freestyle*? ¿O de un vendedor cara al público que construye maquetas de barcos, o colecciona sellos o posavasos? ¿No se ajusta? ¡Exacto!

Un solicitante dijo que su afición era el teatro de marionetas. ¿No te parece genial? ¡No, realmente no! Yo me voy hacia atrás, hasta mis ensueños infantiles en los que pensaba en el malvado cocodrilo y la matraca del guiñol, ¡zás! Y ya había ocurrido todo. En lugar de reflexionar sobre su posible idoneidad para el puesto de trabajo, yo sólo podía pensar en él como intérprete en el teatro de los títeres.

Les enseñé la solicitud a mis colaboradores y todo fue igual: el pobre hombre acabó siendo para nosotros «la Marioneta». Hicimos grandes esfuerzos para olvidarlo, pero no funcionó. Siempre había alguien que recordaba lo de «la Marioneta». Y, por supuesto, esto no supuso ningún bien para su solicitud de empleo, lo que evidentemente no había sido su propósito.

Una cosa parecida ocurrió con el Conde Tarántula: otro solicitante dijo que era aficionado a la cría de arañas. También genial, ¿no? Ahora una asociación de ideas: araña peluda, tarántula, mordedura de araña, veneno, piernas tumefactas, muerte por asfixia echando espuma por la boca, miedo, asco, ¡ajjj, tengo que aflojarme la corbata antes de poder seguir!

Para nuestro equipo ese pobre fue muy pronto el Conde Tarántula (también somos, a veces, un poco crueles). Una asesora de Personal, aracnófoba (una disquisición: una persona aracnófoba de 70 kilogramos de peso es alguien que, frente a una ligera araña de 5 gramos, es decir una relación de 14.000 a 1, sale corriendo presa de un pánico irracional), indicó que jamás volvería a coger en sus manos ese expediente. Y teníamos miedo de llamarle a una entrevista, no fuera a ser que el fulano sacara del bolsillo de sus pantalones uno de esos simpáticos bichitos...

Y la moraleja

- Piensa siempre en el efecto que puede causar en los demás lo que piensas, dices y haces.
- Quizá sea preferible que te ahorres las censuras que te puedan ocasionar tus aficiones demasiado exóticas si...
- ...la gente de Personal dispone de tiempo limitado para tu expediente. No se les debe distraer con títeres ni arañas, sino que han de ver tus calificaciones profesionales.
- Llamar la atención es muy bueno, ¡pero que sea con lo importante!

Referencias

Las referencias son extremadamente importantes y dan casi siempre un voto decisivo a la hora de la contratación. Las referencias se suelen pedir cuando la cosa ya va en serio y has tenido una o dos entrevistas de trabajo afortunadas. En ciertos casos son componentes de la solicitud. De todas formas:

Puedes guardarte algún pequeño secreto y escribir: «Referencias a petición», lo que, realmente, no resulta muy informativo. ¿Qué supone este secretismo y todos estos chanchullos? Puedes imaginarte de lo que estoy hablando. Yo sólo tengo secretos para la gente de la que desconfío. ¿Qué tengo en contra de los que pueden hacer el favor de contratarme?

Exhibe autoconocimiento, confianza y franqueza y, como cierre de tu historial, proporciónanos dos o tres buenos nombres que te puedan servir de garantes. Piensa en esto: las referencias son, después del historial de la solicitud y la entrevista personal, el más importante criterio de decisión.

Es fundamental saber que sólo debes dar buenas referencias. Eso cae por su propio peso. ¡Comprueba a toda costa los casos dudosos! Sólo debes relacionar a gente con la que hayas tenido contacto profesional durante los dos últimos años. Debes poner delante las más recientes. ¡Cuanto más atrasadas en el tiempo, menos valiosas!

Habla antes con las personas en cuestión y avísales de que pueden recibir una llamada. Indica su nombre, empresa, preocúpate de tener actualizado su número de teléfono y describe la relación profesional que has tenido con él/ella. Algo así como:

Ejemplo

> ○ Martín Cuentas, jefe del Departamento de Banco de Datos de Eleccompu, S. A., superior directo entre 1992 y 1995. Actualmente en Bit y Byte, S. L., Granada. Teléfono (directo) 958-XXXXXX.
>
> ○ Palmira Ajustes, gerente de Proyectos de Extrabases, S. A., León, superiora directa desde 1995 hasta la fecha. Teléfono (directo) 9987-YYYYYY.

Y, algo de lo que debes abstenerte en la medida de lo posible: prescinde de los famosos que, casualmente, vivan cerca de tu domicilio. Así que nada de nombrar a esa cantante tan de moda o a ese renombrado corredor de motos como si fueran tus vecinos. Eso se hace muy a menudo, de verdad. ¿Qué se saca con ello? ¿Piensas realmente que alguien te va a llamar porque vivas cerca del primo de Bill Gates o de cualquier otro?

Prescinde de aquellas personas que no se van a acordar de ti, o las que se hayan muerto. ¡Y también hemos tenido de esos, palabra de honor! Te puedes figurar mi gran alegría cuando hablé con una señora cuyo marido llevaba enterrado dos meses. ¡Y la señora más aún! Ése es un golpe mortal para una solicitud.

Quizá te reirás, pero nosotros hemos experimentado todo eso. Debes ser extremadamente cuidadoso. De lo contrario podría ocurrirte lo de ese gerente cincuentón:

No tenía trabajo desde hacía tres años y había dejado de pagar dos veces sus impuestos, por lo que le dieron de baja en la Seguridad Social. Es perfectamente comprensible que financiera y anímicamente estuviera por los suelos. Su referencia más importante: ante mis requerimientos, «un viejo amigo y buen colega», habló de él como un infame derrotista y prevenía a cualquier posible futuro patrón con las siguientes palabras: «¿Quién, Fulano? ¡Olvídese de él, no curra nada, tengan mucho cuidado con ese tipo!».

¡Así no se encuentra trabajo! Ahora tendrá que buscar en otra parte. Se apoyaba *solamente* en esa referencia.

Pretensiones salariales

Lo mejor es que no comentes nada de esto en tu solicitud. Hoy en día somos todos *taaaan flexibles*... Tampoco pongas nada tan hueco y cortés como *Sueldo a convenir*. ¿Por qué suena a hueco? Que se vaya a convenir el salario es una cosa que está tan clara como la luz del día, y eso no hace falta explicárselo a la gente de Recursos Humanos, así que quítalo. Es una declaración tan poco valiosa que no merece siquiera la tinta que hayas gastado con ella en la impresora.

Tampoco digas algo así como: *unos 4.312 € mensuales por 13 pagas*. Corres el peligro de pegártela. ¡Si tiras por lo alto, es posible que te quedes fuera de la carrera! Puede que realmente te conformaras con 3.800 €. Pero si tiras demasiado a la baja, estarás tirando piedras contra tu propio tejado.

Deja esas cosas para la entrevista. En ella dispondrás de mejores criterios para opinar sobre el nuevo empleo, podrás palpar el ambiente, conocerás el estilo de la empresa y la gente de personal y tendrás una mejor base de negociación.

Y, para terminar, como no trabajas por dinero, sino como desafío... ¿O no? Puedes encontrar más cosas en la página 177 y siguientes.

Todo lo que tiene que estar reflejado...

... Y lo que sería muy agradable de leer y lo que es mejor que dejes tal como está. Si tu documentación está elaborada, completa y estructurada en la forma que a continuación se describe, no tendrás nada incorrecto:

- Una carta de solicitud.
- Un currículum vitae preparado por ti mismo.
- Historial profesional, ordenado cronológicamente hacia atrás de la mejor forma posible, lo más moderno al principio.
- Historial de diplomas finales de tus estudios complementarios, nada de certificados intermedios.
- Diplomas relativos a cursos que hayan durando cinco días o más, prescinde de minicursitos de un par de horas.

● Como mucho una panorámica de cursillos breves y seminarios.

● Diplomas escolares de fin de estudios, no particularizar nunca curso por curso.

● Listado de publicaciones (para puestos de trabajo universitarios).

Y, sólo en caso de que nos lo exijan:

● Una prueba de nuestra escritura manuscrita. Lo que yo particularmente pienso sobre este tema lo podrás ver más ampliamente en el capítulo «La grafología es cosa de vudú», ¿o te basta con el título?

¡Por Dios!, no pongas todo lo que te ha ocurrido a lo largo de tu vida. No es nada interesante: el historial escolar de una persona de más de 50 años, todos los diplomas de la educación secundaria (que no tengamos que empezar a trabajar con las notas que tuviste a los 9 años), los certificados de estudios intermedios (¡a nadie le interesan las notas de tu tercera evaluación!), el diploma y a la vez el certificado y a la vez el título conseguido al final de una misma cosa, los minidiplomas de cursillos de 2 horas, las 200 páginas de tu tesina, los dos catálogos completos de productos representados por tu empresa. ¡¡Todo eso, después de los 50 años, puede llenar una estantería!! Sé conciso y preciso, muestra lo que tengas de importancia, sin pasarte ni tampoco quedarte corto.

Y señálanos, en la medida de lo posible, lo más importante al principio y, si puedes, haz referencia de ello ya en tu carta de solicitud.

Un tipo raro me envió un tocho de papel de 100 páginas. El hombre tenía 34 años de edad. La primera página era una foto suya, ligeramente desvaída, muy al estilo David Hamilton,[4] correctamente *agraciada*. Las siguientes 99 páginas eran una detallada biografía que Bill Clinton no hubiera conseguido mejorar, sólo que la suya hubiera resultado ser algo más interesante. ¡Dios mío, qué temerarios

---

4. Fotógrafo y cineasta londinense, nacido en 1933, experto en fotos con efecto «flou», una falta de nitidez buscada en los retratos para suavizar arrugas y esconder pequeños defectos de la piel. *(N. de la T.)*

pueden resultar algunos al pensar que alguien de Recursos Humanos, o cualquier otro, podría tener tiempo e interés en leer 100 páginas sobre un perfecto desconocido! Un volumen de tal tamaño sólo se puede permitir a alguien como Gandhi o Churchill, pero no al señor Pérez de la casa de al lado.

Sin embargo, yo cité a este señor Pérez (por supuesto, se trata de un nombre supuesto) sólo para ver si era el hombre que parecía ser y si yo estaba siendo verdaderamente justo a la hora de adjudicarle un juicio desfavorable. Te lo aseguro, ¡yo no estaba equivocado!

Estética y maquetación

Preocúpate de usar un papel de buena calidad y unas copias de primera, nada de repulsivos fragmentos ilegibles. Todo esta responsabilidad recae sobre ti.

Y hazlo todo lo bonito que puedas, sin exagerar, pero con una sencilla estética que te resulte de un valor adecuado para la ocasión. Aquí debes recurrir a tus mejores cualidades de maquetador y realizador gráfico. Sé creativo. Por mis manos han pasado muchas solicitudes con una estética tan perfecta que casi arrancaban lágrimas de los ojos. Esa estética en tu expediente dice mucho acerca de ti: la importancia con que te tomas las cosas, lo cuidadoso que eres, si tienes buen o mal gusto, si eres capaz de servirte del ordenador o si tienes sentido para los detalles, la estética y la escritura, etc.

Puedes encontrar ejemplos al final del libro, a partir de la página 261.

Ahora, en las páginas que siguen encontrarás un listado de recomendaciones, y también de pequeñas meteduras de pata y de grandes fallos. Con estos últimos puede que te rías, pero te los cuento sacándolos de nuestra sorprendente experiencia práctica:

«DEBES» Y «NO DEBES»

Ya sabes que para promocionarte debes hacer tu propia publicidad. Promocionarte es extraordinariamente importante. Se trata de un nuevo empleo y, con él, de años de tu vida. Por eso, tu historial debe tener una gran altura estética y su contenido debe cumplir con una serie de exigencias. Es lógico, ¿no? Ese historial también debe estar en consonancia con la importancia de la ocasión: si es estético será un reflejo de tu buen gusto. ¡Esto es algo sobre lo que no se puede discutir, o al menos éste no es el lugar adecuado!

Piensa en la fórmula mágica de la publicidad: *Éxito de la publicidad = + Refuerzo – Factor de aburrimiento – Filtro* y en el *diálogo interior* que va a aparecer en las otras personas. Examina tu documentación poniéndote en lugar de la gente de Personal, y comprueba lo que ya te resulta evidente y te salta a la vista desde un principio. Esto es importante, ya que todo lo que da una buena impresión desde el principio, la mayoría de las veces es algo bueno.

Y ahora hazte las preguntas importantes acerca de tu obra de arte:

- ¿Está todo claro y preciso? ¿La gente de Recursos Humanos va a encontrar lo que busca o se va a topar con otras cosas? ¿Se aprecia bien y salta a la vista lo más jugoso de tu carrera? ¿Está bien destacada tu evidente idoneidad para el puesto? ¿Resulta de lectura ligera y fácil o todo parece estar amontonado de mala manera? ¿Está preparada la información conforme a lo que buscan los de Personal?
- ¿Qué sensaciones te aportan tu trabajo y tu escrito? Mostrar satisfacción es bueno, si hay entusiasmo, mejor, es grave si se observa aburrimiento y un «no» es el fin.

«DEBES» para los aspectos formales

- Formato A4, olvida cualquier otro excepto para trabajos de tipo creativo (publicidad y cosas parecidas).
- Tu carpeta de presentación debe ser representativa y fácil de manejar; las hojas se deben poder separar: ¡Da facilidades para hacer copias!
- Papel blanco, de buena calidad. Al menos de 80 gramos/m².
- Sólo papel especial o reciclado si tienes un buen motivo para ello, por ejemplo una solicitud dirigida a una papelería, una fábrica de papel reciclado o una oficina de ecologistas.
- Sólo papel especial o de color si ves que resulta estético.

- Que esté bien impreso. Si puedes usa impresora láser o de chorro de tinta.
- Pon lo más importante al principio.
- Escritura de buena apariencia, mejor de tipo clásico, y legible. Si puedes usa las de tipo finos y gruesos *(serif),* son las más legibles.
- ¡Que sea producción propia! Sé sosegadamente creativo (y hago mucho énfasis en lo del sosiego), existen magníficos ejemplos, y procura que todo quede hecho correctamente.

«DEBES» para la solicitud (en parte es un repaso)

- ¡Dirígete siempre a tu interlocutor por su nombre correcto!
- Concentra tu esfuerzo en las fortalezas.
- ¡Impreso, sólo escritura manuscrita si te lo exigen!
- Sigue el siguiente lema: sé breve, sencillo y estúpido. Como mucho que ocupe una página (sobre todo hay que huir de la manía de llenar de palabras el escrito).
- Haz que destaque lo que creas que te cualifica más para el puesto. Usa **letra negrita**, o *cursiva*, para subtítulos, bloques de información...
- Indica dónde se te puede localizar. ¡Y procura que, de verdad, se pueda comunicar contigo en ese lugar!
- Para las grandes empresas: una breve indicación del anuncio y el puesto; puede surgir alguna confusión y encontrarte con que eres rechazado porque tu documentación ha ido a un lugar equivocado.

«DEBES» para el historial

- Corto, conciso y preciso, pero detallando lo importante.
- Cuida que sea legible y esté bien estructurado: usa tablas, subtítulos, tabuladores...
- Pon de relieve lo más importante: títulos, calificaciones, puestos alcanzados, etc., a base de letras **negritas,** *cursivas* y <u>subrayadas,</u> o situándolo en lugar destacado.
- Envuélvelo todo en informaciones entusiastas y apasionadas.
- Si lo encuentras oportuno, haz un cuadro sinóptico de tus cursos y tu formación.
- Para puestos de la universidad: si merece la pena, haz un listado de tus publicaciones.

- Envía una foto si te lo exigen. Ya conoces mi opinión. Y mándala sólo si te va a servir de refuerzo. ¡Es mejor ninguna foto que una mala!
- Fotos, sólo para empleos en los que sea importante el aspecto exterior: recepción, modas, vendedor cara al público, TV, etc.
- Lo más moderno es una foto digital impresa desde el ordenador. Da la sensación de que conoces el tema. ¡Ojo, usa una buena impresora para que se te pueda reconocer!
- Sólo deberás remitir una prueba de escritura manuscrita en caso de que te lo soliciten expresamente, ya que eso supone demasiado trabajo, tanto para ti como para el lector.

Tómalo de un texto que sea lo más inofensivo posible, nada de escritores ya anticuados, comprometidos o demasiado rebeldes. Difícil, pero seguro que te vendrá algo a las mientes. Todo escrito a tinta o con bolígrafo y en papel normal. Para un estudio grafológico sólo sirve algo de escritura espontánea, no copiada. Los bellísimos escritos con resonancias albertianas sobre un impoluto papel de tina, antiguo y noble, no les sirve para nada a los grafólogos, te lo aseguro. Puede resultar cómico que te pidan algo así, pero recuerda que la grafología es un arte vudú, y eso es algo que puedes ver en la página 86. De todas formas se sigue practicando bastante.

No incluyas en tu solicitud «desperdicios» inservibles; no suelen ser bien recibidos.

«DEBES» para informes y suplementos

- ¡Adjunta los informes profesionales al completo, todos ellos! Sólo está permitido omitir los que provengan de los años 50.
- Certificados de estudios: los más importantes que hayas conseguido, como enseñanza, universidad, diplomas... Los certificados de los cursos que hayan durado al menos una semana. Lema: ¡Sólo los más importantes! El resto en una lista por separado.
- Separa los informes laborales de los de estudios.
- Orden cronológico inverso. Los más antiguos al final de la lista.
- Que no abulte mucho. Medio centímetro de espesor ya es demasiado voluminoso y seguro que tiene exceso de peso.

Y ahora algunos pequeños fallos y grandes meteduras de pata que debes evitar a toda costa:

«NO DEBES» para los aspectos formales

- Doblar dos veces las hojas y que pasen de A4 a A6.
- Papel rayado o cuadriculado, hace muy de niño de escuela.
- Imprimir o escribir el papel por las dos caras. ¿Quién haría una fotocopia de algo así?
- Une las páginas por medio de clips, cuantos más mejor.
- Grapas. ¡¡Queremos hacer copias!!
- Copias en color tamaño DIN-A3. Hacen unos documentos muy elegantes, de acuerdo, pero no aportan nada.
- Cada página guardada en su propia bolsa: es algo enervante. ¡Ten consideración con los brazos del que tiene que sacarlas de las bolsas!
- O usar una de esas carpetas de lujo de las que venden hoy en día. ¡Se acabaron las miserias, todo en el mayor formato posible! Como no eres tú el que tiene que sacarlo de su embalaje y luego devolverlo...
- Atado o pegado. Yo ya he roto muchos de esos expedientes al tratar de desmontarlos. ¡Sin querer, de verdad!
- Escritura muy pequeña que exija una lupa. ¡El tamaño debe oscilar entre los 10 y los 12 puntos!
- Impresión de tipo muy romántico sobre papel de línea ecológica.
- Colores irisados o de tono pastel.
- ¡Escritura absolutamente barroco-vanguardista, de forma que nadie sea capaz de leerla!
- 20 tamaños y fuentes de escritura en el mismo documento.
- Innecesarios y desagradables marcos, líneas, tramados, barras, etc.
- Gráficos complicados que no entiende nadie.
- Todo lleno de escritura, sin bordes, ninguna separación, ningún espacio vacío para que descanse la vista.
- ¡Enviar un sobre previamente franqueado para que procedan a la devolución de tu expediente, porque eso es un revelador y grandioso símbolo de tu autoevaluación y de tu optimismo!
- Certificar el envío o mandarlo por correo urgente: ¡Por favor, no lo hagas a no ser que te veas obligado!

«NO DEBES» para la solicitud

○ Escribe con letra de médico para que no haya posibilidad de descifrarla. ¡Por favor, no me tortures! ¡Por favor, que sea legible!

○ Una carta vulgar con factores de aburrimiento y de filtros: petición de ayuda, elegías fúnebres, demasiado autobombo y cánticos de alabanza.

○ Rollos de tres páginas con estilo novelesco.

○ Una colección de florituras de cortesía con las que no te identificas.

○ Peticiones de clemencia o patrañas inauditas (ije, je!).

○ Olvidarse del nombre, dirección y número de teléfono. Serían muy importantes para nosotros si llegaras a ser un candidato interesante. Pero hasta hoy has permanecido desconocido y puede que sigas siéndolo. ¡No dejes de presentarte!

○ Tres líneas para referirse al anuncio: nombre del puesto de trabajo, empresa, fecha y lugar de publicación, número de referencia, dirección del diario, edición en la que se ha publicado: todo eso en media página. Si te muestras desagradable lo más normal es que no consigas nada.

«NO DEBES» para el historial

○ Texto difuso, formas novelescas: «Nací el día de Año Nuevo en un pueblito serrano, como tercer hijo de mi querida mamaíta, viuda...». Piensa siempre en lo siguiente: ¿Qué es lo que interesa para el puesto de trabajo? ¡Eso no, seguro!

○ Poner en lugar destacado lo que resulta poco importante o es muy antiguo, por ejemplo, los certificados de la escuela primaria.

○ Jugar a la búsqueda del tesoro: ocultar lo importante, o no ponerlo.

○ Dejar huecos o lagunas en el historial (véase páginas 91 y ss.).

○ Información escasa para que los de Personal se queden con hambre.

○ Jugar al ratón y el gato: no poner anexos o decir algo así como: *los anexos se entregarán posteriormente*. ¡Es un disparate! Con ello das lugar a un jueguecito de preguntas y respuestas poco útil, que los de Recursos Humanos ni quieren ni pueden permitirse. ¡Así que déjalos! ¡Entrégalo ya, sin más cumplidos, y déjate de tiras y aflojas!

«NO DEBES» para la fotografía

○ Fotos de las de busca y captura de mafiosos, gente de mirada torva, terroristas...

- Retratos retocados al estilo del fotógrafo David Hamilton, con el dorso de la mano bajo la barbilla o algo parecido. ¡Nada de horteradas!
- Fotos usadas varias veces, arrugadas y amarillentas. ¿Estás tú así de amarillento y arrugado?
- Dejar huecos o lagunas en el historial (véase páginas 91 y ss.).
- Fotos cogidas con clips: de un montón de 20 expedientes ya se nos han caído 3 fotos. Menuda juerga: ¿Quién puede volver a ponerlas bien?
- Las fotos cosidas con cuatro grapas: se cargan la foto y la fotocopiadora; nos da una infinita alegría interna cuando se quedan en el cilindro de selenio (el componente más caro de la fotocopiadora).

«NO DEBES» para la prueba manuscrita

- ¿Cómo quedarían los discursos de Ho Chi Minh o el Che Guevara para reforzar el poder revolucionario? ¡Ojo al texto que eliges!
- Epopeyas en tinta y papel noble quedan como un mediocre álbum de poesías; quedan anticuadas y es raro que se correspondan con las circunstancias de la empresa.

«NO DEBES» para informes y suplementos

- ¡Que no abulte mucho! Lema: ¡Sólo lo más importante, tira el lastre por la borda! ¡Déjate material suplementario para presentarlo en la posible entrevista personal!
- *Por casualidad* se te ha olvidado algún certificado laboral o de estudios. ¿Quieres saber el efecto de esas lagunas? Consulta la página 91.
- Copias de mala calidad, apenas legibles y que por tanto no se puedan volver a copiar.
- Mezcla y desordena, todo lo que puedas, los certificados de trabajo y los de estudios.

De esa forma, los de Recursos Humanos tendrán que hacerlo ellos mismos. ¡En ese departamento tienen mucho tiempo!

Y ahora en serio: si sigues todos estos consejos conseguirás tal impacto con tu solicitud que se precipitarán a llamarte para una entrevista personal. Eso te lo podemos garantizar: en nuestros cursos las cuotas de acierto han subido de forma masiva, en algunos casos de 0 a 100. No es un recurso publicitario sino fruto de la experiencia. Antes de empezar con la entrevista personal, haremos unas observaciones sobre el lenguaje de los informes, la grafología y las lagunas en el historial.

EL CÓDIGO SECRETO DE LA GENTE DE PERSONAL: EL LENGUAJE DE LOS INFORMES

Antes que nada: existe este *código secreto* (que es secreto) de los hombres de Personal, aunque ellos lo nieguen para no quedarse a oscuras. Pero ya el mero hecho de que el 99 % de los informes contengan los mismos formulismos y estén estructurados de la misma forma, muestra que existe ese código. Incluso los hombres de Personal que niegan ruidosamente su existencia utilizan las formulaciones más importantes. ¿Cómo que bien? Además se han escrito gruesos volúmenes sobre la forma de redactar un informe. No hace falta, en absoluto, que lo discutamos.

Pero el código no es ningún pacto del tipo de la logia secreta P3 entre toda la gente de Recursos Humanos, sino una especie de convenio tácito que se ha normalizado en toda Europa. El *código secreto* (que es secreto) no es en forma alguna un secreto. Lee un poco más adelante y te encontrarás con esta forma de secretismo. O cómprate uno de esos geniales libros secretos, aunque sólo te lo debes tomar medio en serio.

Lo problemático de un código es su aplicación y las posibles equivocaciones, ya que casi nadie que utiliza el código lo conoce realmente con exactitud. Y tampoco funciona a la perfección, puesto que no es algo clarísimo que esté registrado en algún sitio o por alguna institución.

Por eso, cada uno de los que lo usa tiene su propio *dialecto*. Y por ello puede resultar peligroso que alguien escriba de acuerdo con el código, pero que el lector no lea según ese código. O que no se escriba con el código y se pretenda leer con él. Las cosas se tergiversan bastante, y es algo que ocurre. Seguro que no es la única rareza de este mundo.

Últimamente, entre la gente de Personal queda muy elegante atenerse únicamente a los informes que no están escritos siguiendo el código: «Nosotros nos declaramos a favor de los informes no codificados», se dice, por ejemplo, en la posdata. Realmente esto sería lo mejor, pero por desgracia no es la solución, pues la mayoría de los de Recursos Humanos siguen manteniendo sus propias costumbres y utilizan los formulismos en los que han sido entrenados y vuelven de nuevo a ellos. Los convenios surgen fácilmente, nadie los proyecta pero ahí están y casi todos los siguen. Debemos vivir con ellos. Y ahora se me ocurre...

Una pequeña digresión filosófica...

Resulta curioso, en la exigencia de informes, que los haya para los empleados, pero no existan certificados para patrones. Esto significa que los patronos están por encima de toda duda. Un patrón casi nunca es culpable de romper un contrato, y siempre-siempre-siempre es el empleado el que tiene la culpa.

En serio: quedaría muy elegante que cada empleado pudiera emitir un informe de su empleador, de la empresa y sus jefes. Ese gigantesco volumen que se formaría con el paso del tiempo debería figurar por ley en la recepción de cada empresa y daría lugar a contemplar cosas muy interesantes. Sería una buena propuesta y además muy legítima, ¿no piensas lo mismo? ¡De acuerdo, ya termino, QUE SÍ, QUE SÍ, está bien, no digo más, vamos a dejarlo! Precisamente por aquí andan algunos de mis colegas y clientes que quieren retorcerme el cuello.

Organización de informes laborales y tres trucos

Antes de pasar a formulaciones separadas, veamos ante todo la estructuración más usual de un certificado de informes laborales:

- ○ Al principio siempre aparecen formalismos personales: título, nombre, apellidos y fecha de nacimiento (en alguno países también aparece el lugar de nacimiento), así como la duración y denominación del puesto de trabajo en la empresa.
- ○ Ahora sigue una descripción más o menos detallada de tu misión, tus servicios y tus progresos.
- ○ Y ahora, la parte más delicada: la valoración de tu rendimiento...
- ○ ... y la valoración de tu conducta.
- ○ Al final, el motivo por el que has cauado baja y unas bellas palabras de despedida.
- ○ Todo eso, naturalmente, en papel de la empresa. De otra forma no tiene validez.

Además del código, hay tres trucos con los que trabaja el que redacta el informe:

- Lo más importante es omitir lo que no queda bien: lo que no consta en el informe no existe. Así que si falta una opinión sobre tu rendimiento, si hay algo de lo que no se dice nada, es que la cosa ha ido mal o casi no ha existido. ¡Por Dios, no intentes retocarlo porque puede interpretarse mal!

- *Cuanto más corto, peor*: los informes largos son buenos para ti, los cortos son malos. Lo más dañinos son los meros informes de que has asistido al trabajo o que ocupen una sola página, sobre todo si has estado mucho tiempo en ese puesto. Por eso, insiste en una descripción detallada de tu actividad en la empresa y un juicio completo sobre tu rendimiento, tu conducta y el motivo de tu baja en la empresa.

- *Alabar las nimiedades significa condenarte*: se deben mencionar las cosas más importantes de tu labor. Si destacas por tu puntualidad en lugar de por tu capacidad como carpintero, podrás tener un problema en el gremio de la madera. ¿Está claro?

Ahora que ya eres casi un profesional en el tema de informes, te falta algo acerca del código secreto. Ahora te vas a encontrar con un montón de formulaciones acerca de lo que significan las cosas; si te sobreviene un escalofrío que te recorre la espalda, no debes horrorizarte demasiado. Pero si aparece uno de esos formulismos, *¡debes tener cuidado!* Pues si la mayoría de las veces son tan verdaderos como se piensa, la cosa ya es peligrosa; y si no es como se piensa, pero sí como parece entenderse, entonces es aún mucho más peligrosa. He aquí el astuto código secreto de la P3:

Dictamen acerca del rendimiento laboral

Rendimiento sobresaliente

- ... siempre ha realizado sus funciones a nuestra total satisfacción... (ésta es una fórmula muy utilizada, sobre todo, en Europa central).
- ... su rendimiento ha sido digno, en todos los aspectos, de nuestro total reconocimiento...
- ... con su rendimiento hemos estado extraordinariamente satisfechos...

- ◐ ... siempre hemos quedado muy satisfechos de su rendimiento...
- ◐ ... su rendimiento ha sido muy bueno, sobresaliente...

Buen rendimiento

- ◐ ... siempre ha terminado sus funciones a nuestra total satisfacción...
- ◐ ... su rendimiento ha sido superior a la media...
- ◐ ... su rendimiento siempre ha encontrado nuestro total reconocimiento...

Rendimiento satisfactorio, pero por debajo de la media

- ◐ ... ha terminado sus funciones a nuestra satisfacción...
- ◐ ... su rendimiento ha sido superior a la media...
- ◐ ... siempre hemos quedado satisfechos con su rendimiento...
- ◐ ... su trabajo siempre nos ha satisfecho...

Rendimiento insuficiente

- ◐ ... en general ha terminado sus funciones a nuestra satisfacción...
- ◐ ... su rendimiento ha respondido en gran parte a nuestras expectativas...
- ◐ ... pudo responder a nuestras expectativas...
- ◐ ... se ha tomado interés en los temas...

Rendimiento deficiente

- ◐ ... se ha esforzado en terminar sus tareas a nuestra satisfacción... (¡pero no lo ha conseguido!)
- ◐ ... siempre ha intentado complacernos... (¡pero no le ha salido bien!)
- ◐ ... ha tenido la posibilidad de hacer esto y conocer esto otro... (¡pero no lo ha conseguido correctamente)
- ◐ ... puso en juego todas sus aptitudes... (¡pero no le sirvieron!)
- ◐ ... mostró interés por su trabajo... (¡y por lo demás, miraba mucho las musarañas!)
- ◐ También es muy malo que no se diga nada en el informe acerca de tu rendimiento.

Por tanto, lee tu informe de forma muy crítica y poniéndote en el lugar de la gente de Personal. Si te llama la atención algo negativo, pasa a la acción y discútelo con tu patrón.

Dictamen acerca de la conducta

Tus rasgos de idoneidad profesional deben aparecer en el informe. Una secretaria de dirección debe haber dado testimonio de que es fiable y digna de confianza, un empleado de banco debe garantizar honestidad, lealtad y discreción, etc. Si no se encuentran formulaciones con respecto a tu conducta, puedes suponer que no has respondido a las expectativas de la empresa. En general sólo suele faltar en caso de graves infracciones. En el dictamen suele constar la entrega, la fiabilidad, el sentido de la organización, la sociabilidad y destacar la conducta para con jefes y colaboradores. Éstos son los formulismos:

- Colaborador muy agradable: ... siempre afable y atento...
- Colaborador fiable y con iniciativa: ... estaba acostumbrado a trabajar por su cuenta y disfrutó de nuestra total confianza...
- Entrega a la empresa: ... cuidó de los intereses de la firma...
- Burócrata carente de iniciativa: ... acabó debidamente todos sus trabajos... (¡pero no ha hecho ni una cosa más!)
- Simpático / adaptable: ... se llevaba correctamente con sus superiores...
- Colaborador desagradable: ... era muy eficaz y podía venderse muy bien a sí mismo... siempre se esforzó en mantener unas buenas relaciones con sus superiores... (¡pero nunca lo consiguió!)
- Buscó contactos con el sexo contrario: ... frente a sus colaboradores/as mostró una gran capacidad de intuición... (¡vaya!)
- Charlatán: ... contribuyó a mejorar el ambiente de trabajo.
- Sabelotodo: ... siempre se esforzó en hacer buenas propuestas...
- Trepa: ... apreciamos su gran entusiasmo...
- A todas luces un cero muy a la izquierda: ... siempre ha sido considerado, de un comportamiento modélico por su puntualidad...
- Subordinado difícil: ... en el círculo de sus colegas era considerado como un colaborador tolerante...

Motivo de la baja

- La empresa siente mucho su marcha: ... él/ella nos deja por su propio deseo. Lamentamos profundamente su baja. Nosotros perdemos un valioso/a colaborador/a. Deseamos que el futuro le sea muy propicio. Lo/la volveríamos a contratar de nuevo en cualquier momento.

- La empresa siente su marcha: ... él/ella nos deja por deseo propio. Lamentamos su baja y deseamos que el futuro le sea propicio.
- Baja de tipo normal, no queda ningún vacío: ... él/ella nos deja por deseo propio.
- La empresa lo ha despedido: ... él/ella nos deja de mutuo acuerdo.
- Ninguna indicación acerca del motivo de la baja: ¡Hubo hasta portazos!

¿Qué se puede hacer?

Puede muy bien ocurrir que te tengas que tragar un mal certificado porque haya motivos suficientes para ello. Nadie te colgará por tener un único informe desfavorable en tu historial, pero si tienes una ristra completa de ellos, debes tener cuidado puesto que podría ser que se debieran a tu comportamiento. Sólo hay una consecuencia:

- Busca dar siempre lo mejor de ti mismo. No te muestres serio, tirante ni te enojes con ningún jefe. Eso queda muy bien y siempre obtendrás unos buenos informes. (¡Qué bien queda!)
- Ahora en serio: lee tu certificado poniéndote en lugar de la gente de Recursos Humanos y teniendo en la cabeza el código secreto.
- Haz que examine tus informes un profesional. Él te dirá cómo se valorarán y lo que realmente quieren decir. Si observas que parecen estar iluminados por una luz mortecina, haz lo siguiente:
- Léelo con el autor del pecado, ve a él y reclámale de forma amistosa, pero exige que lo corrija. Y dile objetivamente, sin reproches ni actitud de estar ofendido, que ha puesto un obstáculo en tu camino. Nómbrale tranquilamente el motivo, el verdadero o también sólo el único significado negativo posible de una formulación. La mayoría de la gente de Personal se queda de una pieza cuando se enteran de lo que *verdaderamente* han escrito y proceden a corregirlo inmediatamente.
- Lo mejor es que cojas un formulario previo del informe en el que sólo tengas que firmar. O bien envía uno por e-mail y tan sólo hará falta copiarlo en limpio, pues la mayoría de las peticiones de corrección fracasan debido a que el jefe no tiene ganas ni tiempo que dedicar a un antiguo empleado.

No seas demasiado comodón. Métete en la cabeza que eso no tiene importancia. ¡La *tendrá* si eres *tú*, y no tu antiguo patrón, quien después de una larga vida profesional tenga que ir correteando de un lado a otro con un informe desfavorable! Y a lo mejor se te va de las manos un buen trabajo a causa de un formulismo equívoco en un informe, y en lugar de trasformarte en el nuevo Steve Jobs,[5] te ves reducido a ser un vagabundo.

Si nada de eso funciona, no tendrás más remedio que dar el delicado paso de acudir a la Magistratura de Trabajo. Pero eso conlleva el peligro de que en lugar de tener en un informe una mala calificación laboral, tendrás un mal informe, lo que al menos es igual de malo. Prescinde del miedo que puede llevar consigo un procedimiento judicial. Ya que sólo Dios sabe lo mejor que se puede hacer en este mundo.

Por ejemplo, puedes invertir el tiempo en reflexionar sobre la causa del informe desfavorable para tratar de hacerlo mejor en el futuro e intentar vendérselo de la mejor forma posible a tu nuevo patrón. ¡Eso realmente funciona y tiene mucho más sentido que pagar minutas de abogados!

Si sólo tienes malos informes

Sí, en mi vida he tenido la oportunidad de ver muchos historiales con informes verdaderamente desfavorables. Evidentemente nos sobrevuelan desde la primera fase del trato. ¿Qué debes hacer? El asunto es verdaderamente grave pero no pierdas la esperanza. Éstos son mis consejos:

- Mira sólo los empleos que verdaderamente puedes dominar, pues es probable que seas un *supervendedor*: acabarás vendiendo más de lo que ellos en el futuro puedan suministrar.
- También es un buen motivo vender tus malos informes durante la entrevista de trabajo: «Yo era demasiado ambicioso, quería demasiado de una sola vez, a veces tenía que enfrentarme a riesgos, pero ahora soy mucho más realista».
- En tu próximo empleo cuida más de tu entorno social: jefes, colegas de equipo, etc. Puede que si lo haces así padezcas menos situaciones conflictivas y vuelvas a estar en una situación normal.

---

5. El presidente de Apple Computer. *(N. de la T.)*

- Si eres propenso a tener broncas con tus superiores, lo mejor es que te hagas autónomo. Así podrás comprobar lo que se esconde dentro de ti y tú mismo serás el responsable de todo lo que ocurra.
- Visita a un psicoterapeuta para ver si existe la posibilidad de que seas un pleitista, un sabelotodo o una persona socialmente incompatible y, en resumidas cuentas, lo que tienes es un problema con los jefes, con tu equipo, tus colaboradores, el trabajo y la vida.

¡Lo siento, pero no veo otras posibilidades!

¡Bueno! Ahora nos falta el entrenamiento para preparar eficazmente la entrevista personal después de unas observaciones acerca de la grafología y las lagunas en tu historial.

LA GRAFOLOGÍA ES COSA DE VUDÚ

Pero existe un remedio contra ella. Veamos una seria disertación, que me puede costar el puesto, acerca del significado de la grafología en el trabajo actual de Personal:

El vudú es un rito por el que se pincha con agujas un muñeco y una persona, situada en otro lugar, es quien se queja de los pinchazos. El hechicero y sus partidarios están convencidos de que los pinchazos en el muñeco los sufre la persona a quien quieren atacar. El brujo es un gurú y sólo él sabe cómo funciona realmente. Los demás son todos tontos y se someten a la autoridad carismática del hechicero.

Lo mejor es que si la cosa no funciona, no hay nada en contra del vudú sino contra el hechicero, que todavía está en el cascarón y le falta práctica. Contra esto no hay nada que rebatir, la teoría es correcta y lo que no funciona son las aplicaciones. ¡Eso es, exactamente, la grafología!

El grafo-hechicero

Mucha gente de Recursos Humanos cree que un grafo-hechicero puede descubrir en un escrito más cosas de las que ellos mismos son capaces de deducir tras varias entrevistas personales. Eso ya es brujería. La penetrante vista de los chamanes de la grafología es mejor que la propia vista de las personas. El sometimiento de los, por lo demás competentes, hombres de Personal a la autoridad del hechicero muestra una asombrosa falta de seguridad en sí mismos y recuerda sorprendentemente a las sectas de iluminados o algo parecido.

Y si dos grafo-brujos entran en contradicción, y eso ocurre con frecuencia, la explicación está preparada instantáneamente: uno de los brujos es un charlatán inepto, pero no hay ningún fundamento para dudar de la ciencia en sí.

Cualquier grafo-hechicero tiene un par de adinerados seguidores que explican con mirada extática: «¡Ni idea de cómo lo ha hecho, pero no se ha equivocado. Es absolutamente asombroso!». Y cobran a otros hombres, por lo demás inteligentes, facturas asombrosamente caras por una brujería carente por completo de racionalidad. Las estadísticas señalan que casi el 65 % de los departamentos de Personal utilizan la grafología. Me he metido en un berenjenal y es algo que pretendo desterrar de mi país, Suiza. En Gran Bretaña y Alemania apenas la utilizan el 6 % de los asesores laborales, los norteamericanos apenas creen en ellos, aunque tienen otras tonterías, como que los cowboys o que los hijos de un presidente pueden llegar a ser presidentes de una nación.

No existen vías que se presten a la discusión ni investigaciones científicas que no muestren que la grafología no es más que un juego de azar, una lectura de los posos del café o arrojar, en noche de luna llena y por encima del hombro derecho, los huesos de un pollo, funciona igual de bien; deberías probarlo, pero, ¡ojo!, no lo hagas por encima del hombro izquierdo o te saldrán verrugas.

Así ha quedado un poco claro lo complicada que es una persona y la gran cantidad de factores de que depende la eficaz provisión de un puesto de trabajo (jefe, equipo, clientes, éxito, misión, etc.), por lo que no se debe abandonar en manos de dudosos intérpretes de la escritura.

Ya sólo en la elección del hechicero las cosas empiezan a ir mal: de cada cien grafólogos, *sólo diez son realmente buenos* (eso lo dicen los mismos grafólogos). Y cuando la gente de Personal ha encontrado uno de ellos que sea un verdadero gurú, se demuestra estadísticamente que nueve de cada diez veces marran el tiro. Es una magnífica cuota de aciertos, ¿no?

Por lo que se va sabiendo, la importancia de los grafo-hechiceros es cada vez menor, incluso para sus propios seguidores: «La grafología es sólo una piececita del mosaico formado por todo el procedimiento», se dice como estereotipo por todas partes. En la práctica las cosas se ven de otra forma. He experimentado muchas veces que una sola frase que parezca vudú y haya sido escrita por un solicitante y sacada de contexto, puede actuar sobre el cerebro de la gente de Recursos Humanos dejándoles como E. T. en la Tierra, fuera de su ambiente. ¡Ni hablar de piezas de mosaico!

¿Cómo se desarrolla el procedimiento?

La mayoría de las veces la cosa funciona así: después de la segunda o tercera entrevista personal, la elección ya está un poco ajustada y la gente de Recursos Humanos no lo tiene claro. Hace falta el juicio de un *experto*. Como es barato (130 a 300 euros) recurrimos a uno. Se les requiere, o se les *debería* requerir, para que entreguen un informe acerca de una fragmento de escritura manuscrita.

En el plazo de dos o tres días el grafólogo escribe su informe. Según su grado de credibilidad leemos y retenemos meticulosamente lo que el «iluminado» ha escrito en negro sobre blanco. La mayoría de las veces puede que tú mismo no hayas podido echarle un vistazo, pero puedes reclamar y pagar el precio de tu torpeza por rechazarlo. Legalmente no tienes ninguna posibilidad, y es posible que tampoco tengas tiempo.

Y ahora vamos a distinguir dos cosas. Si consigues el empleo, el informe grafológico irá a parar a tu expediente personal y te acompañará a lo largo de toda tu vida. Si no te colocas debe ir, en teoría, a un archivo de historiales de solicitantes rechazados y ser destruido.

Es muy extraño que se pida un estudio grafológico antes de la primera entrevista personal. Es una cosa que causa mucha angustia a los solicitantes. Pero no es un caso que se presente mucho a causa de su coste. Es realmente antieconómico. Y legalmente resulta muy discutible, pues no se puede hacer sin tu consentimiento. Yo conozco algunos casos, pero sólo de oídas, así que no te preocupes por eso.

Y si a los aficionados les da por practicar la magia...

Todavía es mucho más delicado cuando la superstición es utilizada por alguno de Personal que sea un pseudoprofesional, quien se enfrenta con cara sombría a cualquier manuscrito, lo examina y emite una conclusión terminante. Es grave porque no puedes hacer nada contra eso. Sólo mover la cabeza de un lado para otro y sonreír con ironía. Yo conozco a una empleada de Recursos Humanos que, a partir del nombre y la fecha de nacimiento del solicitante, generaba un número mágico que podía descubrir lo que realmente era. Sinceramente, ¿qué se puede decir a esto?

¿Protección de datos? ¿Control?

Lo mejor es que te olvides de eso, ya que existen muchas cosas que no puedes controlar. Quien juega con tus datos personales no se merece que sacrifiques tu valioso tiempo y tu dinero para que se cumpla estrictamente la ley. Y además, de paso: nunca he oído nada acerca de grandes casos judiciales acerca de datos grafológicos, y ya llevo más de 18 años en el oficio. También debes dejarte de jueguecitos de la pulga contra el elefante, pues hoy en día hay reunida tal cantidad de datos acerca de nuestras personas que un informe grafológico no aporta nada.

El antídoto realmente efectivo

Y ahora veamos: existe un remedio realmente maravilloso contra las herejías. No tengas ningún miedo a la grafología, pues realmente eres tú el mago del vudú, el que tiene el poder en este juego. Eres tú quien decide acerca de lo que figura escrito y, dicho exactamente, de lo que se ha leído. Podrías preguntarme, ¿y por qué me lo dices ahora, tan de repente?

Muy sencillo: los informes grafológicos están escritos siempre de manera muy ambigua a fin de que el hombre de Personal pueda leer en ellos lo que desee. ¡Que eso te recuerde a una película de terror no es una pura casualidad! Si no está seguro de algo, encontrará una indicación que le hará estar aún más inseguro. Si está seguro, podrá omitir las inseguridades. ¡Segurísimo! Todo funciona gracias a eso. Así que todo depende de la impresión que tú causes. Una sencilla receta: debes procurar ofrecer un buen aspecto si es que quieres que tu informe grafológico también resulte bueno. ¡Así son las cosas!

Vamos ahora a extraer la moraleja correcta acerca del tema de la grafología:

- La grafología es parte, sobre todo en algunos países, del trabajo de Personal, pero *es sólo una piececita del mosaico formado por todo el procedimiento.*

- Contra ella se puede hacer tan poco como luchar contra el azul del cielo o la humedad de los mares. Es parte de nuestra vida.
- Los informes grafológicos necesitan legalmente de tu autorización, en caso contrario puedes meterles en pleitos: reclama.
- Pero no armes pelea porque no vale la pena.
- En tu entrevista juega bien tus cartas para conseguir un gran primer asalto, insiste en que eres bueno y obliga a que relean tu informe grafológico. Lo tienen a mano.

Por supuesto, hay alternativas suficientes

¿La gente de personal suele emplear vúdu o como se lo quiera llamar? Hay métodos mucho mejores que se basan, sobre todo, en tests de idoneidad científicamente contrastados. Tienen gran valor informativo y no son muy caros. También existen asesorías que están bastante dotadas de métodos de examen, aunque sólo resultan rentables si se trabaja mucho con ellos.

Sin embargo, el mejor de todos los métodos está sostenido por la propia competencia y la formación permanente de los de Recursos Humanos, mejores entrevistas con mayor implicación e información acerca de las referencias personales. ¿Qué tal sería confiar en los nuevos empleados? Tampoco estaría tan mal la cosa. ¿Y la posibilidad de riesgos? Los fracasos no se pueden impedir auque hayamos utilizado los métodos más costosos: te lo aseguro, no se puede impedir ni uno. Míralo de forma tan sencilla como nos lo muestra la realidad.

¿No resulta todo demasiado duro y riguroso? Veamos lo siguiente: por supuesto que existe una relación entre cada persona y su forma de escribir, aunque también la hay entre su forma de vestir y sus rasgos fisonómicos, las huellas de sus pies o de sus dedos, las rayas de su mano, su forma de mirar, su peinado... Un hombre es un producto extraordinariamente rico en facetas. La interdependencia de esas facetas no es indudable ni está clara, y no se puede interpretar al 100 %. La escritura manuscrita arroja una impresión parcial, pero no se puede utilizar de forma pseudo-científica y constituirse en una norma objetiva para confundir a unos hombres con otros. No existe esa norma.

Se acabó.

LAGUNAS EN TU HISTORIAL

Cómo puedes hacer que cada hombre se convierta en un poeta. Después de haberme acalorado un poco con eso del vudú, vuelvo otra vez a salir del encantamiento. ¿Sabes lo que ocurre si en tu historial hay una laguna inexplicable? Pues que nos dedicamos a reponer lo que falta, y eso no siempre es muy halagüeño. Nos planteamos todas las hipótesis, nos aferramos a la que nos resulta más aceptable y creemos en ella como los niños en los Reyes Magos. Y tú ya no tienes ninguna influencia ni control. Estás totalmente en manos de la fantasía de los de Personal. ¡Y ese no es, en ningún caso, tu objetivo!

Una pequeña digresión filosófica...

El que no tiene información sobre lo que quiere y necesita debe, sin más, procurársela por sí mismo. Y como las fantasías elaboradas por nuestro cerebro son tan vivas y lógicas acabamos por aceptarlas como verídicas, tan verídicas que ya no podemos dejar de creerlas. ¿Que somos tontos? Sí, queridos, somos exactamente así de tontos.

¿Qué sabes, por ejemplo, sobre la vida de tu querido vecino y qué te falta por saber de ese estúpido fulano? ¿Y de los libaneses, los negros, los iraníes o los iraquíes? ¿A cuántos conoces personalmente? ¿Vives donde ellos? Aún más general: ¿Cuánto sabemos realmente acerca del mundo? ¿Y eso nos impide opinar a viva voz acerca de todo? Comprueba que todos los días realmente tú mismo generas tus propias opiniones y, en caso necesario, no dudas en exponerlas.

Y sé honesto y sincero y di qué es exactamente lo que sabes de eso, o ¡¡lo sabes DE VERDAD y basta!!

Si eres estricto y sincero, comprobarás que en realidad no conoces el 99 % de aquello en lo que crees. Todo lo hemos inventado o lo hemos llegado a saber de tercera o cuarta mano. Nos asombramos y caemos en profundas dudas sobre nosotros mismos. Lo que no sabemos ni podemos conocer nos lo inventamos para que el mundo vuelva a ser como era. ¿Qué podemos aprender de esto?

No puedes hacer nada. ¡Todo funciona así! Sobre todo la gente de Personal: si a nosotros nos falta algo sobre lo que queremos saber, nos hacemos nuestra propia composición. Estamos entrenados para ser prudentes, críticos y un poco desconfiados, pues nos caerá una bronca del jefe si dejamos pasar algo por alto. Una inexplicable laguna en tu historial o un informe que falta se rellenan así: «¿Qué ha hecho realmente entre 1997 y 1999?». *Buscas, buscas y no encuentras nada.* «Puede que haya estado en el Ejército o dando una vuelta al mundo» (esto todavía resulta inofensivo). «Ni hablar, más bien tiene aspecto de que ha estado sin trabajo» (ahora ya empieza a resultar peligroso). «Tal vez estaba enfermo o se aficionó a las drogas o estuvo en un manicomio o a la sombra» (¡ya está!). Esa sola idea constituye ya un filtro gigantesco y un grito de NOOOO. De ahí surge la sensación de una total desconfianza: «Si no dice lo que falta es que oculta algo, y eso resulta muy sospechoso». Por eso, adjuntar un conciso informe laboral en lugar de un certificado puede constituirse en un mal filtro. Y la imaginación corre con total libertad: «¡Lo que ocurre es que se ha peleado con su jefe, le ha mordido una pierna al secretario, ha montado broncas o no funciona en absoluto!».

Entiéndelo: claridad absoluta. Las lagunas son unos asesinos absolutos para tu historial y tienes que evitarlas a toda costa. Por eso:

- No dejes lagunas en tu currículum. ¡Ni una!
- Acompaña una serie completa de tus informes.
- Sustituye, siempre que puedas, tus informes laborales por certificados. Si no es posible, entonces es mejor un informe laboral que nada.
- Si tienes lagunas o informes laborales, explícalo en tu expediente. ¡Sólo así podrás controlar el juego *tú mismo*!
- Sé abierto y honesto al informar, y eso no te perjudicará.

Explicar las lagunas

Debes tratar de conseguir que tu historial tenga credibilidad, que no lo has preparado en tu tiempo libre: permisos de formación, viajes para aprender idiomas, cuidado de los hijos o cosas similares son aceptables y, estando bien preparadas, pueden servir como refuerzos.

Anota en tu informe laboral el motivo que justifica la laguna, y siempre debe ser un *buen* motivo.

No se permiten cosas como: «Era heroinómano, le di una paliza al celador del hospital, que era tonto, estuve en Knast, Waldau y Burghölzli» (a los que no son suizos les aclararé que son las tres cárceles más renombradas de mi país). Lo digo con tal desenfado para que puedas sentir los extremados efectos de filtro que conlleva. Pues exactamente así es como pensarán y procederán a descalificarlo los de Recursos Humanos.

«Reexplicar» las lagunas inexplicables

¿Qué pasa si tienes una laguna que hace imposible que consigas cualquier trabajo? Ése es un tema muy espinoso. Lo que te puedo aconsejar, aunque me cueste el cuello, es una simple y única variante: te sugiero que atenúes o disimules los «pasajes oscuros de tu historial». Juega con cartas un poquito marcadas o, dicho en un castellano más claro, ¡¡haz trampas!! Puede ser un asunto de tu vida privada y no tener nada que ver con el empleo. No debes decir nada si no afecta al trabajo. Hazlo así o no encontrarás nunca un empleo. Es así de sencillo.

Ya escucho los alaridos de mis colegas: «Pero, por todos los cielos, ¡¡QUÉ ES LO QUE DICES!!». Entre nosotros, queridos amigos de Recursos Humanos: ¿Cuántos ex yonquis habéis contratado? ¿Cuántos ladrones, estafadores y asesinos? ¿Cuántos procedentes de una clínica psiquiátrica? ¿Es que no debe haber una verdadera oportunidad para ellos? Sed sinceros: *¡No! ¡Ninguna oportunidad!*

Y viceversa: ¿qué empresa que esté cercana a la bancarrota le suelta esa información a sus solicitantes de empleo? ¿Y cuál es la que confiesa que se dedica a actividades dudosas, como la exportación ilegal de armas, blanqueo de dinero, atentados contra el medio ambiente, falseamiento de los balances o que solamente tiene un 40 % de fluctuación de empleados o en la entrevista habla del alcoholismo de su director? Sinceramente: ¿Cuántas? Seamos honestos y que las dos partes se atengan a las reglas del juego.

Si tú, como solicitante de un puesto, mientes un poquito, debes hacer que quede muy bien. Debes explicarte con verdadera astucia y actuar en consecuencia. No debe descubrirse nada o tu solicitud estará técnicamente muerta. ¡Y yo también!

Mi ejemplo más extremo: en una empresa suiza, puntera en sus actividades, conozco a un condecorado jefe financiero cuyo título universitario está falsificado, sencillamente porque él lo intentó pero suspendió. El diploma es falso (está hecho con un escáner y el programa Photoshop) y hasta ahora no le ha perjudicado a nadie. El individuo es realmente un genio. Si hubiera sido descubierto sería un mendigo.

Eso es, naturalmente, un fraude. Te lo digo aquí de forma oficial: ¡No hagas eso nunca jamás, no seas mal chico! Eso no se puede hacer. Pero todo se puede arreglar con permisos de formación, viajes y cosas así. Ya se te ocurrirá algo. Yo ya no puedo darte más consejos porque me puedo meter en problemas con la brigada antivicio. ¡Lo siento! Debo dejar el resto a tu creatividad y tu capacidad dramática. Y ya me callo.

INTERNET Y TELÉFONO

INTERNET PARA NOVATOS

D espués de haber rellenado todas las lagunas de forma sincera y científica, vamos a comenzar otro tema: el de internet. ¡He aquí los consejos más importantes para enviar una solicitud vía internet y e-mail!

Todos hablan de internet y ahí está. Y todavía va a conquistar muchos más ámbitos vitales, a pesar de sus indisposiciones juveniles y de la desilusionante euforia del E-Business (o negocio por internet): en un próximo futuro, la mayor parte de la información a nivel mundial se ofrecerá y distribuirá vía internet. Al haber una gran cantidad de millones de ordenadores interconectados en la red, resulta muy económico intercambiar informaciones entre unos y otros. Si tú no sabes exactamente qué es internet y qué se puede hacer con él, aquí tienes unas breves explicaciones para novatos. Los que son profesionales se pueden saltar esta parte, a no ser que mantengan la opinión de que internet es complicado:

¿Qué es, realmente, internet?

Internet es una red integrada por unos sencillos cables de cobre o fibra óptica. Menos sencillo es el gigantesco número ordenadores que hay en el mundo y que dependen de esa red. El número verdadero no lo sabe nadie, pero cada día es mayor. Si tienes un ordenador y estás conectado a la red podrás, al menos teóricamente, conectarte con millones de equipos y husmear en los archivos que ellos tienen guardados. Digo teóricamente porque toda tu vida no es tiempo suficiente para conectarte a todos. Funciona exactamente igual que el teléfono: hay una red y un montón de teléfonos y si conoces el número de uno podrás llamarlo desde cualquier parte del mundo. Eso es todo.

Y ahora un ligero vistazo a la nomenclatura de los tecnicismos americanos que aparentemente consiguen que todo parezca complicado y sólo esté al alcance de los especialistas o de los listillos americanos, cuando lo cierto es que todo es muy sencillo. Cuando los domines ya podrás tomar parte en la conversación.

HTML, Explorer, navegador, proveedor, módem

Ya que los ordenadores no pueden hablar una lengua, pero todos ellos quieren intercambiar datos unos con otros, se necesita una especie de lenguaje común pues de lo contrario las máquinas no se entenderían. El idioma más importante es el HTML y otro es el Java, aunque importa poco cómo se puedan llamar. Para que tu ordenador pueda usar ese lenguaje, y debido a que es realmente tonto, necesita de un programa que *entienda* HTML, es decir, algo que desde este HTML lleve la magia a tu pantalla. Así tenemos el programa navegador (*browser,* en inglés). Safari es uno de esos navegadores desarrollado por Apple, y también existe el conocidísimo Microsoft Explorer. Ahora ya puedes presumir un poquito y decir con todo desparpajo cosas como: «Se ha caído mi Explorer» o «Safari es claramente mejor que el Explorer de Microsoft».

Para que puedas acceder a internet tienes que inscribirte en alguna parte y elegir un proveedor. Esto es como con una compañía telefónica: alguien tiene que tender y cuidar de las líneas, y por eso cobra un dinero. Así, un proveedor de internet lleva a tu ordenador los servicios que necesitas y luego lo conecta a internet. Y por ese servicio te envía una factura. Ahora ya puedes decir: «Mi conexión a internet es muy cara, quiero cambiar de proveedor...». Genial, ¿no?

¿Y cómo puedo llamar con mi ordenador a los otros? Buena pregunta: se necesita un teléfono, un teléfono de ordenador al que se llama módem. Los módems son como unas cajitas con cables o placas de circuitos impresos que se fijan al ordenador. Esto se llama, con toda sensatez *módems instalados.* Los más modernos y rápidos teléfonos de ordenador son los router DSL o ADSL que, aunque disponen de la tecnología más reciente, tienen otros cables y se puede llamar a varios ordenadores por una misma línea; en lo fundamental hacen lo mismo. Si tú no tienes un módem o un router debes conseguirlos, pues de lo contrario no podrás navegar por internet. ¡No se puede llamar por teléfono sin tener teléfono! ¿No te parece?

¿Cuánto cuesta?

La pregunta que me hacen frecuentemente los novatos de internet es por qué motivo es tan barato, incluso si llamas a América. Muy sencillo: a ti sólo te facturan los costes telefónicos desde tu ordenador al proveedor o muchas veces una sola cuota fija mensual. Si estás en Nueva York te facturarán la conexión desde Nueva York, pero como no eres totalmente tonto te buscarás un proveedor que esté donde tú vivas. ¿No te parece? Y de esa forma sólo se te facturará por el tiempo que hayas estado colgado de él y por el acceso a internet. De ahí que los pobres proveedores te ofrezcan cada vez mejor precio hasta llegar a la tarifa nula.

¿Y si llamo a Ciudad del Cabo, Honolulú o Sydney, cabe decir lo mismo? Igual me cuesta mucho y me podrías preguntar por qué. Es igual de sencillo, ya que internet funciona como un enorme tubo lleno de pelotas de tenis: si insertas una por delante caerá una por el otro lado, independientemente de lo largo que sea el tubo. ¿Está claro? Sólo se cuenta el número de pelotas que metes en el tubo o el tiempo que lo usas, y no la longitud del tubo. Cuando telefoneas, hay una línea real entre tú y tu interlocutor que está libre para que la uses, sólo para ti. Y eso es caro. En internet la cosa no va así, tú metes la pelota de tenis en el tubo y sale por el otro lado.

El porqué una bola insertada por detrás salga por el otro lado del tubo es una maravilla de la electrónica. Figúratelo así: cuando tú empujas con ímpetu tu bola en el tubo, esa energía se transmite y la otra bola es expulsada por delante con el mismo ímpetu. Eso es lo que se denomina la transmisión de la información: la bola posterior *sabe* cómo debe ser impulsada para que se transmita con ella la información. ¿Verdad que es estupendo?

El interminable número de ofertas de empleo

¿Qué queremos saber ahora? Tal vez algo acerca de Homepage o Website (las denominadas en castellano páginas web). Es una cantidad de documentos que cualquiera (personas, empresas, organismos...) publica en internet, lo que supone que tú, desde tu casa o desde la empresa, puedas verlas y examinar qué ofrecen. Una página web tiene una dirección análoga al número de un teléfono, pero no se llama ni número ni dirección, sino URL. Casi siempre tiene un aspecto como el siguiente: http://www.nombre.abreviaturadelpais, por ejemplo, http://www.lheredero.es. Sin URL no funciona y se acabó. Mientras tanto, en el mundo hay unas 70 millones de estas páginas. ¿No está mal, verdad?

¿Y qué tiene que ver todo esto con tu solicitud de empleo? En internet se puede encontrar empleo de forma muy cómoda y hacer tu solicitud de trabajo. Puedes consultar la forma de hacerlo en la página 132.

Previamente debes recobrar la serenidad: antes de enviar tu solicitud vía internet, debes conocer lo que es un e-mail o correo electrónico, ya que es un moderno vehículo para enviar tu expediente.

E-mail. El correo del futuro

A través de tu ordenador puedes enviar a cualquier otro una breve misiva electrónica. Sólo necesitas la dirección del buzón del destinatario y ya todo puede empezar a funcionar. En lenguaje moderno ese buzón se llama ahora *mail-box*. A través del e-mail puedes enviar una carta que hayas escrito en tu ordenador, así como cualquier cosa que tengas almacenada en él: imágenes, programas, textos, tablas, etc. Es como una carta normal con anexos: en el sobre puedes colocar todo, un prospecto, un boceto o una nota bancaria. Se puede hacer de todo.

En cada e-mail pueden ir incluidos los llamados *attachments* o ficheros adjuntos, así que con cada solicitud puedes incluir más cosas, incluso imágenes y certificados que hayan sido grabados electrónicamente.

Y ahora ya volvemos al tema.

SOLICITUDES POR E-MAIL VÍA INTERNET

Para una solicitud hecha por e-mail rigen las mismas reglas que para una hecha en papel: fórmula de propaganda, venta, marketing directo, diálogo silencioso, etc. ¡Tienes que recordar todo lo que hemos comentado! Son muchos los que opinan que para el e-mail las reglas son distintas que para el papel escrito. ¡Eso es falso, *absolutamente falso*! En internet nosotros, la gente de Personal, ni estamos totalmente relajados ni somos tus colegas. El juego se desarrolla de la siguiente forma:

○ Cerciórate de que el destinatario de tu solicitud por e-mail la haya aceptado. En caso de necesidad puedes llamar e informarte. Esto nunca es un problema, pues quien tiene una dirección de e-mail puede y debe aceptar solicitudes por esa vía.

○ Redacta tu escrito de acuerdo con las reglas del arte, conciso, preciso y con un par de magníficos refuerzos.

○ *Nunca* debes entregarte a la desenfadada jerga que se suele utilizar en internet. Eso se puede permitir en una *chatroom* (sala de charla electrónica o chat), pero en el negocio de las solicitudes seguro que no se le ha perdido *nada, absolutamente nada*.

○ La solicitud vía e-mail, como la de papel, consta de un escrito enviado por e-mail en forma de texto, de tu historial y de certificados escaneados en formato «.pdf» como anexos.

Todo esto lo imprimimos y ya tenemos en nuestras manos lo más contundente acerca de tu persona. Entonces nosotros podemos decidirnos a tener una toma de contacto e incluso llegar a convocarte una cita.

Debes desistir de esto. Los «NO DEBES»

Nada es más fastidioso ni produce más filtros en una solicitud que un enormemente frío e-mail en el que seamos nosotros los que tengamos que adivinar de qué va. Algo así:

Mi querido señor Vertedero:

Me interesa la oferta de su página web. Por favor póngase en contacto conmigo en el e-mail (perez@xxl.es) y les enviaré mi historial. O me puede llamar al número 91.xyzxyz. Pepe

Esto, sencillamente, no resulta nada gracioso. Nosotros hemos publicado un montón de ofertas en nuestra página. ¿A cuál se refiere exactamente? No sé nada acerca de Pepe, cuyo nombre debo adivinar y que probablemente sea José Pérez. Yo tengo que hacer lo que tendría que haber hecho Pérez, o sea, llamar y pedir información. Y lo fastidioso es que Pepe puede ser el majarajá de Kapurtala o un vagabundo. Y, además, ha escrito mal mi nombre (recuerda que me llamo *Heredero* y no *Vertedero*). Yo me enfado y en tales casos no soy ningún «querido señor». ¡A paseo este tío! Casi nunca se contesta a estos e-mails, y no por mala voluntad, sino porque me falta tiempo. ¡Y además porque me ha insultado y estoy cabreado! Y Pérez se queda asombrado al observar que soy un «desagradable señor asesor de Personal».

Formato y software

Si cuelgas tu historial no olvides que debemos poder leerlo. Tu solicitud debe estar escrita en un formato que pueda ser abierto por el mayor número posible de ordenadores. ¡Despídete de sandeces exóticas! Sería como si nos mandaras tus papeles con las páginas cosidas con grapas por todos los lados. Eso es un filtro total. Las cartas que se reciben se deben poder abrir.

Quien hoy en día trabaja con la trasmisión electrónica de datos dispone, como norma muy general, de Microsoft Word. Mándanos todo en formato «.doc»; es el software más generalizado de tratamiento de textos. Tiene el inconveniente de que no todos los archivos «.doc» se presentan de la misma forma en cualquier ordenador, y eso puede desfigurar una bonita presentación. Hoy en día resulta más elegante y recomendable el formato «.pdf», que puede ser creado por diversos programas y que para leerlo se utiliza Acrobat Reader, que te puedes bajar gratuitamente de la red. La belleza de la presentación se realza en un 100 %.

Textos escritos

Si tienes que enviar un archivo «.doc» debes escribirlo con una letra que pueda estar instalada en todos los ordenadores, que no sea nada exótica, ya que lo que para ti puede ser un toque de genio artístico para mí puede ser un malintencionado atentado a mi sentido de la estética. También puedes integrar tus escritos en el documento, pero eso es ya de segundo curso.

Versión

No uses constantemente las versiones más recientes de cualquier programa. ¡No todos pueden haber comprado el último grito de ese programa! ¿Para qué? Eso sólo le beneficia a Bill Gates. Utiliza una versión que te garantice que cualquiera la pueda leer. En Word puedes, con la instrucción *Guardar como*, indicar la versión en que está grabado el documento.

Un archivo, un nombre y una extensión

No mandes cada página y cada informe en un archivo distinto. Hazlo siempre, y en la medida de lo posible, *todo en uno.*

Nada resulta más fastidioso que tener que trabajar con diez documentos distintos a base de interpretar los diversos formatos, reunificarlos y luego imprimirlos.

¡Evita remitir archivos gigantescos! A partir de los 2 megabytes son muchos los servidores de mail que se bloquean. La mayor solicitud de empleo que hemos recibido nunca ocupaba 15 megabytes. Nos saturó el servidor de correo y, casi, al jefe de informática. Fue devuelta al remitente antes de abrirla tachándole de loco, y poco tiempo después se le consideró como muerto. Había escaneado 50 páginas de informes y los enviaba como anexos en la más alta resolución.

No te inventes cosas incomprensibles. Si, por ejemplo, te llamas Eva Jardín ponle a tu archivo el nombre *evajardin.doc* o *evajardin.pdf* y déjate de cosas como *CV_evajardin_version1_15-07-06.pdf*

No olvides incluir la extensión del programa: .doc, .pdf, .xls, etc., pues en caso contrario puede que el destinatario no consiga abrir el documento correspondiente. Eso lo saben hasta los estudiantes primerizos.

Nada de HTML ni Powerpoint ni páginas web

Renuncia terminantemente a sofisticadas páginas web de muchas hojas con formato HTML o a presentaciones en Powerpoint que pueden resultar originales, pero acaban siendo sencillamente molestas. Tengo que abrir un nuevo programa, debo hacer un montón de *clics* con el ratón, tengo que buscar lo importante y luego todavía puede que tenga problemas para imprimir esa bobada (¡con perdón!). Para eso, sencillamente, no tengo tiempo. ¡Recuerda!: sé breve, sencillo y estúpido, esto solamente es válido, naturalmente, si el puesto para el que optas es de diseñador de páginas web o algo así.

Exclusividad

No hagas un envío de correo masivo en el que en el campo de direcciones aparezcan las de los demás destinatarios. También aquí sirve el lema: *¡Un disparo, una diana!,* y no el principio de disparar con perdigones: *¡El mayor número posible de disparos, ahí está el secreto!*

Bueno, eso es todo para el tema del correo electrónico. Está claro que en muy poco tiempo todas las solicitudes de trabajo se harán vía internet. Por ello debes familiarizarte de inmediato con la red. Además, el propio internet es una fuente inagotable de empleo y por eso debes navegar por él. Puedes ver algo más sobre el tema a partir de la página 132. Antes de entrar de lleno en el tema de buscar el empleo adecuado, veamos todavía un par de cosas acerca del uso del teléfono. Sin un uso adecuado del teléfono, la búsqueda de trabajo es sólo la mitad de efectiva.

TELEFONEAR CORRECTAMENTE: RECETAS EFICACES CONTRA EL MIEDO AL TELÉFONO

Desde hace horas estás dando vueltas alrededor de ese aparatito de 12 teclas, ya has hecho el intento un montón de veces y siempre has tenido algo importante que hacer, como tomar un café, poner la lavadora, dar de comer al hámster o llamar a Andrea, siempre te «ves obligado» a hacer algo. Eso es lo que sabes exactamente: no «estás obligado» a nada, sólo sabes que debes llamar al malévolo encargado de reclutar personal de la empresa No-van-a-querer-nada-conmigo, S. A. Y cuantas más vueltas des alrededor del teléfono más malévolo te parecerá el malvado encargado y más seguro estarás de que, realmente, no merece la pena llamarle porque está claro como la luz del sol que, de todos modos, él no va a querer nada de ti. Tu cerebro trabaja febrilmente rumiando la teoría «lo-mejor-es-dejarlo». Siempre habrá más motivos que cada vez serán más contrarios y finalmente acabarás por dejarlo.

Así te pasas el día y te vas a la cama como un derrotado caballero lleno de miedos y tachas, humillado y automenospreciado, pues tú sabes exactamente lo que deberías hacer pero, sencillamente, ni te atreves. He aquí la receta para que todo funcione:

¡¡Coge el teléfono y llama!!

¡Sólo así marchará la cosa! ¡Prueba de verdad y verás cómo funciona! «Lo que debo decir...» «Tengo una sensación tan espantosa...» «Me quedo en blanco...» «Comienzo a tartamudear...» «Telefonear no es lo mío», etc., todo eso no debe desanimarte, pues lo único que hace es generarte angustia y dudas sobre ti mismo.

Número 1. La preparación lo es todo

Aquí tienes unos consejos para liberarte de ese horror y hacer subir tus oportunidades de empleo:

- ¿Qué quieres saber exactamente? ¿Cuáles de tus preguntas son *realmente* importantes? Plantea sólo esas.
- ¿Qué refuerzos quieres colocar? Es decir, ¿con qué dos o tres palabras clave deseas actuar de forma seductora?
- ¿Qué preguntas aclaratorias te pueden llegar?
- Entrénate previamente para poder dar, con unas pocas frases, una panorámica acerca de tu carrera y tu experiencia.

No es ningún desdoro que apuntes estas cosas. Prepara con calma un par de anotaciones. Yo te garantizo una charla telefónica en la que podrás meter un par de sustanciosos refuerzos que establezcan un eficaz vínculo con alguno de Recursos Humanos.

Número 2. *¡Sé breve, sencillo y estúpido!*

Es fácil. Una llamada telefónica no dura una eternidad, sino un par de minutos. Si tú le robas a alguien de Personal media hora de su tiempo, lo mismo puede ocurrir, por bien que vaya la entrevista, que tu interlocutor se ponga de rodillas y gima: «¡Uf!, esto se está haciendo demasiado largo, ya está todo lo que quería saber, todo está claro, pero yo ahora todavía tengo mucho que hacer... «Y de esa forma has dejado fuera de juego a un interlocutor y te has colocado un filtro muy tupido. Lo que mejor resulta es, después de pocos minutos de charla, despedirte con un entusiasta: «Muchas gracias, esto era todo, hoy mismo le enviaré mi solicitud», y desearle los buenos días. El de Recursos Humanos pensará algo así como: ¡Vaya, la muchacha es eficiente y tiene garra! Y esperará con curiosidad a leer tu solicitud.

Interrumpe la charla pero, naturalmente, no lo hagas en ningún caso si el individuo de Personal quiere seguir hablando contigo y empieza a preguntarte. Eso es que el pez ha picado en el anzuelo y tú ya no debes soltar la caña de la mano.

Número 3. Nada de estar en calzoncillos durante la conversación telefónica

Tú siempre captas el estado de ánimo o la forma en que está tu interlocutor telefónico. Preocúpate de eso y escuchará más cosas de las que se dicen pura y simplemente con la voz. Escucharás ruidos y ecos y sabrás dónde está, sabrás cómo ha dormido en función de la claridad de su voz, en su energía al hablar te comunicará su humor, en el volumen de su sonido lo bien que se encuentra y la velocidad con que habla te informará sobre su estado de estrés, etc. Por eso:

Nada de ir a gatas desde la cama al teléfono para llamar al que te puede emplear. Nunca jamás. Me lo debes prometer en voz alta y por todo lo más sagrado. Se sabrá por tu tono de voz que todavía estás en pijama. Un formador profesional para llamadas telefónicas siempre me pontifica que hay que vestirse como si fueras a ir personalmente al trabajo, con traje y corbata, con maquillaje o loción de después de afeitar, como si realmente te fueras a sentar delante de tu interlocutor. ¡Y tiene razón!

Y ahora haz un par de inspiraciones, toma aire profundamente tose y carraspea para que no te chirríe la voz, haz tu gimnasia mañanera, date un par de vueltas por la casa y pégale un grito a tu canario. Y ya, con el cuerpo, el espíritu, la mente y la voz correctamente en forma, y el pobre pájaro medio muerto, llama. ¿Está claro?

Número 4. Practicar el comienzo de la conversación

Si el pájaro lo puede soportar todavía, practica un poco con él para no iniciar nunca una conversación en la forma que comentamos a continuación. Ahí reconocerás el diálogo interior de un desabrido hombre de Recursos Humanos que se ha inmiscuido en nuestra representación radiofónica:

—Sí, oiga...

—*¿Quién llama?, diga , ¿quién está ahí?*

—Yo, en realidad, quisiera llamar porque...

—*No, usted no quisiera llamar. Precisamente lo está haciendo.*

—Porque yo tengo, o sea, yo quiero...

—*¿Usted tiene o quiere? ¡Por favor, deje de tartamudear!*

—En realidad es sobre el trabajo...

—*¿Qué quiere usted de mí? ¿Qué trabajo es ése?*

—Yo quisiera solicitarlo...

—*¡Pues hágalo! ¿Para qué llama entonces?*

—Quisiera saber un par de cosas...

—*¿Qué cosas? ¿No será nada relacionado con abejitas y florecitas?*

—Es sobre lo que pone el anuncio...

—*¿Quiere leerme mi propio anuncio?*

—Sobre lo de que es imprescindible Ciencias Económicas. He estudiado en la universidad y no en una escuela de negocios...

—*¡Oh, Dios, usted es otro de esos estudiantes apocados!*

Etc.

A lo más tardar ahora es cuando el hombre de Personal te rechaza y dice algo así como: «¡Bueno, joven, una cosa después de la otra. Dígame en primer lugar cómo se llama!». ¿Entiendes por qué tienes que prepararte de antemano? Si hubieras empezado como antes se ha descrito estarías perdido para siempre. Al prepararte podrías haber continuado con tu solicitud. El diálogo interior del hombre/mujer de Recursos Humanos existe, aunque no resulte tan malvado como el señor de antes. ¡Que no cunda el pánico! Pero sólo con que la cosa vaya de forma algo parecida, ya puedes despedirte. Por tanto: practica; si ves que, en último caso, el canario ya no te puede oír, hazlo con el perro. ¡Pero hazlo!

Número 5. Eliminar perturbaciones

Asegúrate de que durante la conversación nada ni nadie te pueda molestar. Nada resulta más embarazoso que escuchar un grito de fondo: ¿Con quién hablas, Paco? O que el niño llore porque se ha golpeado con el pico de la mesa, que el perro descuartice al gato del vecino o que la cafetera haga escuchar su silbido. Procúrate sosiego y una atmósfera profesional que también se le transmitirá a tu oyente. ¡Y cómo!

Número 6. Preparativos exteriores

Para poder tomar notas, ten a mano papel, lápiz y una agenda. ¿Por qué? Dime lo que opinarías ante esto: «Un momento, por favor, voy a buscar algo para escribir». Y después, como sonido de fondo nuestro hombre de Recursos Humanos escucharía crujidos, sonidos de revolver y buscar en los cajones y por último: «Dios mío, ¿dónde está la maldita agenda? ¿Has escondido tú la agenda, so vaca burra?», y además el estruendo del auricular del teléfono al dar contra el suelo y el solicitante comienza a perder los puntos. Siempre es particularmente importante escribir *correctamente* el nombre de tu interlocutor, así como su teléfono directo y su e-mail.

Número 7. Acuerdos claros

Deja claro los acuerdos que toméis acerca de cómo proceder a continuación: ¿Quién va a dar el siguiente paso? La mayoría de las veces la primera charla telefónica termina con la promesa de que vas a enviar tu historial, o dejando el tema en suspenso.

En el primer caso debes preguntar tranquilamente para cuándo debes contar con una respuesta, o si debes volver a llamarlos o esperar una notificación.

En el segundo caso debes preguntar si les parece que tu perfil ofrece otras posibilidades para encajar en la empresa, quién es el responsable y dónde podrías enviar tu expediente. Con eso no pierdes nada y así tu red se amplía con algún nudo más.

Número 8. ¿Ningún número?

¿Que hay que hacer si en el anuncio no figura ningún número de teléfono? Los responsables no suelen estar ávidos de recibir llamadas telefónicas y apenas pueden tomarse tiempo para eso (eso es lo que se podría pensar y eso es lo que piensa la mayoría). Podría ocurrir sencillamente que los de Personal lo hubieran olvidado. Una oportunidad más, una de las pocas que puede haber, es que te hagas con su número y los llames y eso supondrá que has realizado un buen refuerzo.

¡Cuidado, si lo haces lo tienes que hacer realmente bien! Has de tener muy buenos motivos, ya que esa llamada debe ser eficaz, y debes ser muy conciso y preciso, y colgar pronto. Esto suele resultar muy impresionante.

Verás: el teléfono nos puede ahorrar gran cantidad de molestias, tiempo y esperas y procurar una oportunidad enorme de jugar con unos estímulos atrayentes. ¡Casi siempre suele compensar hacer una llamada telefónica!

EL PUESTO DE TRABAJO

EL ARTE DE ENCONTRAR EL PUESTO ADECUADO

El mayor desconcierto y frustración que surge en las empresas de trabajo es debido a un constante e innecesario fallo:

**¡El panadero se presenta a un trabajo de carnicero
y se extraña porque no le quieren para ese puesto!**

Fallo número 2:

Por lo general, no encuentras nunca un trabajo disponible.

Eso es debido a que buscas mal y sólo echas un vistazo a la prensa diaria y siempre con el mismo resultado: «¡Ay, Dios!, sigue sin haber nada para este pobre diablo!».

¡Los empleos son como las setas, los mejores no se encuentran en el supermercado!

La mayoría de los empleos disponibles *no* se ofertan a base de publicidad, y por supuesto no en los periódicos: *la inmensa mayoría*. Lo que el bosque es para las setas, lo es el *mercado opaco* para los empleos.

Fallo número 3: No encuentras un puesto de trabajo porque tu mundo personal es demasiado estrecho y tú mismo eres perezoso y estás falto de imaginación.

¡Lo siento! Pero:

¡El mundo es mucho más ancho de lo que tú piensas!

En este capítulo te vamos a informar de lo siguiente:
- La forma de leer adecuadamente un anuncio de trabajo para que, de esa forma, no te encuentres siendo carnicero sin querer serlo.
- Cómo preparar los escritos adecuados y replicar de una forma productiva a las posibles objeciones.
- Cómo se puede usar (y abusar) correctamente del mercado opaco de trabajo, de internet y de los pobres muchachos de Personal.
- En el capítulo «Entrénate tú mismo» encontrarás (página 213 y ss.), un par de consejos acerca del tema de la ampliación de horizontes.

LEER CORRECTAMENTE LAS OFERTAS DE EMPLEO

Iniciemos de la forma acostumbrada una búsqueda de trabajo en el periódico. Si quieres tener éxito debes leer correctamente los anuncios. Me dirás que eso puede hacerlo cualquiera, pero no es verdad. Por ejemplo, yo observo un montón de malas costumbres o vicios que comete la mayoría de las personas y que tiene sus consecuencias en la búsqueda:

Vicio número 1: ¡De todas formas no va a haber nada para mí...!

Seguramente perteneces a esos muchos que, de tarde en tarde, ha encontrado un puesto medianamente adecuado. Pero si lo miras con cuidado, te caerá un diluvio constituido por 1.000 motivos por los que no encajas correctamente en ese lugar, pero no te merece la pena el esfuerzo que te supone buscar un nuevo trabajo. ¿Correcto? Con eso arruinas una gran *mayoría* de tus oportunidades. Busca inmediatamente razones por las que creas que eres capaz de desempeñar casi cualquier trabajo que se presente. Sólo con plantearte este cambio de perspectiva ya observarás que se te están abriendo unas posibilidades insospechadas.

Es casi seguro que no lees correctamente los anuncios y te limitas a hojear el periódico como una mera demostración nerviosa que confirme tu carencia de oportunidades. Te ha resultado bien cruzarte de brazos y maldecir tu mala situación económica. ¿Te ha sorprendido algo esto, aunque sólo sea un poquito? ¡Entonces debes cambiar inmediatamente!

Vicio número 2: Tener un estigma en la frente

Muchas personas utilizan una serie precisa de palabras estereotipadas: *secretaria, jefe de proyecto, apoderado, profesor*, etc. Caminan con esta etiqueta pegada en la frente y buscan justo esa palabra en el titular del anuncio. No tienen en cuenta ninguna otra y la secretaria no ve los anuncios en los que se ofrecen puestos comerciales como auxiliar, ayudante de administración, empleada de oficina... O tienen un concepto claro de la categoría a la que pertenecen y, por eso, les pasa inadvertido el anuncio que pide una auxiliar de dirección, aunque en realidad podrían desempeñar esa función, porque el puesto de director ya no es tan encumbrado como parece.

¿Entiendes? Ponte en marcha, deshazte de prejuicios acerca de cual es tu posición en esta vida. Busca los motivos por los que la cosa no marcha y las etiquetas que te has impuesto a ti mismo. Vuelve a leer los anuncios que te has saltado, incluso aquellos que encuentres totalmente inapropiados. Te sorprenderá todo lo que puedes aprender sobre las empresas, puestos de trabajo, planes de carrera, perspectivas, personas de contacto, etc. Tal vez te encuentres con posibilidades desconocidas y se te abran nuevos horizontes.

Elimina en este mismo momento, justo ahora, estos dos vicios que son tan habituales y continúa con lo siguiente.

Duras críticas frente a los anuncios por palabras

Para quitarte un poco ese abusivo respeto por las empresas, los anuncios de empleo y la gente de Recursos Humanos, te voy a contar algunas maldades, aunque me puedan costar la cabeza y el puesto. ¡No te tomes rotundamente en serio los anuncios de empleo! En raras ocasiones discrepan unos de otros y hay que observar las curiosas formas lingüísticas que utilizan.

Los profanos se piensan que las empresas saben con toda exactitud lo que buscan en sus trabajadores. Esto es *falso*. Lo cierto es que las empresas no tienen ni idea de qué es exactamente lo que necesitan; en la mayoría de ellas no existe una metodología normalizada para elaborar sus perfiles de exigencias para el puesto de trabajo, con frecuencia no lo han hecho, o sólo deprisa y corriendo o lo han copiado o vienen de gente que tiene poca idea del tema.

También se piensa que un puesto de trabajo es una especie de florero que está por ahí, en cualquier parte, y se llena exclusivamente con flores, es decir, con lindas personitas. Esto también es *falso*. Lo correcto es saber que un empleo es un revoltijo de realidades, en el mejor de los casos es como una construcción o algo parecido. O sea, no sólo consta de unas funciones que no son fáciles de definir sino más bien de una atmósfera, unos jefes, una empresa, una visión, angustias, también de muebles y material de oficina, y de él forman parte un (o ningún) futuro, unas posibilidades de formación y desarrollo, oportunidades de carrera. Y ante todo, también satisfacción e insatisfacción, disgustos, deseos y frustraciones, así como un mundo de sensaciones, y sabe Dios qué cosas más. Los puestos de trabajo *no son una casilla* en un organigrama.

Resulta curioso el que opina que para hacer un anuncio breve de empleo basta con preparar una chapuza formada por un par de frases. ¡No se puede hacer así! Por eso resulta tan complicado el redactar esos anuncios, escribir una insignificancia formada por unas pocas palabras y colocarlas unas junto a las otras en forma de una muletilla estándar.

También el que busca un trabajo piensa que los redactores de anuncios y los encargados de reclutar el personal son unos especialistas con una formación superior que no se preocupan por otros asuntos. Son muy superiores y ponen un gran esmero en analizar todo el entramado del puesto de trabajo y después escribir con todo estilo el anuncio correspondiente. *Esto es totalmente falso.*

Los anuncios de empleo suelen estar arreglados de forma chapucera a partir de unos ya antiguos o bien, simplemente, han sido copiados, pues no hay tiempo ni guías para hacerlo mejor. Los redactores no suelen tener más que una pálida noción del puesto y de los equipos para los que preparan los anuncios. Suelen ser demasiado jóvenes e inexpertos, o demasiado mayores, rutinarios y carentes de imaginación, o quieren ver los toros desde la barrera. Esto ocurre así, entre otras, en las grandes empresas donde el departamento de Recursos Humanos, que suele estar alejado de los departamentos operativos, asume el encargo de redactar los anuncios. También ocurre igual en las empresas pequeñas donde el jefe puede ser un buen ebanista, pero no precisamente un Cela o un Delibes.

El escribir emborronando un par de palabras sin tener ni idea de lo que va, es algo que pasa de castaño oscuro:

Conozco a un jefe de Personal (y no es el único que conozco) que desde que tomó posesión de su trabajo, hace ya dos años, no ha visitado la fábrica para la cual se encarga de buscar empleados. ¿Cómo puede saber lo que hace falta allí? ¡No lo conoce! No tiene ni idea, pero muestra un aspecto muy profesional con su corbata y su elegantísimo traje.

Una famosa empresa tecnológica encarga la redacción de sus anuncios a una empresa publicitaria externa, como si fuera un reclamo de la Coca-Cola. Por lo que sabemos, allí la publicidad no tiene nada que ver con el producto.

Yo me quedé muy sorprendido al saber que la jefa de Recursos Humanos de una gran división de informática no sabía lo que significaban realmente las siglas IT o CAD, por no hablar de JAVA, COBOL o OS390. No lo sabía, aunque tenía la misión de preparar los anuncios para la búsqueda de empleados informáticos. ¡Ése era su trabajo!

No quiero hablar mal de todo, pero entre la concepción de un anuncio de trabajo y su nacimiento hay que recorrer un camino de tremendos sufrimientos. El recién nacido es, la mayoría de las veces, una irisada pompa de jabón que, aunque parece grande, tiene una membrana muy liviana que no soporta nada sobre su superficie. Si estalla, apenas se le puede ver, y eso es exactamente lo que vamos a hacer ahora.

Tómate ahora un poco en serio el anuncio, pero no lo admitas como si lo que viene escrito en él fuera la única verdad: la mayoría son pamplinas. En definitiva, no son unos Evangelios en los que se manifiestan los dioses de la empresa, aunque así lo ven los de Personal. En cambio a mí, en muchas ocasiones, me recuerdan a las cartas del tarot o algo parecido. Pueden mostrase muy desenfadados y animosos con relación a los anuncios de empleo. Los márgenes de acción son *mayores, mucho mayores*, que lo que se describe en el anuncio.

El análisis Necesidad-Obligación-Deseo (N-O-D) con AIDA

En los anuncios de empleo también rige la famosa fórmula del éxito que se utiliza en publicidad. Por eso muchos de ellos son necedades. Para llegar realmente a alcanzar el fondo de la declaración del anuncio y después de saber lo que es concluyente de ella y tener oportunidades, te propongo el siguiente pequeño juego de análisis: con AIDA consigo tener un magnífico ojo de lince. En publicidad la fórmula AIDA, que es un cacharro muy viejo pero que funciona muy bien, no significa otra cosa sino...

- *A* = *Atención*, que se debe provocar y, sobre todo, se debe aprovechar. Para eso valen los gráficos, las magnitudes, las letras de gran tamaño, los colores, las imágenes, la intensidad sonora, etc.
- *I* = *Interés*, que se debe despertar en los destinatarios del mensaje y, sobre todo, se debe recoger; ese destinatario debe darse cuenta de que está ante un tema en el que le va la *vida*.
- *D* = *Deseo*, debe provocar una necesidad que el destinatario tiene que querer satisfacer inmediatamente; aquí es donde surge la verdadera oferta: una ansiedad provocada por el producto, una eficaz prestación de servicios, un fantástico empleo...
- *A* = *Acción*, debe desencadenar una actividad para que el destinatario pueda satisfacer su deseo: ir al comercio, rellenar la nota de pedido, coger el teléfono, mandar la solicitud, etc.

Lee cuidadosamente el anuncio que figura a continuación y disgrega la fórmula AIDA según sus elementos y las partes del texto en *Atención, Interés, Deseo* y *Acción*. Debes darte cuenta de que la mayoría no facilita información, sino pura publicidad para *Atención, Deseo* y *Acción*. ¡Se trata de atraerte!

Busca el núcleo de la información y puedes suprimir el resto. Es muy importante que filtres los principales elementos de tu solicitud y los subrayes en rojo. Hazlo en lo que te pueda interesar de cualquier anuncio. Cuanto más cuidadoso seas, más podrás formular tu solicitud e historial para alcanzar el objetivo propuesto y mejor te irá en la entrevista personal. Otro tema de provecho: ¡Lee con mucha atención, que eso no te hará daño!

¡No hace falta que hagas un trabajo de doctorado: con tres garabatos en rojo es más que suficiente! Piensa siempre en esto: la gente de Recursos Humanos quiere cubrir el puesto de trabajo de la mejor forma posible y por eso alardean en su anuncio de una forma similar a la siguiente:

Somos una gran sociedad de consultoría y financiera, con una oferta muy variada de prestación de servicios.

Dado que la hasta ahora titular del puesto nos deja en breve plazo por motivos familiares, buscamos de inmediato una sucesora para el puesto de

 ## Secretaria

del Director del Departamento Legal y Financiero

Ofrecemos un grato ambiente laboral en un equipo muy bien compenetrado, un trabajo interesante y variado, unas buenas condiciones laborales con un buen paquete de prestaciones sociales y una sede de trabajo céntrica.

Buscamos a alguien que haya terminado su formación comercial o tenga una preparación similar, un estilo de trabajo lleno de iniciativa, dominio perfecto del castellano y catalán y buenos conocimientos de inglés y francés.

Si está usted interesada en el puesto, envíenos su historial completo a:

 Sociedad de Fondos Completos
Camino Celeste, 27
25700-La Seu d'Urgell (Lleida)

Las personas adecuadas para el puesto tienen alrededor de treinta años, hombres, solteros, con una formación superior, veinte años de experiencia profesional internacional, dinámicos y flexibles, hablan a la perfección cuatro idiomas y desean currar hasta la muerte por el jefe y la empresa, y todo eso, naturalmente, por poco dinero.

Descubre en el anuncio cuáles son las funciones a realizar y cómo puedes llevarlas a cabo. No depende del sexo, la edad o de otros detalles, depende única y exclusivamente de tu capacidad y tu personalidad (¡eso es un aviso para la gente de Personal!). Plantéale las siguientes cuestiones al anuncio:

- ¿En qué consiste exactamente la actividad?
- ¿Qué es lo que hay que hacer a lo largo de la jornada laboral?
- ¿Cuáles son las tres *capacidades de necesidad* más importantes, sin las que el trabajo simplemente no se puede hacer?
- ¿Cuáles son las *capacidades de obligación*, que son importantes, pero que sin ellas, en caso de apuro, también funciona la cosa?
- ¿Cuáles son las *capacidades de deseo*, las que también tenía la princesita del cuento, aunque no sean absolutamente necesarias?

Colócate lo más cerca posible del texto. Ya al hacer las preguntas estás ante lo que hemos denominado *soft-facts* o datos puros, hemos llegado al límite de las palabras escritas y su interpretación se debe extraer del reino de la libre asociación y la ciencia ficción.

- ¿Qué personalidad necesita la empresa?
- ¿Cómo debo ser para que ella y yo seamos felices?
- ¿Cuál es el estado anímico en la empresa, el futuro, la motivación y la cultura directiva?

Ni idea, de todas formas no se puede decir nada contundente al respecto, ¿no te parece? Todas las respuestas que hayas dado sólo son fruto de tu imaginación y tus sensaciones, eso debe quedarte claro. No tiene ningún sentido que, a causa de tus vibraciones negativas, te abstengas de hacer una solicitud. Pero ten cuidado, todo gira alrededor de una pregunta central:

- ○ ¿Soy yo el hombre / la mujer? Es decir:
- ○ ¿Cumplo con los criterios de *necesidad*?
- ○ ¿Y quizá con un par de criterios de *obligación y deseo*?

Si piensas que sí, ¡adelante! Haz la solicitud y no te dejes disuadir por unas mínimas sensaciones de atmósfera negativa.

Si no cumples con todos los criterios, ¡no pasa nada!

¡Hazlo, a pesar de todo! Ya sabes lo que debes pensar acerca de la precisión en un anuncio de empleo. Pregúntate si tienes alguna posibilidad (a pesar de que te falten capacidades o características personales) para convencer a los de Recursos Humanos sobre tus restantes y variados méritos. Si es que sí, te digo por segunda vez: ¡Adelante!

Cuanto más te separes de la línea ideal, más esfuerzos deberás hacer, y tendrás que ofrecer más y argumentar a fin de que el tipo de Recursos Humanos no te elimine. No te desanimes por no cumplir los criterios, presume cada vez más y pon de relieve tus restantes virtudes. Además, en las grandes empresas siempre hay otros puestos que cubrir y están interesados en recibir buenas ofertas. ¡Y si te ofreces bien puede que, aunque no obtengas ese primer trabajo, te llamen para otro puesto! Las empresas pequeñas, en cambio, tienden a ser mucho más cerradas en cuanto a alternativas, por lo que puedes dejarlo si ves que no cumples los principales requisitos. ¿Todo claro? Además ya sabes eso de: ¡Si no hay riesgo no es divertido!

Criterios asesinos

Si ves negativas por todas partes, déjalo correr. En otro caso puede llegar a ser como el panadero que tiene que hacer de matarife de cerdos. ¡Y eso no le interesa ni al panadero ni al charcutero, ni, claro está, a los cerdos!

Cursillo breve sobre interpretación de textos

En el anuncio de la página 115 te lo he puesto un poco complicado, pues hay algo que marcha mal y no se puede resolver, a pesar de que casi no se nota en una primera lectura. ¿No te parece que resulta muy afable y normal? Lo importante es que si examinas realmente el texto, verás que lo que allí consta y no está compuesto de una forma clara, más lo que *no* consta, puede llegar a desalentar a tu propia imaginación. En la discusión que se hizo sobre este anuncio en uno de nuestros seminarios, se obtuvieron las siguientes opiniones acerca del contenido del trabajo:

- «¡Lo que buscan es una chavala para servir el café y regar las plantas!»
- «¡Es una chica de recepción! Basta con que tenga buen aspecto.»
- «¡Es muy importante ser la asistente del Director del Departamento Legal y Financiero de una gran empresa consultora!»
- «¡Todo va de números. Rellenar formularios de control y cosas así!»
- «¡Todo consiste en palabras: redactar y escribir en el ordenador complicados informes jurídicos y cosas así!»

En cuanto a los motivos de la marcha de su predecesora:

- «¡Lo lógico es que la anterior estuviera embarazada!»
- «¡Su marido ha tenido un accidente y necesita cuidados continuos!»
- «¡Es ella la que está enferma/es mayor/está achacosa, y ya no puede seguir!»
- «¡Se ha peleado con el jefe!»

Todo eso no puede ser cierto a la vez. Además, allí sólo pone que *nos deja en breve plazo*. Y a efectos del empleo esto es absolutamente indiferente. Verás que no se puede obtener una información precisa. ¿O sabes realmente lo que quieren? Y eso precisamente es lo que te favorece. ¿Lo entiendes?

¡Ah, sí! Apenas puedo olvidarme de las ventajas del empleo: ¿No es una colección de cosas aburridas que no dicen nada? *Grato ambiente laboral, equipo muy bien compenetrado, un trabajo interesante y variado, fantásticas prestaciones sociales y un hermoso centro de trabajo, bla, bla, bla...* ¡Todo eso es todo y no es nada! ¿Dónde radica el atractivo de este trabajo? Esfumado entre florituras. Es un ejemplo conmovedor acerca de cómo actúan los factores de aburrimiento. Es de un vacío para echarse a llorar. Como verás, a veces los de Personal también tienen que aprender algo.

Eso hace que la búsqueda según los criterios N-O-D sea breve e indolora: **N**ecesitas (¡subráyalo en rojo!):

- Tener alguna formación comercial.
- Correcto catalán y castellano.

○ Probable dominio del tratamiento de textos (no lo dice, pero ¿escribir todo a mano?)

Quizá haya **O**bligación, aunque no es seguro:

○ Experiencia en algunos ámbitos (jurídico, fiscal, financiero, recursos)
○ Conocimientos de francés, La Seu d'Urgell está a muy pocos kilómetros de una frontera idiomática, desde donde te van a estar llamando por teléfono constantemente.
○ Más conocimientos de PC, por ejemplo, hojas de cálculo Excel, presentaciones en Powerpoint, bases de datos con Access.

Sería **D**eseable:

○ Bueno, además, todo lo que en general una secretaria y una persona puedan aportar conjuntamente. Fin

Eliminar las imprecisiones

Si tienes dificultades con un anuncio a causa de sus imprecisiones, y esto suele ocurrir en muchos casos, entonces llama con toda desenvoltura y pide que aclaren tus dudas. ¡Sólo una o dos, no mil! Una llamada adecuada, sucinta y precisa no resulta nada molesta, sino que es muy valiosa para ambas partes: puede suponer que ya te vayas haciendo un nombre en la empresa, y eso constituye un gigantesco refuerzo. Y la gente de Personal te ha escuchado y ha podido sacar una buena impresión de ti. Aunque la señora Buscagente no te haya dado su número de teléfono, volveremos a mirar de buena gana lo que ella, además de otras varias cosas, haya olvidado en su anuncio. No te imagines que esa señora lo ha hecho a propósito y que no quiere que la llames. No hay nada de eso.

Si, además, quieres seguirle un poco el rastro a la empresa, recurre a la página web, búscate artículos de publicaciones, historiales de la firma, catálogos, etc. Sólo así sabrás algo más sobre ella. Y ahora se me ocurre...

Una pequeña digresión filosófico-psicológica...

Ya resulta asombroso que nosotros lo hagamos todo a base de informaciones, aunque no tengamos ninguna. Ya hemos hablado de eso.

Si nosotros percibimos que hay información oculta donde esperábamos que la hubiera, completamos la realidad con lo que nos presta la experiencia. Nosotros le añadimos lo que pensamos, lo que pudiera ser. La percepción y la imaginación producen conjuntamente el mundo tal y como nosotros nos lo imaginamos. ¡Eso es cierto! Es decir: de alguna forma nuestro mundo siempre es falso y no es totalmente auténtico. Nuestro mundo es una construcción subjetiva, una fantasía, una composición. ¡SIEMPRE LO ES! Por eso siempre puede y debe transformarse constantemente.

La construcción es peligrosa si sólo podemos valorar nuestro mundo a base de unas monedas en efectivo. La minoría existe realmente ahí fuera, aunque no como nosotros pensamos, y de alguna forma todo es siempre una interpretación y un territorio construido por nosotros mismos.

Piensa un poco en esto. Nuestro mundo es como un queso suizo: las burbujas de aire que lleva en su interior son pequeñas islas de información clara, diáfana y precisa. Para mantener juntas las burbujas, procedemos a manipular internamente nuestro queso. Cada vaquero tiene su propia receta y sus reglas para fabricar su queso. Como, de todas formas, nosotros sólo conocemos un diminuto fragmento del mundo, de él deducimos la forma en que nosotros apreciamos la totalidad del queso. Y eso a pesar de que llevará un par de burbujas de verdad en su interior. ¡Por eso debemos eludir cualquier tipo de fundamentalismo!

Pero construir es algo tremendamente hermoso, lo hacen los compositores, los poetas, los arquitectos y los creadores de nuestro mundo. Nosotros siempre podemos escribir dramas y tragedias, aunque también pueden ser comedias o novelas de amor; podemos componer poderosas sinfonías u operetas ligeras, eso depende de nosotros mismos. ¿No lo encuentras auténticamente grandioso?

Volvamos atrás: si has encontrado el trabajo adecuado y has hecho tus pequeños análisis AIDA y N-O-D, ponte manos a la obra para transformarlos en un jugoso escrito. Si eres un auténtico bombazo no habrá problema, pero ¿qué hacer si no es así? Entonces se trata de argumentar y hacer exactamente lo que te recomendamos en los siguientes «DEBES» y «NO DEBES»:

«DEBES» Y «NO DEBES»

Aquí verás lo más importante que hay que hacer y olvidar al leer un anuncio de empleo:

«DEBES»

- Ofrecerse como panadero cuando se es panadero...
- Abordar la búsqueda de empleo con una actitud adecuada: «¡Hay trabajos lo mismo que hay arena en el mar, alguno habrá para mí!».

- Leer todos los periódicos de empleo que puedas, incluso los de firmas desconocidas o trabajos totalmente extraños. ¡Pueden surgirte ideas nuevas!
- No tomarse muy en serio lo que dice el anuncio. Tendrás más opciones donde elegir.
- Realizar un análisis AIDA: dónde están las informaciones importantes y auténticas.
- Realizar un análisis N-O-D: ¡Lo realmente necesario para el trabajo! ¡Normalmente basta con tres subrayados en rojo!
- Prepara con cuidado argumentos irrefutables para mostrar el acierto de contratarte.

- ¡Si no encajas del todo, insistes más en tu solicitud y haces ver lo que sí cumples a la perfección!

«NO DEBES»

- ... y no como charcutero.

- Está prohibido decir cosas como: «¡No hay nada, que hacer no tengo ni que empezar a solicitarlo!».
- Buscar el fondo de cada anuncio de empleo y, entonces, no tomarlo en consideración.
- En los periódicos o boletines de empleo leer sólo lo que corresponde a tu categoría, y sólo los anuncios que lleven pegada tu propia etiqueta como rótulo.
- ¡Sopesar toda palabra incómoda de forma precisa e impedir que los árboles no te dejen ver el bosque!
- No leer exactamente las cosas y dejarse llevar por ideas irrelevantes.
- Cambiar O (*obligación*) con D (*deseo*) y D con N (*necesidad*) y N con O ¡Eso hace que una solicitud sea errónea!
- ¡Renunciar ante la más mínima duda o confiar en que el majadero de turno no se dé cuenta de ella! ¡Se nota siempre!
- ¡Renuncia! Si no cumples todos los requisitos es mejor no perder tu tiempo y dejarlo.

ENVIAR UNA SOLICITUD ACERTADA

Cuando hayas elaborado tu análisis AIDA y tu lista Necesidad-Obligación-Deseo (N-O-D) es cuando hay que llevar a la práctica una solicitud acertada. Si cumples los criterios N y O y un par de los D, eso quiere decir que formas parte de los objetivos de la empresa, así que no te contengas y pon en evidencia tus méritos, reúne tus poderosos refuerzos y con todo eso prepárate un baño de publicidad, algo parecido a lo siguiente:

Ejemplo de Florinda Adecuada

Muy estimada señora Buscagente:

Pienso que tengo mucho que ofrecer para ocupar el puesto que ofrecen de secretaria del Director del Departamento Legal y Financiero:

- 4 años de experiencia financiera en una posición similar a la ofrecida.
- Castellano y catalán perfectos (con conocimiento del lenguaje técnico), buen nivel de francés e inglés.
- Trabajo desde hace años con total satisfacción de mis superiores.
- Muy buenos conocimientos de PC Microsoft Office.

Le adjunto mi historial. Creo que para usted resultará muy interesante mi recientísimo First Certificate, los distintos cursos de Informática así como los informes que me ha entregado mi actual patrón. Me encantaría mantener una entrevista personal con usted.

Debido a que en mi trabajo apenas se me puede localizar, ya que por las tardes estoy asistiendo a un nuevo curso de Informática (Excel avanzado), me pondré en contacto telefónico con usted el próximo martes.

Reciba, hasta entonces, un atento saludo

FLORINDA ADECUADA

Con el conocimiento del PC, que no está expresamente exigido en el anuncio y del que se ha enterado en una breve conversación telefónica, Florinda se ha apuntado una fortaleza suplementaria. Con esta carta, breve y repleta de refuerzos, y gracias a la charla telefónica, seguro que va a recibir una llamada. ¡Es una mujer a prueba de bomba! Es lo que hay que hacer si se cumplen los requisitos. Pero ¿y si no se cumplen?

1. Reparos típicos por ser demasiado mayor o tener mucha experiencia

Si tienes la sensación de que eres demasiado mayor, esto es un problema sobre todo para ti. No te dejes impresionar porque en los anuncios no haya demasiadas ofertas para la gente de más edad. En realidad existen sólo algunos pocos puestos de trabajo que sean *realmente* apropiados para los mayores. ¡Por ejemplo, no puedes servir de modelo para una revista de la tercera edad si no has sobrepasado los 60!

Ser mayor es, la mayoría de las veces, un problema subjetivo. ¡En nuestras clases prácticas de asesoramiento hemos promocionado a gran cantidad de gente mayor con una vitalidad casi explosiva, y también hemos dejado de promocionar a jóvenes cuyo grado de embotamiento y somnolencia les hacia parecer casi muertos! No puedo creerme eso de: *¡A partir de los 50 ya no hay oportunidades!* El éxito llega por alguna causa.

El éxito llega por convicción, concentración y energía para hacer las cosas, y nos lo pueden impedir las dudas y los miedos. Muchos de los que han fracasado lo han hecho porque sus propios mecanismos de boicot les han arruinado la vida. Quien sabe por sí mismo que algo no va, no debe extrañarle que no pueda convencer a nadie.

Naturalmente, nuestra actual obsesión colectiva por la juventud hace que sea muy difícil encontrar un empleo a los que ya están en los 50 años de edad, pero hay medios para lograrlo. Debes aprovecharlo y ser como:

Ejemplo de Enriqueta Optimista

Muy estimada señora Buscagente:

A pesar de mi edad, monstruosamente elevada (¡soy una reliquia de 54 años!), tengo, además de experiencia profesional, algo que sólo podemos ofrecer los de mi generación:

- Gran estabilidad personal, constancia y equilibrio.
- Capacidad de adaptación, incluso ante jefes exigentes.
- Pretensiones de salario de acuerdo con el mercado, y no del de personas mayores.
- Muy buenos conocimientos de PC Microsoft Office.

Y además, evidentemente:

- 25 años de experiencia como secretaria y asistente comercial; sé de qué va el tema.
- Castellano, catalán, francés e inglés de negocios, todos probados.
- Mis jefes se han sentido satisfechos por descargarles de tareas administrativas.
- Muy buenos conocimientos de ordenadores, me mantengo abierta a todo lo nuevo y además participo activamente.

Estaría encantada de entrevistarme personalmente con usted para convencerla de todo lo anterior. Acompaño mi historial como anexo. Puede localizarme en mi e-mail: enriq@optim.com, y en los teléfonos xxx-yyy por el día y xxx-zzz desde las 19 horas.

La buena señora Optimista es astuta, ¿no te parece? Se agarra a las posibles ideas de la gente de Personal acerca de su edad y de sus costes salariales y logra contraatacar y conseguir un refuerzo a base de autoironía y humor y, sobre todo, con soberanía y madurez. Pero sabe exactamente de qué habla. ¡Y qué discreta es su referencia a las relaciones con jefes complicados!

Con esta carta no siempre tendrás éxito, pero siempre es mejor que una solución vulgar adecuada a la edad de quien escribe, pero que sería eliminada sobre la base de unos vulgares criterios de selección. Más de una persona de Recursos Humanos se dirá: «¡Por Dios, ¿por qué tengo que ver yo a esta mujer? Aunque tiene todo el derecho, y entonces tendríamos por fin una solución a largo plazo para Antúnez, que ya se está demorando». ¡Y surge la llamada telefónica que puede hacer que todo se ponga en marcha!

2. Reparos típicos por ser demasiado joven o no tener experiencia

Si no cumples uno de los criterios N, la cosa se pone complicada. Aparece como primera pregunta si realmente es el trabajo adecuado para ti y si lo crees así, sólo hay una solución: explica a la persona de Recursos Humanos que puedes superar fácilmente ese déficit, que ya has empezado a ampliar tu preparación, o algo así.

Ejemplo de Juliana Pocosabe

Muy estimada señora Buscagente:

Cumplo con casi todos los requisitos, y dentro de poco con algunos más de los que usted espera tener en su nueva secretaria del Director del Departamento Legal y Financiero:

- Un par de meses de experiencia en un bufete de abogados.
- Castellano y catalán perfectos (con conocimiento del lenguaje técnico).
- Un jefe muy satisfecho con mi trabajo.
- Muy buenos conocimientos de Windows 98 y Word 6.

Desde enero estoy trabajando para elevar hasta un buen nivel mis ya muy aceptables conocimientos de francés e inglés. Estoy siguiendo estos cursos intensivos de idiomas:

- Escuela nocturna Poliglo: Business English. Intensivo (4 horas por semana).
- Clases privadas de conversación en francés (1 noche a la semana).

Le adjunto mi historial. Supongo que, sobre todo, le resultarán de interés mis diversos certificados de cursos de informática así como los informes que me ha entregado mi actual jefe. Estaría encantada de mantener una conversación con usted.

Ya que en mi trabajo no se me puede localizar, y como por las tardes acudo a los cursos de idiomas, yo misma me pondré en contacto telefónico con usted el próximo martes.

La querida señora Pocosabe no tiene un pelo de tonta, y lo sabe muy bien. Ha transformado en un refuerzo sus escasos conocimientos de idiomas. Lo que sí está claro es que esa mujer rebosa poder e iniciativa. Y eso es lo que quiere la señora Buscagente: juventud, dinamismo y voluntad de aprender. ¡Queda invitada a una entrevista!

Debes darte cuenta de que hay posibilidades de echar una mano a los avatares de este mundo. Hay que ser activo, eso se entiende por sí solo. Quien esté con los brazos cruzados mirando la vida, no debe extrañarse de que esa vida le pase por delante.

3. Reparos típicos por ser demasiado costoso o excesivamente cualificado

Si eres demasiado caro para un empleo, porque realmente estás muy cualificado, tienes dos posibilidades: puedes hacer ver que no eres tan caro como parece o hacer ver de una forma convincente que también te podrías conformar con algo menos, tanto en trabajo como en sueldo. Así lo hizo muy correctamente uno de mis solicitantes:

Ejemplo de Gaspar Ancestro

Gaspar Ancestro es un ingeniero de Telecomunicaciones de 64 años de edad que, de acuerdo con los parámetros ordinarios, está prácticamente fuera de juego, demasiado mayor para el mundo y las tecnologías modernas y mimado y exigente en cuanto a temas de categoría y sueldo. Sin, evidentemente, estar casi muerto del todo, junto a su solicitud ha incluido un estudio analítico de la estructura de telecomunicaciones de nuestros clientes. ¡Rara astucia! Ya nos lo había indicado previamente por teléfono y después había remitido varias propuestas de mejora que, de acuerdo con sus cálculos, llevadas a la práctica podían permitir ahorrar unos 200.000 euros a las empresas.

Lo había hecho con un carácter proactivo, había salido de él mismo, sin obtener ninguna contraprestación de las empresas. Era un regalo. ¡Querido muchacho...! Su único comentario en su solicitud fue: «Con esta propuesta hay para pagarme durante años la diferencia entre mi sueldo y el que cobran los ingenieros jóvenes y sin experiencia. Y todavía tengo guardado en la manga un par de cosas para presentárselas en nuestra entrevista personal».

Muy brillante el joven, ¿no te parece? Muy ofensivo y muy poco difunto. El astuto Gaspar ha colocado fulminantemente una invitación sobre la mesa y poco tiempo después tenía en el bolsillo un contrato como Director de Telemática en un consorcio multinacional. En cualquier libro de texto te aparece que de hecho algo así no es realmente posible. Pero sí es *posible*, la historia que acabo de contar no es *inventada*. Él se jubilará dentro de poco en ese puesto. Naturalmente, no ha habido ningún comentario sobre el tema entre Gaspar y el Director Técnico de la empresa pero, sin esa carta, Gaspar hubiera ido a para a la urna de los «Noto» *por razones de edad*. Puedes verlo de una forma menos espectacular:

Ejemplo de Bernardina Soloquiero

Muy estimada señora Buscagente:

Se extrañará usted de mi solicitud para ese empleo, pues a lo largo de mi vida profesional yo ya he sido asistente de dirección del gerente de un consorcio, y directora comercial de una empresa de servicios de tamaño medio. Sin embargo, estoy convencida de que represento una buena opción para su firma. Además me parece que, para los próximos años, el trabajo resulta muy adecuado a mis exigencias personales.

Yo pienso que mis calificaciones técnicas y mi experiencia profesional pueden adecuarse perfectamente durante los próximos años a los requerimientos del Director del Departamento Legal y Financiero, pues desde hace años estoy puesta en estos temas. Además, y debido al hecho de que mis hijos ya no conviven conmigo, estoy (casi) libre de preocupaciones de tipo financiero y podría ser bastante flexible en ese aspecto. Yo sólo tengo la ambición de llegar a hacer un excelente trabajo y ningún otro propósito más que el de ascender un par de escalones anuales en mi carrera profesional.

Acompaño mi historial como anexo. Puede localizarme en mi empresa en el número xxx-yyy o en mi domicilio particular en el xxx-zzz.

Celebraré extraordinariamente recibir su llamada.

Si lo que la empresa busca es un pollito recién salido del cascarón, está claro que Bernardina queda fuera de juego. Si no es eso lo que buscan, al menos ella queda dentro de la zona gris del objetivo. Quién sabe lo que le viene a la cabeza a la señora Buscagente si incorpora a la empresa ese peso pesado: «Quizá consiga hacer el trabajo en menos tiempo y por menos dinero» o «Ya no sólo a Antúnez, puede que también consiga meter en vereda a Romerales. O largar a ese engreído de Machuca». Así habla el cerebro de la señora Buscagente dándole vueltas a las sutiles ideas de Bernardina, mientras arroja el expediente a la urna de los (muy) «Invi».

¿Te das cuenta de lo que importa? Si no estás dentro del campo del objetivo, no sirve de nada andar con rodeos y hacer como si no hubiera ningún problema. El problema es pescar la ocasión por los pelos, conseguir ventajas, controlar los pensamientos de la gente de Personal, volver a conducir hacia la dirección adecuada. Ésta es la receta para que todo vaya mejor.

4. Reparos típicos a causa del sexo

¿Eres mujer? ¡Pues es tu fallo, y no el mío, y si te esfuerzas un poco puede que llegues a superar ese defecto! O, seamos sinceros, ¿es que quieres pasar toda tu vida profesional como mujer?

El cinismo *no* queda aquí fuera de lugar, pues el tema ya se pasa de castaño oscuro: a pesar de que ya en muchos países hemos llegado a comprobar que las mujeres también son, en cierto sentido, personas como los hombres, y a pesar de que, aunque resulte difícil creer, hoy en día las mujeres pueden llegar a cobrar, por el mismo trabajo, de un 10 a un 30 % menos que los hombres, cuanto más hacia arriba se va en el escalafón de la empresa, más se observa el reinado puro y duro de la testosterona y el reparto de cargos para mujeres cae en el 100 %. ¡Así están las cosas! A las mujeres *no se les toma en consideración* para ciertos trabajos o consiguen por más trabajo menos de dinero.

Todo esto no son meros clichés, sino auténticas realidades. Hay trabajos para hombres y otros para mujeres, está claro que si buscan un modelo para pasar ropa masculina, ese no va a ser un trabajo de mujer. Eso no es ninguna discriminación pero, no obstante, son muchos los empleos que se escapan debido a que están *realmente subordinados al sexo*. Otro motivo escasamente más aceptable es la composición de los equipos: se busca que sea hombre porque en el equipo no hay ninguno, o son muy pocos. Cualquier solicitud que sea desestimada por motivos de sexo es, siempre, discriminación. ¿Qué se puede hacer?

- Alegrarse a causa de que en los últimos 50 años las cosas han avanzado mucho, y esto es una realidad.
- No echar pestes de Alice Schwarzer,[6] sino reconocer lo que han logrado mujeres como ella.
- Continuar la lucha en favor de los seguros de maternidad, igualdad de salarios, cuotas de trabajo femenino, guarderías infantiles, etc.
- Dirigir escritos como, por ejemplo, el siguiente:

Ejemplo de Germán Macho

Muy estimada señora Buscagente:

Pienso que tengo mucho que ofrecer para ocupar el puesto que ofrecen de secretaria del Director del Departamento Legal y Financiero:

- Cuatro años de experiencia financiera en una posición similar a la ofrecida.
- Castellano y catalán perfectos (con conocimiento del lenguaje técnico), buen nivel de francés e inglés.
- Trabajo desde hace años con total satisfacción de mis superiores.
- Muy buenos conocimientos de PC Microsoft Office.

Le adjunto mi historial. Creo que le resultará muy interesante...bla, bla, bla... Celebraría poder mantener una entrevista personal con usted. Debido a que en mi trabajo apenas se me puede localizar, ya que por las tardes estoy asistiendo a un nuevo curso de superordenadores, yo me pondré en contacto telefónico con usted el próximo martes. ¡Ah!, se me olvidaba, sólo tengo un defecto: ¡Soy un hombre!

---

6. Escritora, periodista y prominente feminista alemana, nacida el 3 de diciembre de 1942 en Wuppertal (Nordrhein-Westfalen). *(N. de la T.)*

Es un método descarado y ofensivo, pero eficaz, para hacer frente a ese tipo de problemas. Si el Director del Departamento Legal y Financiero quiere que su secretaria sea una mujer, nuestro querido Germán no tiene ninguna oportunidad. Con esta carta lo que él ha conseguido es un magnífico refuerzo, un gigantesco SÍ de la señora Buscagente, su frase final actúa como un redoble de tambor y provoca una sensación de *igualdad* en cualquier persona razonable. Se queda como sorprendido y comienza a defenderse. «No lo soy yo, los tontos son los demás. Vamos a invitarle a que venga.»

Bueno, ya está. Ya hemos dicho demasiado en cuanto a la manera de reaccionar correctamente ante tantos anuncios de empleo de la prensa diaria. Sin embargo, muchos de estos puestos libres no se publican en forma de anuncios, y eso es lógico porque un anuncio cuesta mucho dinero así que, la *mayoría* las veces primero se suele intentar algo que resulte más barato. Por eso existe el *gran mercado opaco del empleo*. Ese mercado es mucho mayor que el que se publica en los periódicos y no debe ser ignorado *de ninguna forma* por los que buscan empleo, y si lo haces tú mismo serás culpable de no encontrar trabajo.

UTILIZAR CORRECTAMENTE EL MERCADO OPACO DEL EMPLEO

La mayor parte de los puestos de trabajo no se publican en los periódicos debido a los elevados costes de los anuncios, es decir, que se cubren bajo cuerda, digamos que a puerta cerrada. Ése es el mercado opaco del empleo. Hay trabajos disponibles, pero sólo lo saben unos pocos y no se publican, así que en el mercado realmente no aparece ni uno. ¿A qué se debe?

Muy actual, desgraciadamente: un cliente ha despedido a varios cientos de personas pero, a la vez, necesita contratar a nuevos especialistas. Solamente puede hacerlo de forma extraoficial porque, si no, resultaría intolerable para los despedidos y sus sindicatos laborales.

Falta de tiempo: otro cliente tiene tanto que hacer que, de puro estrés, carece de tiempo para iniciar una campaña de búsqueda que resulte aceptable. Tiene vacantes diez puestos.

Sentarse y esperar: muchas empresas están siempre en una búsqueda latente y esperan sencillamente a que las personas adecuadas lleguen por sí solas. Incluso pueden lanzar la noticia entre sus propios empleados para que, a cambio de una buena gratificación si aparece algo, lo comenten entre sus amistades.

Otros clientes que también quieren ofrecer empleos porque planean nuevos proyectos, no siguen un camino tan directo y aprietan solamente el botón adecuado hablando directamente con el candidato que les interesa.

Secreto: un cliente quería abrir una nueva sucursal y pretendía completar la nueva plantilla de empleados, pero deseaba que el asunto se mantuviera, durante el mayor tiempo posible, en secreto para las empresas de la competencia. Exceptuando a la gerencia y el consejero de Personal, nadie debía saber nada.

Éste es el mercado opaco, más o menos claro u oscuro, del empleo. Piensa que un único anuncio más o menos grande en la prensa diaria cuesta entre 1.000 y 3.000 euros, y si nos vamos a periódicos de grandes tiradas como los que circulan en Europa, una página se puede poner, según las circunstancias, en los 40.000 euros. Parece lógico que antes de poner un anuncio, la gente de Recursos Humanos busque otros caminos. Es por eso que el mercado opaco del empleo resulta ser tan gigantesco. ¿Te he convencido?

Yo creo que en la prensa diaria sólo aparece la cuarta parte de los trabajos disponibles. Para cargos elevados se recurre a asesorías de Personal o a *head hunters* (cazatalentos). Los puestos de la cumbre se cubren con intermediación de firmas de captación de ejecutivos.

Y ahora es cuando viene el chiste: la mayor parte de los solicitantes de empleo limitan su búsqueda a lo que se publica, al *mercado abierto*, a los anuncios de la prensa: yo creo que las tres cuartas partes de los que buscan trabajo se pelean por la cuarta parte, que es la que se publica en la prensa, de los empleos existentes.

¿Te dice eso algo? Pues sigo: en el *mercado abierto* serás uno entre muchos. En el *mercado opaco* estarás incluido sólo entre unos pocos y no serás, de ninguna forma, un don nadie. Por eso:

¡Lánzate en picado sobre el mercado opaco del empleo!

Que es mucho más importante que el mercado blanco y público. Y tú me preguntarás: ¿Cómo sé yo donde está el mercado opaco y cómo puedo llegar a él? En las próximas páginas hallarás una linterna para iluminar la oscuridad del mercado opaco del empleo:

- Internet
- Los consejeros de Personal
- Las redes privadas

¡Te vas a maravillar al observar las muchas posibilidades que existen!

ENCONTRAR TRABAJO EN INTERNET

Contamos con la ayuda de internet para poder llegar al todavía lento mercado opaco del trabajo. Es opaco por eso, porque todavía son muchas las personas que no disponen de acceso a internet o porque, simplemente, lo ignoran, y de ahí que se les escape una prodigiosa cantidad de información. Internet es lo más moderno que podemos utilizar como vehículo para una información electrónica, económica y ecológica, para llevar el mundo hasta precisamente allí donde tú vives. Es una lástima que haya muchos grupos profesionales que todavía no estén representados en él. Cuanto más técnicos y académicos sean los grupos, antes los encontrarás adscritos, pero de los de tipo social, profesional o artesanal, apenas encontrarás nada.

Hay cinco vías para encontrar trabajo en internet:

Número 1. Directamente a las páginas web de las empresas (¿lógico, no?)

Cualquier gran empresa, sea del tipo o ramo de actividad que sea: si quieres buscar algo sobre una firma en concreto basta con que localices su página web, pues todas y cada una de ellas disponen de su propia reseña de empleos. Pero esto no es nada nuevo para ti, ¿verdad? En las páginas de empleos encontrarás, entre otros datos, los nombres, números de teléfono y direcciones e-mail de tus potenciales interlocutores... Para el contacto directo con las empresas utiliza también las listas de vínculos de portales, buscadores, bancos de datos de empleo, etc.

Número 2. Bancos de datos de empleo

Hay una cantidad enorme, pero los buenos son pocos. Te recomendamos un pequeño vistazo a los recogidos al final de este libro para que te empieces a familiarizar un poco con ellos, aunque por el mero hecho de navegar en internet ya te encontrarás con una enorme cantidad de páginas y lugares apropiados para lanzar tus redes de búsqueda sin necesidad de ir, en principio, a ninguna dirección determinada. Algunas significativas pueden ser www.inem.es o www.empleo.paginas-amarillas.es o http///www.administrativos.com (para empleos de tipo administrativo) o www.eduso.com (educadores sociales). Hay otros muchos, pero de la mayoría te puedes olvidar. Son también muy interesantes los mercados de trabajo profesional con una evidente especialización en ciertas ramas. Lo más astuto que puedes hacer es dirigirte a las páginas de las propias asociaciones de tu especialidad y navegar por ellas.

Para Europa, lo mejor es acceder directamente a los directorios de Google, allí es donde encontrarás los mejores vínculos. A nivel internacional, con páginas multilingües como www.monster.es o www.stepsone.es o www.jobscout24.de, entre otras, pero ya pierdes la panorámica general.

Número 3. Buscadores de empleo

Además, existen inteligentes buscadores de empleo que rastrean internet en busca de trabajos y que te ofrecerán unos resultados perfectamente bien estructurados y no te proveerán de datos basura. Podemos hablar de www.5campus.org/empleo, infojobs.net o bien de www.cybersearch.es, con una gigantesca oferta de empleos disponibles en las empresas y en los que figuran bancos de datos de trabajo y páginas web empresariales.

Número 4. Servicios para abonados

Además de los, a veces laboriosos, paseos por los bancos de datos, también te puedes abonar a un servicio de búsqueda: das tu dirección e-mail y el perfil de búsqueda que deseas incorporar junto con las palabras clave más típicas que estén relacionadas con el empleo buscado y ellos remitirán automáticamente a tu correo las ofertas adecuadas. Nada de buscar por ti mismo ni hojear los cada vez más molestos periódicos, todo lo hacen los ordenadores de forma precisa y completa. Cuanto mejor sea tu perfil, más precisos serán los resultados.

La mayoría de los grandes bancos de datos de empleo se nutren de esos servicios. Si buscas un trabajo, es obligatorio que acudas a uno de estos servicios. Ya sabes lo que se dice: ¡Si no te abonas a uno de estos servicios no tendrás oportunidades, nunca podrás encontrar un empleo!

Número 5. Buscadores de tipo generalista

Hablamos de Google, Yahoo!, Altavista y otros muchos: han desarrollado unos algoritmos de búsqueda de trabajo y te ofrecen páginas especiales de empleo, pero son tantas las ofertas que te puedes volver loco. Por eso, lo mejor es que acudas a los bancos de datos y buscadores o servicios de abonados. ¡Yo creo que con todo lo dicho ya tienes mucho con lo que empezar!

Si dejas pasar las oportunidades que te brinda internet, la culpa será tuya. Son muchos los indicadores de empleo existentes en los medios de comunicación físicos y electrónicos, pero ¿qué pasa ni no encajas en ninguno? Todavía te queda el asesor.

CÓMO FUNCIONA ESA CURIOSA GENTE: LOS ASESORES DE PERSONAL

Los asesores de Personal son de una naturaleza muy extraña y unas denominaciones muy tornadizas: *manipuladores de esclavos y personas, buitres, faltos de seriedad, incompetentes, codiciosos, de hablar lánguido y no escuchar nunca...*, así se les conoce por todas partes. Todo esto es verdad porque yo mismo lo he vivido. Existen los marrulleros codiciosos pero, por otro lado, están los afectuosos y agradables, que se toman en serio su trabajo (aunque a ellos también les guste el dinero). Dentro de la profesión hay unas diferencias increíbles. ¡Depende de ti que el asesor de Personal se gane lo que se merece!

En realidad, ¿para qué se necesitan?

Según se dice, son los lubrificantes del mercado del empleo, es decir, sin ellos el mundo no se va a pique, pero son los que hacen, a veces, más fáciles las cosas en el tiovivo del empleo. En los altos cargos han repartido *todos* los puestos, y en los ámbitos más especiales hay un gran porcentaje que se distribuye entre los asesores y los *head hunters* (cazatalentos).

Un asesor con experiencia conoce a mucha gente de Personal y muchas empresas, y eso quiere decir que conoce los entresijos de la empresa. Saben muchas cosas sobre posibilidades de carrera y pueden darte valiosos consejos. Conocen tu nivel salarial, saben de muchos puestos en el mercado opaco y disponen de información interna para que nadie pueda jamás engañarte, y esto es extraordinariamente útil. Pero ¿cómo podemos hacernos con un asesor óptimo y qué es o qué puede resultar peligroso?

¿Qué hacen realmente?

Nosotros, los asesores, ganamos dinero a base de encontrar gente como tú y facilitarle tus datos a las empresas. Para nuestros clientes (que son las firmas, pues son las que nos pagan) queremos encontrar lo mejor. Y si tenemos la caña y la lanzamos, es muy posible que consigamos firmar un contrato laboral.

A veces tenemos el encargo de una empresa para cubrir un determinado puesto, a eso se le llama *operación bajo pedido*. Entonces ponemos anuncios o abordamos directamente a los posibles candidatos (*Head Hunter* o, lo que suena mejor, *Executive Search*). Puede, en otro caso, que trabajemos por encargo de gente que busca empleo y, entonces, tratamos de encontrar el mejor trabajo para ti. Esto se denomina *operación según resultados* y también puede denominarse *job-hunting* (caza de trabajo). También así conseguimos dinero de las empresas, pero primero tienes que haber firmado el contrato. Si el compromiso de trabajo es sólo por un tiempo determinado estamos ante una *operación temporal*, la asesoría se responsabiliza de ti y te ofrece como si te alquilara a la empresa.

Esto es, en poco más de diez líneas, lo que supone una asesoría de Personal. Por esto, el gremio de asesores se da un bombo tremendo para que todos escuchen lo listos que son, pero lo que se hace es exactamente lo que se dice aquí, y nada más que eso.

Como son las empresas las que siempre pagan, ocurre que ciertos asesores pretenden, claramente, manipular los puestos de trabajo en contra de tus intereses, pero eso sólo lo hacen los feos, los malos y los ambiciosos. ¡Ten cuidado de que tu asesor no sea de esos! Lo notarás enseguida. Si te das cuenta de que te importuna demasiado y te viene con argumentos novelescos, ponte sobre aviso y escucha:

Yo había estudiado Filosofía y Literatura y era un periodista muy joven y desprevenido con unos dos años de experiencia profesional. Un asesor, que estaba sin blanca (¡resulta cómico...!), quería hacerme responsable de marketing de una empresa de eliminación de basuras. Se había sacado del bolsillo, como por arte de magia, los más grotescos motivos por los que yo era el hombre apropiado para un basurero. Yo era tan joven y estaba tan totalmente fascinado por la nueva palabra «marketing» que casi me lo creí. Luego yo le habría aclarado cómo a partir de la oscuridad de un montón de basura y basándose en su fermentación, con unas nuevas tecnologías se podía llegar a hacer comida infantil, aunque probablemente ya haría tiempo que me habría suicidado.

Para que, sin darte demasiada cuenta, tú también te hundas en el vertedero, ahora te indicamos las *reglas de oro* (*golden rules*) más importantes para tus tratos con los asesores:

Número 1. Tratar sólo con empresas formales

Trabaja sólo con empresas y asesores acreditados. Al fin y al cabo, el asesor de Personal te vende a tu futuro patrón. Confía en tus sensaciones: si en tu interior le adjudicas un no a un asesor, lo mismo le ocurrirá a un potencial empleador. La reputación del asesor también repercute sobre ti. Si él es la oveja negra del gremio, también lo serás tú.

Número 2. Pregunta por su campo de especialización

El consultor más agradable no te sirve de nada si no tiene ni idea de lo que ocurre en su campo profesional. ¿Cómo te va a vender, si no sabe realmente lo que tienes que hacer a lo largo de cada jornada y, además, no conoce la empresa que pueda resultar más interesante para ti? Lo mejor es que le llames por teléfono con anticipación y después insistas en preguntarle. Si te hueles que te va a dar unos servicios de pacotilla, te aconsejo que tengas cuidado. ¡Quien mucho abarca, poco aprieta! Él puede resultar muy agradable, pero no entender de qué va el negocio.

Número 3. No debes tener problemas en decir NO

No tengas problemas en rechazar a un asesor si ves que no te convence como persona, como consultor y como vendedor, o si tienes dudas acerca de su competencia profesional. Es cierto que somos unos seres muy sensibles, pero aquí no se trata de nuestros delicados espíritus, sino de tu futuro, y eso es algo sumamente importante. Si no te convence a ti, él no podrá convencer a la gente de Recursos Humanos de las empresas.

Número 4. Aprovechar la charla de asesoramiento

La conversación con un consultor suele discurrir de forma similar a la de una entrevista de trabajo: ¡No olvides que debes promocionarte! Si no le convences, no pondrá todo su empeño en ti.

Pero: nosotros también somos tus asesores personales, por eso debes llorar un poco en nuestro hombro, plantearnos problemas y pedirnos consejo: «¿Cómo debo comportarme, qué debo decir, cómo valora usted este informe, qué sueldo debo pedir, qué formación adicional podría ser buena, qué opina de tal o cual empresa, yo siento siempre la necesidad de meter un dedo en el ojo a mi jefa, por qué me odia tanto?», etc.

No vaciles en hacer estas preguntas, los buenos asesores pueden ayudarte, porque están para eso. Pero ten cuidado de no destruir jamás la confianza que el asesor tiene depositada en ti (por ejemplo, eso de *meter el dedo en el ojo*, nada de nada).

Si tienes problemas tan extravagantes es posible que, de repente, decida dejarte y darte carpetazo, eso no encaja en tus deseos, ¿verdad? Sería una tontería. Lo mejor es que pienses en él como si fuera tu sueño dorado, capaz de encontrarte el trabajo de tu vida.

Número 5. Ejercer una suave presión

Si le cedes a un asesor tu documentación y tu persona, y se compromete a colocarte, debes mantenerte al tanto de lo que hace, pues en caso contrario te puedes pudrir en el banquillo de los reservas.

Deja las cosas bien claras, llámale cada semana y pregúntale cómo van las cosas, porque los consultores de Personal son, hoy en día, unos pobres tipos que deben abrirse paso entre una montaña de expedientes y las cosas pueden quedar sin acabar. ¡Sé amable con nosotros! Comunícate regularmente con él e insiste en tus preguntas de cómo marcha todo. La experiencia dice que eso servirá para mover tu carpeta hacia la parte superior del montón. Si después de varias semanas te das cuenta de que no ocurre nada y tu asesor balbucea unos pretextos estúpidos, dale un toque serio. Pregúntale por qué no te atiende correctamente, a lo mejor te enteras de lo que está haciendo. Y después cambia de asesor.

Número 6. Tu colaboración es importante

Si un consultor no te cobrara nada y se agotara verdaderamente en sus esfuerzos contigo, si siempre te estuviera proponiendo nuevos empleos, te organizara una magnífica entrevista de trabajo y realizara una búsqueda de empleo auténticamente profesional, eso te parecería una cosa buena y deseable, ¿verdad que sí? Entonces coopera con él, que se lo merece. Explícale de una forma precisa cuál es el trabajo que quieres y cuál no, y por qué no lo quieres. Esto le servirá a tu asesor para enfocarte de la mejor forma posible y atenderte mejor. Esto puede merecer la pena incluso para un futuro cambio de trabajo. Para que el pobre hombre no se muera de hambre, mantenle alimentado con tu información después de haber celebrado la entrevista de trabajo. Necesita feedback, motivación y unos pocos elogios.

Número 7. Toca todos los resortes del mercado

Naturalmente, si eres astuto tú mismo puedes encontrar algo más que lo que pueda hacer un buen asesor. Es totalmente legítimo, y yo lo haría, aunque muchos de nuestros competidores se tiren de los pelos por eso. A nosotros no nos gusta, pero sólo es porque nos arrebata el pan. Por esa razón somos muchos los que exigimos exclusividad, pero eso sólo es bueno para nosotros y no para ti. Ningún asesor dispone de *todos* los contactos adecuados, incluso aunque lo asegure. Sencillamente mienten.

Número 8. Ojo con dejar rastros dobles

Pon toda tu atención en saber lo que el asesor hace por ti. Organiza a tus consultores. Autorízales para que puedan mantener contactos con algunos de los mejores clientes, pero bloquéales *terminantemente* el acceso a otros. Nada de inhibiciones ni chanchullos, sino franqueza y transparencia. Si tu expediente aparece sobre la mesa en forma de una versión doble, o puede que triple, eso va en contra tuya. Te calificarán de descuidado y gimoteante buscador de empleo y no te tendrán en cuenta. La empresa está obligada a averiguar cuál es el consultor que, sin tu consentimiento, ha vuelto a enviar tu dossier y a quién deben echarle las culpas, se dedicarán a hacerte preguntas y eso siempre resulta embarazoso.

Número 9. Atención a los envíos masivos

Niégate por encima de todo a los que se dedican a hacer envíos masivos de tu expediente. De esos hay algunos especialistas en nuestro gremio: colocan tu historial en el ordenador, inician el e-mail y lo envían *a todas las personas y todos los lugares del mundo.* No me explico que haya consultores que lo hagan. Pierden totalmente el control y, en el mejor de los casos, puede ocurrir que tu expediente vuelva a caer en manos de tu actual patrón. Esto ya lo hemos vivido y te puedo asegurar que el que lo sufrió no se alegró locamente de ello.

Número 10. El que no lo haga pagará, pues es su culpa

Si te haces con un buen asesor, tus oportunidades de empleo crecerán de una forma espectacular. Los buenos consultores disponen de una extensa red que activan en beneficio tuyo. Y además tienen una influencia, que puede llegar a ser considerable, con sus clientes. Su consejo resulta decisivo para la aprobación o el rechazo de un solicitante. Si convences a tu asesor puede hacer mucho por ti y hacer que esté a tu favor para que llegues a alcanzar el empleo de tus sueños. ¡Aprovéchalo, porque vale la pena!

Tratamos de favorecer al que se porta correctamente con nosotros. Quien no nos presta atención o nos menosprecia pierde su parte en el reparto de la abundante y sabrosa tarta de los puestos de trabajo, y eso sólo será por su culpa.

Cuando contratas a un asesor de Personal te añades a su red personal de conocidos y aparecen nuevos nudos en una red total de nuevas conexiones, es decir, te agregas al ciclo total de los conocimientos de todos los asesores de Personal. Ellos no hacen otra cosa que *networking* (es decir, relacionarse). Veámoslo en el próximo capítulo:

RELACIONARSE: LANZAR LAS REDES Y TIRAR DE LOS HILOS

Relacionarse es el arte de conocer a la gente adecuada en el momento adecuado. Sin tener en cuenta los foros de chateo o que seas hijo o hija de un rey, de una estrella de Hollywood o de un multimillonario al que puedas heredar, ¿a cuánta gente conoces? Te sorprenderá saber que a muy poca. Incluso aun cuando conozcas a muchos, verás que no llegan a ser mil. Y si quitas a aquellos de los que sólo sabes el nombre y, quizá, has mantenido con ellos una breve charla, verás que como máximo te quedan unos 100. En toda la vida nosotros, seres mortales normales, sólo nos hemos tropezado con unas 1.000 personas importantes. ¡Y eso como máximo! Así de pequeño es nuestro propio mundo. Verdaderamente pequeño si lo comparamos con los 6.000 millones de personas que hay en este momento sobre la Tierra, y, si no he hecho mal los cálculos, con los 8.000 millones que pueden haber existido a lo largo de nuestra vida, contando a los que han nacido y que han servido para reemplazar a los que han muerto. Tú tienes en la memoria de tu teléfono 500 huecos para rellenar con direcciones y de ellos sólo hay cubiertos unos 100. ¿Lo entiendes?

Pero, y ahora vas a conocer la importancia de navegar por la red, cada uno de esos 100 conoce a otros 100, y eso ya hace 10.000, y con los 100 de cada uno de estos ya llegamos a un millón. Y eso que sólo contamos tres niveles, porque si fueran cinco los niveles llegaríamos a los 10.000 millones, que es un número mayor que el de los habitantes de la Tierra. ¿A que es increíble?

Para constatar la realidad de estas redes existe un experimento impresionante. Debes enviar cartas a lo largo de todo el mundo, pero no por el correo ordinario. Tienes que hacerlo sólo con gente a la que conozcas personalmente. Las cartas llegarán a su destino después de algunos pases de mano en mano. Un ejemplo imaginario: la carta que envía Jodler Peter de Hannover a la Pizzeria Francesco, de Chicago: «Yo conozco a Fred, que salió la semana pasada para Estados Unidos», y Fred: «Pues yo me he tropezado en Nueva York con Sammy, de Chicago», y Sammy: «Yo conozco a Alister, vive en mi mismo distrito», y Alister: «Estoy enamorado de Betty, que vive en la calle Veinte». Y Betty resulta que sabe de Vincenzo, que siempre que va al «Don Quijote» y se come una pizza de Francesco. ¡Así es todo!

Ahora ya sabes lo importante que es el *networking*. Nosotros no somos capaces de abarcar el mundo entero, pero sí estamos tomando la dirección adecuada. Hay personas afortunadas que tienen el don de poder tender sus hilos por todas partes y no dejar nunca que se rompan los más firmes e importantes. ¿Cómo lo hacen? No se trata de acudir a aburridas reuniones e intercambiar un par de palabritas con el señor Superimportante para atraparlo y llegar a pensar, por eso, que tú también eres algo importante. ¡Nada de eso, por Dios! Los pinchos y las copas son, la mayoría de las veces, lo único que vas a conseguir en tales reuniones. Se trata de ver qué puedes hacer para activar *tu* propio círculo de conocidos, para cultivarlo y para ampliarlo con un par de personas importantes. Con esto ya es suficiente en la mayoría de los casos. Navegar por la red es una postura frente a la vida, no una mera estrategia para encontrar trabajo.

¿Qué te beneficia?

Prepara una lista de las personas que conoces: padres, tíos, tías, amigos, compañeros de trabajo, jefes, proveedores, clientes, vecinos, conocidos, antiguos compañeros del colegio, de otros estudios, de las cursos para buscar empleo, amigos de asociaciones, amistades, incluso de profesión o de la empresa... que trabajen o hayan trabajado contigo. ¡Eso es mejor que un banco de datos con función de e-mail y cartas en serie! Y prepara una opinión sobre cada uno de ellos, acerca de quién es realmente valioso e importante para ti. Ya sólo con pensar acerca de ellos se te abrirán unas puertas insospechadas y te darás cuenta de cómo y quién te puede ayudar en caso necesario, y además darte información y consejos.

Esto suena terriblemente prosaico, pero está totalmente orientado a una búsqueda: la de *¿quién puede beneficiarme y enriquecer mi vida?* Nosotros pensamos demasiado poco en eso, y de esa forma se nos va pasando la vida. Reflexiona acerca de cuanto has despreciado en tonterías a lo largo de tu vida en lugar de preocuparte de ser una persona con una vida verdaderamente valiosa.

Una vez que hayas preparado la lista, actualiza tus contactos de forma sistemática orientándote hacia la búsqueda de empleo: telefonear, enviar cartas o e-mails, salir a tomar café o a comer con ellos. Llámales de forma reiterada:

- No a todos de golpe, sino sólo en la medida en que te resulten verdaderamente útiles, en caso contrario no lo hagas. Digamos que a dos o tres por cada día de búsqueda de empleo.

- De forma regular: cada mes, trimestralmente, o una vez al año. Determina el plazo, pues eso resulta muy útil. De lo contrario acabarás por olvidarte de tu tía Valentina, y eso es malo, pues ella ha conocido en su torneo de bridge al fabulosamente rico jeque de Brunei.

- Dirige preguntas concretas, no te limites a un mero: «Hola, tiíta, ¿cómo te va? Me gustaría que me llamaras alguna vez!» porque eso no dice nada. Mejor así: «Oye, tía Valentina, estoy buscando un nuevo trabajo y ya que tú conoces a ese jeque: ¿No podrías hablarle de mí? Yo te hago llegar mi historial, por lo menos nos vemos para cenar y de esa forma podemos saludarnos otra vez» (nada de hablarle de su incipiente barba). En general, a la gente le gusta hacer favores a los demás. Te sientes necesario, útil y beneficioso.

- ¡Decídete si vas a volver a llamar para preguntar por el torneo de bridge!

- Hazlo hoy si lo necesitas con urgencia. Es mucho más divertido y te enriquece la vida. A lo mejor consigues que el jeque te haga su heredero universal si eres cariñoso con él.

¿Quién te beneficia?

Las relaciones que no benefician a ambas partes por igual se pueden interrumpir bastante rápido. Es muy poco romántico, pero los seres humanos somos así de miserablemente calculadores. Por eso, tú sólo debes entablar relaciones en las que estés, al menos, miserablemente interesado. Por ello sólo se podrían mantener las relaciones en las que tú aportaras

10/02/2018

Item(s) Checked Out

TITLE   Busque empleo con e?
BARCODE   33029096067012
DUE DATE   **10-23-18**

Terminal #   24

lo mismo que recibes a cambio. Por suerte esto también significa: los babosos siempre se quedan atascados al arrastrase en su propia baba.

Por eso no debes hacerte ilusiones de que el jeque de Brunei esté interesado en ti. Él sólo está encaprichado con tu tía Valentina y su sorprendente barba. Si no le ofreces a alguien como tu tía, o algo parecido, ya puedes irte olvidando. También puedes reflexionar sobre quién te aporta algo y cuya vida te puede enriquecer. Si tienes algo que ofrecer, ofrécelo. Para que se puedan mantener en el tiempo, las buenas relaciones deben ser *siempre simétricas*. Los navegadores de la red que tienen más éxito las reparten a manos llenas: favores, agradecimiento, elogios, risas, informaciones, reconocimiento, simpatía, intereses, tiempo, algunas pequeñas ayudas, invitaciones y, como colofón, a veces también cosas materiales o dinero, y todo ello sin congraciarse. Por ello yo soy algo escéptico con respecto a estos libros de «éxito en las relaciones», que pretenden explicarte cómo puedes acceder al señor y la señora Inalcanzable. No hagas de ello ni una lucha ni una ciencia, y no permitas que te vean como un baboso. Sal de tu red personal, y eso ya te va a costar mucho. Tendrás mucho que hacer.

Poder decir no y definirse unos límites

Tu tiempo es extremadamente valioso. Por eso debes decir rotundamente NO a los contactos que te pongan nervioso y te aburran. Define unos límites. Eso suena muy fuerte, pero sirve también para el tiempo de los demás, que se equivocan al hablar de ti ya que no tienes ningún interés en conservarlos. ¿Para qué vas a perder tu tiempo y el de los demás? Abandona los malos contactos que no aportan nada a sus implicados. Eso, en principio, puede parecer duro, pero en algún momento las cosas se arreglarán y ninguno de esos interesados te habrá aportado nada.

Aprender a conocer lo que todavía no conoces

Aquí la cosa se pone difícil. Yo he conseguido la mayoría de mis valiosos nuevos contactos a través de conocidos. Quien ha realizado algo con conocidos, aprende a saber con cuál de ellos puede seguir realizando actividades y a su vez conocer a las personas que le rodean. Y así es como funciona el juego de la avalancha.

Pero esto no se puede hacer con prisas, necesita de un tiempo, es un proceso, una postura vital. Limítate a hacerlo y deja que la vida siga su curso.

Todo irá saliendo. Yo tengo establecido gran parte de mi negocio en mi restaurante habitual. Escribo esto aunque han tratado de disuadirme que lo haga a causa de la mala impresión que pueda causar, pero es cierto: allí es justamente donde he aprendido a conocer a mucha gente importante, pues es en ese local donde la mayoría de los jefes de Recursos Humanos y los *freak* de la tecnología informática ponen fin a su jornada laboral. Yo no quiero decir, naturalmente, que aquello sea como una tasca que se haya revelado como el notorio paraíso de las cogorzas donde los susodichos personajes vienen a empinar el codo hasta caer rodando debajo de la mesa.

Relacionarse por internet

Internet es la solución más moderna para relacionarse. Quien tenga un problema puede tener la absoluta seguridad de encontrar en internet un foro de discusión o un *newsgroup* que se ocupa exactamente de lo que a él le preocupa. Los buenos *newsgroups* son una mina para obtener información, intercambiar experiencias e iniciar contactos, además de para hablar de todos los problemas acerca de la educación de los perritos de mi vecina. Si no lo has hecho, debes probarlo de inmediato, porque merece la pena.

Todo lo demás que puedes hacer

Aquí encontrarás una panorámica no exhaustiva de ideas comentadas, que han sido recopiladas por los participantes en nuestros seminarios a base de los más variados *brainstormings* o *tormentas de ideas* sobre el tema *networking*.

¿Dónde y cómo aprendo a conocer a la gente más importante?

- Regístrate en una o dos asociaciones (deportivas, musicales, etc.) y...
- ... y activa el trato con los socios.
- El efecto de la avalancha de ideas: de cada conocido consigue obtener otros dos más: «¿No conoces a alguien que pueda ayudarme para...?».
- Afíliate a grupos con comunidad de intereses: asociaciones económicas, profesionales, gremiales, rotarios, comunidades...
- Contacta con sindicatos y grupos sociales.
- Parientes, amigos, conocidos...
- Antiguos clientes y proveedores...

- Antiguos colegas de trabajo, jefes, empleados...
- Reanuda las relaciones con compañeros de escuela, estudios o cursillos.
- Vuelve a organizar alguna fantástica fiesta.
- Pon en funcionamiento círculos de amistades que hubieran quedado un poco olvidados.
- Activa a tus agentes de banca y finanzas.
- Asiste a inauguraciones, exposiciones y cócteles.
- Asiste a cursos, seminarios y talleres. Véase en la página 252 el informe acerca de la experiencia de nuestro inmunólogo veterinario que asistió a nuestro curso por estar en el arroyo y ahora está colocado.
- Asistencia intensiva a bares y lugares de diversión.

¿Cómo me doy a conocer?

- Escribe artículos, publica cosas. Uno de los participantes a nuestros seminarios ha conseguido así un magnífico trabajo: a partir de un proyecto sobre el desempleo en el extranjero, ha redactado una serie de informes que han sido muy leídos, y eso le ha valido un contrato.
- Presenta ponencias y conferencias.
- Escribe libros.
- Organiza tus propios cursos y seminarios, aunque sean cursos de baile, sobre cosas que no conozca cualquiera.
- Páginas web en internet que sean propias, vivaces y útiles.

¿Cómo me hago con la información?

- Utiliza internet.
- Buscadores como Google, Altavista, Yahoo!...
- Boletines de empleo, impresos y por internet.
- Guías telefónicas, aunque son poco prácticas.
- Informes de sindicatos, Páginas Amarillas, registros comerciales.
- Bancos de datos y similares.
- Cualquier tipo de directorios de socios.
- Indagar en catálogos de ferias y exposiciones, acudir a esos eventos.
- Leer registros comerciales, prensa económica, publicaciones comerciales.
- Consejeros profesionales, centros de información profesional.
- Boletines estatales.

Incrementa tu círculo de solicitudes y puestos de trabajo

- Dirige solicitudes a todo el mundo.
- Recurre a agencias de trabajo temporal y asesores de Personal
- Contesta a anuncios en clave y publica tus propios anuncios.
- Contacta con firmas de recolocación de personal.
- Ponte en contacto con intermediarios de gestión del tiempo.
- Escribe a los *pools* de solicitud de empleo de las grandes empresas...
- ... y a los servicios de abonados en internet.
- Frecuenta *newsgroups* de internet, pues constituyen un gigantesco depósito de relaciones.

Busca actividades en la red

- Practica el marketing telefónico. Es decir, ¡llama por teléfono!
- Búscate encargos y hazte autónomo.
- Acepta trabajos provisionales que te resulten personalmente dignos.
- Amplia tus posibilidades de movilidad geográfica (véase página 250).
- Haz que tus aficiones se transformen en profesión: guía de montaña, monitor de buceo, profesor de baile, modelo... ¿Qué te parece la idea?
- Incorpórate a una organización de ayuda.
- Acepta cargos honoríficos, participa en el comité organizador o en asociaciones.
- Visita los locales adecuados.
- Organiza tus propias reuniones.
- No pares ni un momento en casa.

Toma, de entre todas éstas, las ideas que te parecen más factibles y actúa en consecuencia. ¡No se pierde nada y resulta divertido!

Ahora ya lo tenemos todo junto: la solicitud, el historial, los informes y el puesto adecuado. Ahora te vamos a presentar un resumen de los actos buenos y de los malos pecados. Si has hecho todo de una forma seria, el resultado será repentino: te llegará una invitación para una entrevista personal de trabajo. ¡Horror, terror y pavor! Lo has conseguido pero, y ahora, ¿qué?

«DEBES» Y «NO DEBES»

Un director de ventas que se había preparado un plan diario de búsqueda de empleo, me decía, muy convencido: «Yo no quería hacer nada sin antes haber cubierto mi objetivo diario, pero una vez conseguido, peleaba por conseguir buena gratificación». Él debe agradecérselo, en su mayoría, a estos «DEBES». Y naturalmente, en poco tiempo encontró un empleo.

«DEBES»

- Leer los boletines de información sobre empleos y las secciones de economía de dos diarios locales y de al menos uno de ámbito nacional (leerlos de arriba a abajo). ¡Allí, más que en ningún otro sitio, encontrarás empresas, direcciones de contacto e ideas!

- Dedicar una hora diaria a investigar por internet: bancos de datos de empleos, páginas web de las empresas, asociaciones gremiales, instituciones. ¡Puedes navegar por toda una eternidad!

- Apuntarte en todos los posibles servicios de abonados y, si los resultados no son fructíferos, borrarte inmediatamente.

- Analizar cualquier posible trabajo de acuerdo con los criterios N-O-D; enviar solicitudes adecuadas; hacerse con la persona de contacto y, eventualmente, enviar tu historial. Y luego, ¡a ver qué pasa!

- Relaciones-1. Cada día contactar con una empresa objetivo: llamada, carta, e-mail.

«NO DEBES»

- Leer sólo la que se refiere a tu presunta *propia* área de trabajo, o hacer trampas con planteamientos del tipo *Yo-de-Economía-no-sé-nada* o con actitudes como *Ya-ves-que-no-hay-nada*, después de hojearlos rápidamente.

- «Internet sólo sirve para *freaks* de la tecnología, no para mí. Además ahí hay demasiadas cosas» o «De todas formas, como los ordenadores son tontos...».

- No hacer de salida casi ningún intento o, si no viene nada, condenar a la vergüenza a los estúpidos robots buscadores.

- Enviar para cualquier trabajo una carta estándar con un currículum estándar y, siempre que se pueda, dirigido a un *Muy señor mío*.

- «¡Bah, esto no vale nada!» o «Mejor lo dejo para mañana».

«DEBES» Y «NO DEBES» *(cont.)*

- Relaciones-2. Cada día establecer contacto con una o dos personas valiosas y preguntar algo en concreto, quedar y actuar.
- Relaciones-3. Llamar una vez por semana al consultor de Personal.
- Enviar cada semana, al menos, dos solicitudes sustancialmente adecuadas y de buen aspecto.

- Aplazar por tiempo indeterminado las relaciones y los contactos sociales: «Lo mejor es estar solo en casa. Las personas son idiotas».
- Esperar sentado y estar siempre enfadado porque no te contestan.
- Preparar miles de argumentos en contra de cualquier posible trabajo y así dejarlo correr.

LA ENTREVISTA DE TRABAJO

ENTREVISTA DE TRABAJO: NO HAY PROBLEMA

¡Desde una visión de horror hasta una historia con final feliz! Para muchas personas, la entrevista de trabajo es una película de terror con toda clase de chismorreos acerca de gente de Recursos Humanos de dientes chirriantes, moral equívoca, humor de boxeador y mirada fisgona. Ocurre que los muchachos de Personal provocan más miedo a algunos que el que siente mi hija ante Jack el Destripador o Leonardo di Caprio.

Sin embargo, lo que ocurre es lo siguiente: ¡Si tu solicitud da lugar a una llamada para una entrevista personal, ya te puedes felicitar, eso quiere decir que te has colocado entre los cinco primeros! Ahora se trata sólo de venderte bien para llegar a ser el *number one*.

Y para eso te vamos a entrenar ahora. En este capítulo vas a encontrar lo siguiente:

- Lo que realmente te espera.
- Cómo se pregunta con astucia: pequeña introducción a la técnica de la entrevista. Cuando lo hayas leído podrás ser como un individuo de Recursos Humanos.
- Cómo actúa el *primacy effect* o *primera impresión*.
- Qué pregunta la gente de Personal: a preguntas espinosas, respuestas convincentes.
- Cómo se habla del sueldo.

- ○ Qué es lo que tu cuerpo dice acerca de ti, cómo sirve tu cuerpo de mensajero de tu vitalidad, cómo funciona el juego, etc.
- ○ Desde los prolegómenos hasta el apretón de manos: el diablo está en cualquier detalle.
- ○ Qué se puede hacer contra el exceso de nerviosismo.

LO QUE REALMENTE TE ESPERA

El guión clásico de las entrevistas de trabajo tiene muchas fases, la mayoría de las cuales se puede ir superando perfectamente, una tras otra, pero que también se pueden solapar unas dentro de otras. Es importante que sepas lo que te espera y así todo te resultará más fácil y diáfano.

Así van las fases:

1. La fase de calentamiento y cháchara

Entras por la puerta, te estrechan la mano y, juntos, ya vais entrando un poquito en calor, como el gimnasta en sus primeros y suaves ejercicios de entrenamiento. Un poco de palique acerca de naderías e insignificancias: el tiempo, el viaje para llegar hasta allí, la decoración de la oficina..., en fin, lo que todos sabemos.

¡No pienses que te puedes ahorrar esta parte! Es como la costumbre que tienen los perros de olfatearse, sólo que más discreta: queremos descubrir qué es lo que hay al otro lado de la mesa y que puede resultarnos fundamental. Para eso lo mejor es una charleta sin importancia.

En esta fase aparece lo que cada uno puede comunicar, si está relajado o tenso, si es comunicativo o reservado, si es un bocazas o agua silenciosa e insondable. El que aquí no aparezca relajado, se calificará a sí mismo como extravagante, neurótico de la comunicación, arrogante, seco o tímido.

De dos a cinco minutos después ya se rompe el hechizo. Si no ocurre así, debes señalar de forma paulatina que quieres ir al grano, mientras das siempre las respuestas más sucintas y, sobre todo, muéstrate impaciente. Eso funciona. Y entonces, si el de Personal es un profesional, llega la...

2. Breve fase de planificación de la entrevista

Los profesionales de Recursos Humanos explican durante cuánto tiempo y en qué orden vais a hablar y si estás de acuerdo con eso. Ahora es cuando debes decir eso de: «¡Oh, sí, estupendo, así es como también lo quería hacer yo!», a no ser que quieras que desde el principio ya te condenen por sabelotodo y amigo de pleitos. Eso si antes no deseas completar algo que sea importante y se te pueda haber olvidado, como puede ser la descripción del puesto de trabajo o alguna bagatela por el estilo. De esa forma mostrarás independencia y que tienes visión de conjunto. Y ahora, la mayoría de las veces la cosa seguirá como se muestra a continuación:

3. Presentación de la empresa

A base de entregarte hojas, transparencias o resplandecientes carpetas de colores te mostrarán lo que cabe esperar de tu fantástico patrón. Es una buena ocasión para ti, no sólo de reunir información y los matices más importantes, sino que, a base de «contrapreguntas» y comentarios bien realizados, te puedes perfilar como el candidato más informado, interesado y mejor preparado; algo así:

«Ya he oído hablar hace poco de su producto Espumín, debe ser increíblemente bueno» o «Le acabo de echar un vistazo a su informe económico anual. ¿Podemos comentar un par de detalles?».

Esto funciona. El hombre de Personal comprueba que eres un tipo espabilado y que estás al día. Pero no extremes las cosas mientras veas que llevas las riendas de la entrevista.

La fase de presentación a menudo se da después de las fases 4 y 5, con lo que aún no sabrás demasiado y durante la entrevista podrás ir *siguiéndole la pista*. Y ahora viene lo que suele ser importante:

4.1. Tu currículum

Este capítulo arranca la mayoría de las veces así: «Bueno, pues ya que nos hemos presentado, ¿puede contarme a qué se ha dedicado?» o «¿Puede hacerme un resumen de su carrera profesional?», o alguna cosa del mismo estilo. Se trata, al fin y al cabo, de hablar y poder mostrarte preciso, conciso y consistente. No te pierdas soltando nimiedades como:

«Nací en el seno de una humilde familia de campesinos en Sigüenza, mi padre y mi abuelo eran campesinos. Además mi padre era apicultor y yo pensaba por aquel entonces que de niño me iban a picar una docena de avispas y que no me iba a ir aquello...»

Es importante que tu vida tenga un *sentido*, que tus pasos sean lógicos y coherentes y que, de alguna forma, todo resulte relacionado. ¡Lo puedes practicar! Si aquí fallas en tu objetivo tienes una ventaja: la conversación no durará mucho y acabará de una forma cortés y ligera. Si no has fallado puedes entrar en detalles.

4.2. Entrevista

Ahora la gente de Personal te va a bombardear a preguntas (puedes ver la página 161). Interesan los detalles de tus anteriores empleos y tus conocimientos especializados, pero también les interesa saber de tu personalidad, tus planes profesionales, tu visión de conjunto, tu entorno social, tú como persona particular, etc. Si quieres saber sobre las entrevistas dirígete a la página 154, al capítulo dedicado a la técnica de preguntar. No tengas ningún miedo en insistir si no has entendido alguna de las preguntas. Pero no así: «¿Me podría repetir la pregunta, creo que no la he entendido bien?», pues esto equivale a decir «¡Porque soy idiota!, y eso constituye un filtro. No, debes decir: «¿Qué es lo que ha querido decir exactamente? o ¿Cómo debo interpretar exactamente su pregunta?, o algo de ese tipo. Entonces el tonto será el otro por no haber sido claro en su pregunta.

No seas quisquilloso si encuentras que alguna pregunta no es precisamente de tu gusto. Si te ofendes estarás perdido. A lo mejor esa pregunta es una especie de test para ver cómo reaccionas durante la conversación al enfrentarte a una situación comprometida. ¡Es mejor que te muerdas la lengua!

5. El empleo y tus obligaciones

Si todavía está interesado en ti, ahora es cuando le toca el turno al individuo de Recursos Humanos. Si no le interesas, esta fase suele ser muy corta, o no existir y se llega directamente al capítulo de las despedidas. Ahora todo gira alrededor del empleo, del detalle de tus obligaciones, de todo el tinglado acerca de la organización, las expectativas, los objetivos...

No te crees ningún tipo de falsos complejos: debes intervenir y preguntar. La mayoría de las personas (de Recursos Humanos) prefieren mantener una discusión animada mejor que un largo monólogo. Y además, si llegas a hacerte con el empleo, te enterarás de cosas importantes para tu vida futura. Y te apuntarás muchos refuerzos si movilizas y pones en juego tus experiencias profesionales:

«¡Es magnífico eso de organizar una feria! Ya tuve ocasión de hacerlo para XXX y saqué totalmente adelante la feria de Torrelaguna. Fue muy divertido y aquello marchó estupendamente.» O bien, en otro contexto: «Nosotros hemos dejado fuera de la obra los elementos de sujeción que utiliza la competencia porque adolecieron de algunos inconvenientes graves».

Seguramente, al final de esta parte también llegan las preguntas, si es que todavía te queda alguna. Aquí debes callarte todo lo posible y mirar al techo con cara de tonto para hacer notar que ha llegado el final. ¡Por supuesto que no! En serio: ¡Siempre hay algo que preguntar! Pero no hagas preguntas como: ¿Cómo funciona lo de las vacaciones en esta empresa? o ¿Cuáles son las prestaciones sociales que conceden? Esto sólo sirve de indicador de las cosas que tú valoras, y es un filtro total. Puedes ver detalles en la página 174.

6. Eres el adecuado o el equivocado

De alguna forma, en esta última discusión ya se ha contestado a la pregunta básica: «¿Puede ser o no? ¿Eres el adecuado? ¿Encaja tu perfil en los requerimientos exigidos?» Yo he presenciado entrevistas donde se planteaba directamente la pregunta: «Usted ya ha escuchado todo lo que hay acerca de la empresa. ¿Qué piensa: qué es lo que puede hacer, qué es lo que no y dónde quiere ganar terreno? Déme tres motivos por los que nosotros, ahora mismo, debiéramos contratarle.

Nada de nervios: es una magnífica oportunidad para mostrar lo que se oculta dentro de tu persona. Empieza por lo que no supone ningún problema y haz uso de fulminantes ejemplos a modo de refuerzo. Explica también, de forma muy precisa, lo que no puedes hacer. Esto es síntoma de una saludable autoevaluación y capacidad de crítica. Cuanto más irrelevante sea lo que te falta para el empleo, menos servirá de filtro. Sin embargo, si no dominas las tareas fundamentales del trabajo, no te pases mucho tiempo diciendo mentirijillas. De lo contrario no llegarás a ser feliz en el empleo.

7. El contrato y las condiciones

Y ahora, ya al final y normalmente después de dos o tres entrevistas, se llega a los detalles acerca de un posible contrato. Seguramente, en ese momento se tratará también del sueldo. Quédate tranquilo y no cometas ningún error, como suele hacer la mayoría. En la página 177 te mostramos lo sencilla que puede resultar la negociación del salario.

8. Para terminar, un acuerdo claro

En algún momento llega la hora de despedirse. Pero no sencillamente: «Bueno, pues ya nos veremos. ¡Mucho gusto y adiós!», sino con un claro acuerdo en el bolsillo. Quién va llamar a quién, qué se va a hacer hasta que eso llegue, por ejemplo, envío de documentación, remisión del esquema del contrato, etc. Y todo eso antes de llegar al *adiós*. No tengas ningún reparo en insistir acerca de un acuerdo claro y preciso. En primer lugar, te cualificará como persona que sabe dónde quiere llegar. En segundo lugar, le haces adquirir una obligación al individuo de Personal, y en tercer lugar, que no quede la entrevista en mero papel mojado, sino que dé lugar a un resultado concreto.

Bueno, pues eso es lo que hay. Naturalmente las fases se confunden unas con otras, si participas en dos entrevistas verás que hay diferencias entre una y otra, pero en lo sustancial las cosas son así y no hay más. ¡Nosotros, la gente de Recursos Humanos, no tenemos nada más que ofrecer! ¿No te resulta tranquilizador? ¡Prepáratelo y ya no hay más historias!

CÓMO HACERTE OÍR

Un breve cursillo sobre la técnica de hacer preguntas: ¡El que pregunta correctamente obtiene respuestas correctas! Hay gente que no consigue mantener correctamente una conversación. Ellos piensan que los demás no son comunicativos. No han aprendido el truco de cómo consiguen comunicarse las personas, o te largan siempre el mismo rollo pleno de bobadas.

¿Qué hacemos los profesionales en las entrevistas de trabajo? ¿Cuáles son nuestros trucos para conseguir comunicarnos? Eso radica en las preguntas, es así de sencillo. Aquí vas a encontrar las principales informaciones acerca de la técnica de preguntar. Cuando la domines conseguirás lo que quieras de cualquiera, incluso que te revele el número secreto de su tarjeta de crédito.

1. Preguntas cerradas o preguntas sí/no

Las preguntas que realmente exigen una brevísima respuesta, o que basta decir «sí» o «no» para responderlas, son las que se denominan preguntas *cerradas*. Es una expresión correcta porque el que contesta se queda encerrado, y se calla por no saber qué hacer después, por ejemplo:

¿Se ha levantado usted esta mañana? ¿Se llama usted Elías Pérez? ¿Ha cumplido usted x años? ¿Cómo se llama su hija? ¿Qué número de zapato calza?

Con estas preguntas la conversación se extingue y *muere* a los 5 minutos. Una subespecie peligrosa son las...

2. Preguntas sugerentes

En ellas la respuesta subyace a la pregunta:

¿Tiene usted experiencia en el sector de las ventas? ¿Es cierto que es usted un entendido en el mantenimiento de esta impresora? Ya lo he leído en su historial, pero ¿es correcto afirmar que ha tenido durante dos años una buena experiencia como fontanero?

En ellas se puede contar algo más, pero sólo sirven para confirmar lo que quiere oír nuestro interrogador. Son peligrosas, entre otros, para el que pregunta, pues no se entera de lo que tú le dices, sino exclusivamente de lo que él mismo desea escuchar. Esta forma de preguntar causa estragos entre la gente inexperta de Personal. ¡Por eso cometen tantos fallos con los empleos! Y una entrevista nunca se empieza así.

3. Preguntas abiertas, para caldear la conversación

Las preguntas abiertas exigen más. Se abren al que contesta y él *debe* contar algo. La mayoría empiezan por «¿qué?», «¿por qué?» o «¿cómo?», y son una sencilla invitación a hablar:

¿Qué ha hecho usted ayer a lo largo del día? ¿Por qué ha solicitado este trabajo? ¿Cómo ve usted el conflicto palestino-israelí?

¿No es verdad que sólo con leerlas se nota cómo arranca el motor de tu razonamiento? Haz esta prueba: ¡Atosiga a alguien con diez preguntas de las de tipo cerrado! La conversación *no* se iniciará. Os encontraréis mutuamente aburridos y la situación llegará a ser muy, pero que muy, penosa. Pero antes de que eso ocurra, haz a tu interlocutor una pregunta abierta y todo empezará a burbujear de nuevo. ¡Así es como funciona todo!

Ésta es una clasificación de acuerdo con la forma de las preguntas: abiertas, cerradas y sugerentes. Hay todavía una astuta subdivisión en *cuanto al contenido*, y es muy instructiva:

1. Preguntas sobre hechos e informaciones

Son sencillas preguntas acerca de hechos:

¿Cuándo ha nacido usted? ¿Cómo se llama? ¿Qué número de zapato usa? ¿En qué años cursó sus estudios?

Estas preguntas son más bien abiertas: en cuanto aparece la información, la conversación se interrumpe.

2. Preguntas para narrar

Son una clara invitación para contar cualquier cosa con todo detalle, algo así como:

Cuénteme algo acerca de su último empleo. ¿Cómo le fue cuando hizo senderismo por el desierto del Gobi?

Contestar con: «¡Bien!» no es, en principio, lo mejor: están hechas para que te explayes; lo que se quiere comprobar con ellas es tu capacidad para hablar de cualquier cosa.

3. Preguntas de apreciación

Son preguntas acerca de tu opinión y para saber si esa opinión es realmente tuya:

¿Qué piensa sobre el jefe del gobierno y el de la oposición, o sobre Fidel Castro? ¿Le gustan los programas televisivos de cotilleo? ¿Qué le parece que aparezcan tantas muertes cada noche por la televisión? ¿Cree que habría que encerrar en un zoo a los principales dirigentes mundiales?

4. Preguntas de valoración

Estas preguntas están orientadas al futuro y tienden a buscar la forma en que tú valoras la posible evolución del mundo:

¿Cómo va a influir internet en la sociedad? ¿Cómo ve a España dentro de 20 años? ¿Piensa que la ampliación de la Unión Europea puede influir en la economía de la industria nacional del aceite de oliva?

Una respuesta del tipo: «No tengo ni idea, no me he parado a pensarlo porque no sé nada de eso», te etiqueta como una persona de ideas claras y un crítico pensador social. Bueno, ahora en serio: de salida di lo que piensas. Evita las posiciones extremistas a no ser que estés seguro de que van a ser bien recibidas; además, según mi opinión, deberías pensar si esas posiciones extremistas pueden resultar acertadas.

5. Preguntas de acción

Estas preguntas son del tipo *¿Qué-haría-usted-en-tal-situación?* Y se dirigen a tu capacidad para resolver problemas de forma espontánea. Puedes responder en plan dubitativo: «Bueno, puessss veamossss..., me lo tendría que pensar» o «¿Es de verdad un problema?» Y más aún: rascarte la cabeza o frotarte suavemente la barbilla tiene un efecto de extremada e inteligente creatividad. En lo posible ofrece soluciones precisas y bien estructuradas. Aquí mostrarás si eres un pensador rápido o lento, una persona analítica o caótica, conservador o progresista, una persona-solución o una persona-problema. No tengas miedo porque tu respuesta no quede perfecta. Lo que se busca no es la solución definitiva del problema, sino tu capacidad para demostrar que sabes enfrentarte a ese problema.

Aquí también aparecerá si eres un luchador solitario o un hombre/mujer de equipo. Si de una forma espontánea incluyes a tus colaboradores dentro de tus planes, si delegas funciones y otorgas misiones y si tu anunciada capacidad de trabajar en equipo es digna de crédito.

6. Preguntas de provocación

Apenas precisan explicación, ¿verdad? Veamos estos siniestros ejemplos:

Para mujeres: ¿Cuándo quiere usted quedarse embarazada? o ¿a que no tiene nada en contra de hacerse cargo de la máquina del café? (Ésta es sugerente y provocadora.) O para personas de color: ¿de qué tribu es usted realmente? O para mahometanos: ¿en qué dirección está la Meca? o ¿ha tejido su alfombra usted mismo?

Estas preguntas son poco elegantes, pero tienen un sentido total para la gente que va a tener mando siempre que no sean tan retorcidas como éstas mías. Quien reaccione aquí con un estilo quisquilloso y carente de superioridad, se califica a sí mismo como el paladín de las viudas y los huérfanos, como Robin Hood, en permanente pose de luchador contra las injusticias de este mundo y, además, lleno de miedo a ser tratado de infame. Lo peor son preguntas como: ¿Por qué esta usted todavía sin trabajo? ¿Por qué ha fracasado en el proyecto ABC? O usted ganaba demasiado, ¿por qué motivo? ¿Tan malos son sus informes que realmente ha tenido casi que tirarlos?

Contraataca de forma acertada, quédate tranquilo y mantén tu superioridad, no te enfades demasiado y no reacciones como un peleador con manía persecutoria. Probablemente te estén examinando de esa forma tan extremadamente brutal para ver si estás a la altura de tales situaciones provocadoras. Si no lo estás es señal de que esa empresa no es la adecuada para ti.

7. Preguntas sin respuestas

Con intenciones similares, es muy frecuente que a los directivos se les hagan preguntas de las que, sencillamente, ignoran totalmente la respuesta:

¿Qué opinión tiene sobre el ministro del Interior de Bhutan? ¿Cuál puede ser la altura máxima del agua en el pantano de Entrepeñas

durante un día de otoño? ¿Me puede explicar cómo funciona un burgundofo?

Esto sirve para hacerte ver que ignoras ciertas cosas y tienes puntos flacos, pero también cómo puedes esquivarlos. Verán si mantienes las manos frías y sin sudar, o si empiezas a tartamudear o a morder el borde de la mesa y, finalmente, acabas soltando cualquier respuesta banal. Es un test acerca de la seguridad en ti mismo. No hay motivo para el pánico. A propósito, contesta sencillamente: «Lo siento, pero no lo sé. Podría enterarme pero ¿es necesario para el trabajo?»

Entre tanto se me ocurre una...

Una pequeña digresión filosófica...

En nuestro tiempo el saber aumenta de una forma espectacular. Nunca jamás ha tenido la humanidad tantos conocimientos (por lo menos todos juntos). Pero lo que sabemos cada uno de nosotros por separado es cada vez menos. Objetivamente, el saber ha crecido enormemente; subjetivamente, es cada vez más pequeño, si se mide en relación al conocimiento global.

Esto nos provoca, a veces, la sensación de no tener ni idea de nada. Y, desgraciadamente, cada vez suele ser más cierto. Y vemos que en toda nuestra vida lo que hemos aprendido estudiando se ha quedado reducido a la mitad al cabo de cinco años. Pero eso nos da la tranquilidad de que nosotros no tenemos necesidad de saberlo absolutamente todo, porque nadie lo sabe más que de una forma parcial. El erróneo rendimiento de nuestros gestores durante los últimos años lo demuestra. Yo pienso que incluso el buen Dios ha hecho un cierto esfuerzo para no organizar un caos. Hagamos nosotros, seres humanos, lo mismo frente a ese gigantesco conocimiento a fin de mantener el cerebro de las personas en su elevada posición. No es malo, sino tranquilizador, creerlo así.

Se dice también que hoy todo está orientado hacia la competencia y eso hace olvidar la incompetencia y nos obliga a fingir. El equilibrio entre competencia e incompetencia es lo que cuenta. Nosotros disponemos ante todo de los mejores gestores e informáticos. Nunca se ha dado entre tanto directivo tantos fracasos empresariales y tan enormes fallos de estimación como los surgidos en los últimos años. Los gestores siempre parecen dominarlo todo y saber muy bien dónde van. ¡Pero no lo saben! ¿Cómo puede ser?

Una mirada crítica a sus trajes de marca y sus corbatas de seda, a sus perfectas presentaciones y su charla elocuente salpicada con muchos términos profesionales, y ya todo queda claro: ¡Él lo sabe todo, y yo no sé nada! De esa forma puede jugar mejor a ser el sabelotodo universal, tanto que él mismo se lo llega a creer. No se trata de difundir un cliché manoseado, sino de una clara advertencia para los que han llegado a tener tan buena acogida: todo radica en su fuerza de convicción y no en sus capacidades, en su confianza en sí mismos y en sus asuntos y no en sus cientos de diplomas, en su coraje y su capacidad para entusiasmarse y no sólo en su inteligencia y su autoconfianza, a pesar de todas sus lagunas y deficiencias humanas.

Y dicho esto de paso, volvamos a la técnica de las preguntas: preguntas de valoración, de evaluación, de acción y de provocación sólo se suelen plantear la mayoría de las veces a los mandos profesionales y los cuadros, pero a ellos se les plantearán con toda seguridad. ¡Entre el resto de los mortales no debe cundir el pánico, pero, para que no te pille a traición debes prepararte con anterioridad! Piensa acerca de cuáles son los denominados factores críticos del éxito para un determinado puesto, y piénsalo *antes* por si fuera preciso dominarlos. Si no se te ocurre nada es que no eres la persona adecuada para ese puesto.

Bueno, ahora ya casi eres un/a especialista en estos temas, porque ya no hay que hacer mucho más en una buena entrevista. ¡Así se aprende a conocer a las personas! Por lo demás, tal y como haya actuado el individuo de Personal contigo, debes actuar también tú frente a él: pregúntales acerca de la empresa, los jefes, el clima laboral, la política de personal, etc. Pregúntale de forma correcta y te enterarás de todo. Esto sirve también para todas las cosas de la vida: para telefonear, hablar con tus hijos, con tu pareja, con los colaboradores, con tus ligues, tus terapias, para comprar, en tu peña de amigos o donde quiera que sea. ¡Pruébalo y verás que funciona!

LAS ETERNAMENTE REPETIDAS PREGUNTAS DE LOS DE PERSONAL

Fundamentos

La gente de Personal son sólo personas, tienen sus limitaciones y carecen de imaginación (esto lo puedo decir porque yo mismo soy uno de ellos). Por eso siempre acaban preguntando lo mismo, y para eso tú debes llevarte ya preparadas las respuestas:

- Preguntas básicas acerca de tu personalidad, tu motivación y tu autoevaluación.
- Preguntas acerca de tu cualificación profesional.
- Preguntas sobre tu capacidad de liderazgo.
- Preguntas espinosas sobre el desempleo dirigidas a mujeres y personas maduras.
- Y cualquier otra pregunta espinosa.

Las personas de Recursos Humanos tienen una sola misión: ellos aprenden a valorar si tú eres el adecuado para la empresa y el puesto de trabajo. No les mueve ningún otro motivo. Ésta es la pregunta principal a la que tú debes responder: ¿Díganos precisamente por qué debemos contratarle?

Si se conoce esta pregunta básica y las que pueden ir incorporadas subyacentes a ella, se deben llevar preparadas. Con eso se lleva todo bien atado y no hay motivos para sentirse nervioso porque dispondrás de una buena contestación para cualquier cosa.

La mayoría de las personas pueden sentirse nerviosas o muy nerviosas cuando se enfrentan a una entrevista, sobre todo porque no saben exactamente qué es lo que les espera. Sienten angustia ante las preguntas capciosas, las trampas, quedarse en blanco, a su propio nerviosismo. Pero no debes tener ningún miedo: las personas de Recursos Humanos no se pueden mostrar especialmente originales porque el tema siempre es el mismo. Por eso sólo te pueden plantear una serie muy limitada de preguntas. Verás que son unas 30 en total.

Ahora te vamos a presentar las *temidas* preguntas que dirigen los de Personal. ¡No hay más! Prepárate esas preguntas, y preparar quiere decir: «¡*Antes* de que lleguen!». Te hundirás si durante la entrevista no tienes nada inteligente que decir. Entonces es cuando aparecen las manos frías, la vista dirigida al techo y la cara roja, y la carrera ya está en marcha. En nuestros cursos hacemos prácticas sobre entrevistas de trabajo y te lo puedo decir: «Casi todos aparecen asustados y se quedan sin habla en el primer ejercicio práctico, pues notan que no lo llevan preparado. Son muy pocos los que pasan esta extraordinaria situación de estrés con superioridad y sintiéndose los amos del cotarro: son los que lo han preparado. ¡Así que hazlo!

Preguntas sobre el currículum y la competencia profesional

Tus calificaciones profesionales son tan buenas como irrebatibles, en caso contrario no te hubieran llamado. Sin embargo, tendrás que contar algo sobre ellas, sobre todo al comienzo de la entrevista. Se referirán a tu currículum, tu formación y tus empleos anteriores, dicho de otra forma, sobre tu saber, tus posibilidades y tu experiencia. Por eso siempre preguntamos algo así como:

- ¿Qué nos puede contar acerca de su anterior empleo en lo que se refiere a su formación profesional?
- ¿Por qué se ha decantado usted por ésta o aquella formación?
- ¿Por qué ha elegido esta profesión?
- ¿Por qué se ha cambiado del empleo «x» al empleo «y»?
- ¿Cuáles son sus objetivos personales a corto, medio y largo plazo?
- ¿Dónde quiere llegar en los próximos dos, cinco y diez años?
- ¿Qué es lo que hacía exactamente en su último empleo? ¿Cuáles eran exactamente sus funciones? ¿Qué responsabilidades tenía?
- ¿Qué hizo usted en éste o aquel proyecto?
- ¿Qué valora usted como positivo y como negativo de su último empleo?
- ¿Qué es lo mejor que puede hacer usted y qué es lo que hace menos bien?
- ¿Dónde radican sus fortalezas y sus debilidades profesionales?

- ¿Por qué piensa usted que se va a poder poner al día?
- ¿Por qué cree usted que va a poder dominar las cuestiones que se le encomienden?
- ¿Qué idiomas habla y con qué nivel?
- *On peut continuer en français?*

En las preguntas acerca de tu currículum lo que prima es la coherencia y la lógica de tu vida. ¿Tiene sentido lo que has hecho hasta ahora y lo que quieres hacer? ¿Es explicable, plausible y comprensible la ruptura que causa en tu currículum esos cambios de orientación y de trabajo? Las preguntas de tipo profesional dan el detalle de tus posibilidades. Pon ahora todo sobre la mesa y de modo abundante: números, hechos, métodos, medios auxiliares, todo de forma sencilla. Expón tantos ejemplos de trabajo como te sea posible. Muestra lo bueno que eres.

Preguntas personales

Las preguntas profesionales ya han explicado lo que eres como persona: ¿Cómo actúas en privado? ¿Qué se puede esperar de ti? ¿Qué es lo más importante para ti en la vida? ¿Qué piensas acerca del mundo que te rodea? ¿Sabes trabajar?... Y, por último: «¿Encajas en la empresa, en el equipo y eres un buen colaborador?». La mayoría de los empleos no fracasan a causa de la incapacidad profesional, sino a causa de *falta de sintonía*. ¿O es que quieres trabajar con alguien que sea un as en lo profesional y un mal bicho en el aspecto humano? Las preguntas pueden ser de este tipo:

- ¿Me puede enunciar tres fortalezas y tres debilidades personales?
- ¿Qué es para usted un ser humano?
- ¿Por qué sostiene que está preparado para ayudar, que tiene capacidad de trabajar en equipo, que es dinámico...?
- ¿En qué basa usted la importancia de su profesión?
- ¿Qué piensa acerca de su último jefe/a?
- ¿Qué es importante para usted?
- ¿Cuáles considera que han sido sus mayores éxitos y fracasos en lo profesional y en lo personal?
- ¿Qué éxitos ha tenido hasta ahora, medidos de acuerdo con sus parámetros?

- ¿Qué hace en su tiempo libre?
- ¿Cuáles son sus aficiones?
- ¿Qué deportes practica y con qué frecuencia?
- ¿Cuáles son los periódicos, libros y revistas que lee?
- ¿Cuál es la última película que ha visto en el cine?
- ¿Qué ha hecho en sus últimas vacaciones?
- ¿Cuánto tiempo querría quedarse con nosotros? (Para mujeres: preguntas solapadas acerca de tener niños. ¡No te alteres! Sencillamente queremos saberlo.)

Hay muchas preguntas de este tipo que pretenden sacar a la luz los aspectos de tu vida privada. No te muestres susceptible y quisquilloso si alguna de las preguntas te parece indiscreta. No están pensadas para eso. Pero ¿cómo si no, podemos informarnos acerca del que tenemos enfrente?

Preguntas para puestos problemáticos

Aquí se trata de tu comprensión y tu valoración acerca del puesto en cuestión. Algo como:

- ¿Por qué nos ha dirigido su solicitud?
- ¿Qué es lo que le interesa de este trabajo?
- Bueno, ¿qué piensa acerca de este empleo? ¿Responde usted a sus exigencias?
- ¿Qué tiempo necesita para hacerse con sus funciones?
- ¿Cómo valora los riesgos?
- ¿Qué le falta para dominar sus funciones?

Preguntas espinosas dirigidas a las mujeres

Las mujeres tienen una pequeña desventaja, aunque sólo sea esa, pero que influye de una forma espectacular a la hora de obtener un puesto de trabajo: ¡Se pueden quedar embarazadas! El embarazo y la maternidad no pueden dejarse fuera de las discusiones mientras no existan instituciones que cubran totalmente los seguros, guarderías y colegios. Mientras llega eso, la posible felicidad de los niños no supone ninguna bendición para la gente de Personal. ¡Un embarazo puede costarle una fortuna a la empresa! Y al individuo de Recursos Humanos, en persona, le puede costar la cabeza. Como quieren saberlo, pero no se atreven a preguntarlo directamente, hacen preguntas como éstas:

- ¿Cómo ve usted su futuro?
- ¿Cuáles son sus planes (privados) a medio plazo?
- Ésta es una empresa con un gran predominio masculino. ¿Qué puede significar eso para usted? ¿Lo puede asumir?
- Tenemos un servicio de guardería infantil. ¿Qué le parece?
- Exclusivamente para provocar: ¿Cuándo quiere formar una familia y tener hijos?

Te aconsejo que, cualesquiera que sean tus planes exactos, digas: «¿Quién, yoooo, tener niños yoooo? ¡Quite, quite!», y dar un salto de la silla como si te hubieran nombrado al diablo en persona; de esa forma el muchacho de Personal podrá dormir tranquilo. Si, al poco tiempo de colocarte, surge el embarazo, entonces debes decir algo así como: «¡Lo siento!» Eso te puede ayudar en algo.

Otras preguntas espinosas

Hay otras preguntas espinosas que se pueden referir a los puntos oscuros de tu currículum, tu falta de trabajo, tu despido... Prepáratelas con especial cuidado para que lo negativo se transforme en un refuerzo:

- ¿Por qué interrumpió sus estudios?
- ¿Por qué quiere renunciar a su actual posición? ¿Por qué ha renunciado a tal o cual empleo?
- ¿Por qué son tan malos sus informes en este aspecto concreto?
- ¿Por qué está sin trabajo? o ¿por qué lleva tanto tiempo sin trabajo?

Preguntas sobre tu estilo de dirección y tus capacidades como gestor

Aquí se trata de una sola cosa: ¿Puedes dirigir y dominar tu trabajo de una forma eficaz? ¿Tienes el potencial necesario para eso? Debes demostrarlo:

- ¿Cómo maneja los temas? ¿Cuál es su estilo de dirección?
- ¿Dónde y cómo lo ha aprendido?

- ¿Qué es lo que en realidad quiere dirigir?
- ¿Con cuántos colaboradores ha trabajado?
- ¿Ha tenido problemas con ellos?
- ¿Por qué piensa que es usted un buen directivo?
- ¿Qué hay que hacer para mantenerse en la cumbre?
- ¿Cómo seleccionaría usted a los que le pidieran empleo? ¿Cómo organizaría su tripulación? ¿Qué les exigiría?
- ¿Qué criterios aplicaría?
- ¿Ha tenido que despedir a algún colaborador? ¿Cómo lo ha hecho y cuál ha sido el motivo?
- ¿Cuál es su opinión sobre las complicaciones para dirigir?
- ¿Cuáles han sido sus mayores éxitos y sus mayores fracasos?
- ¿Qué haría usted si...? ¿Cómo resolvería éste o aquel problema? ¿Cómo abordaría tal o cual proyecto?
- ¿Qué tendencias pueden ser decisivas en el futuro para nuestra empresa, nuestros competidores o nuestro mercado?
- ¿Cuáles son los factores críticos del éxito de ese puesto de trabajo?
- Tenemos estos problemas: el «x», el «y» y el «z». ¿Cómo los resolvería?
- ¿Cómo se imagina que van a ser sus *primeros cien días* entre nosotros?

Naturalmente, existen algunos libros con miles de estas preguntas. Uno de los que más profundiza es *Das geheime Wissen der Personalchefs*[7] de Herdwig Kellner, verdaderamente inteligente. Pero no pierdas de vista la pregunta principal: *¿Puedes o no puedes?*

Más importante que conocer las preguntas es, naturalmente, dar las respuestas adecuadas o, en todo caso, no dar las que son absolutamente equivocadas. El problema radica sólo en que no hay respuestas correctas o incorrectas, sino que unas actúan como filtro y otras sirven de refuerzo, eso depende mucho de la situación, del puesto de trabajo de la empresa, de la gente de Recursos Humanos y de ti, y por eso no debo darte una muestra. Pero ahí van un par de casos como ejemplo, de lo que debes o no debes hacer.

---

7. No existe, hasta la fecha, una edición en castellano. Traducción aproximada del título: *Los conocimientos secretos del jefe de Personal. (N. de la T.)*

«DEBES» Y «NO DEBES»

En lugar de los usuales «DEBES» y «NO DEBES», te presentamos ahora algunos ejemplos, extraídos de nuestra práctica, sobre secuencias de entrevistas. No te rías con ellos, pues son unas circunstancias que también podrían ocurrirte a ti.

RH es el individuo de Recursos Humanos
C es el/la candidato/a

El fanfarrón

RH: ¿Qué hacía usted exactamente en su último empleo?

C: A nosotros nos correspondía el funcionamiento, mantenimiento y constante perfeccionamiento de una máquina valorada en un montón de millones que se encargaba de colocar de forma automática en sus cajas de cartón unos quesos para untar. ¡Era un trabajo de esclavos muy complicado, se lo aseguro! Éramos totalmente responsables de la planificación de la producción, del funcionamiento, del plan de personal y de la inspección. Sencillamente, éramos responsables de todo.

RH: Bien, y puesto que siempre se refiere a *nosotros*, ¿qué es lo que hacía usted? ¿Era el jefe de servicio?

C: Sí, y como se lo digo, pero no era el jefe directo. Yo tenía parte de responsabilidad.

RH: *(¡Vale, ya te he atrapado!)* ¿Y cuál era exactamente esa parte de responsabilidad?

C: En realidad, como le iba a decir, lo cierto es que yo era el encargado de poner las cajas de cartón en la máquina y luego retirarlas.

Si te adornas con plumas ajenas, procura que no se vea tan claro como a nuestro amigo. Siempre acaba por descubrirse.

El rey sin reino

RH: ¿Entonces usted era el jefe del proyecto?

C: Sí, yo era responsable de toda la planificación, tecnología, recursos, organización del trabajo, etc.

RH: *(¡Suena muy bien!)* ¿Cuántos colaboradores tenía en su proyecto?

C: Bien, realmente no eran muchos, porque no dependían directamente de mí, sino que estaban involucrados en otros proyectos, y en el mío sólo trabajaban a tiempo parcial.

RH: Bien, de acuerdo, pero ¿cuántos dependían directamente de usted?

«DEBES» Y «NO DEBES» (cont.)

C: ¿Directamente? Bueno, la verdad es que directamente ninguno, el proyecto no era muy grande y lo hice yo solo.

RH: No, no, pero, hablando con rigor, usted no podía ser jefe del proyecto si usted no tenía nadie a quien mandar. Usted sería responsable, si acaso, de una única función. ¿Es correcto lo que digo?

C: Sí, se podría decir así.

RH: Entonces usted no ha hecho planificación de colaboradores, ni organización del trabajo, excepto para el que usted mismo desarrolló, como hace casi cualquier trabajador de cualquier empresa.

C: Sí, claro, verdaderamente...

Déjate de expresiones altisonantes que sugieren un salario mayor del que te van a ofrecer. ¡Quedarás mal ante los ojos de la gente!

El dispuesto a colaborar

RH: ¿Cómo podría caracterizarse a sí mismo?

C: Bueno, pues... (piensa, piensa) ...yo estoy dispuesto a colaborar y soy apto para trabajar en equipo.

RH: ¿Cómo debo entender eso? ¿Cuándo ha sido la última vez que ha estado dispuesto a colaborar?

C: ¿Que cuándo yo...? (Piensa aún más.) Ni idea, no se me ocurre nada.

RH: ¿Hace usted de vez en cuando donaciones para fines caritativos?

C: No, ¿en qué está usted pensando? ¡Jamás! Eso no sirve para nada.

No suena muy convincente, ¿lo notas? Prepárate para este tipo de preguntas y presenta algunos floridos ejemplos acerca de tu buena disposición o qué sé yo. Algo así:

RH: ¿Cuándo ha sido la última vez que ha estado dispuesto a colaborar?

C: Yo tenía una colega que debía preparar un envío gigantesco, y eso le obligaba a quedarse hasta la mañana siguiente. Le ayudé al terminar mi jornada laboral y acabamos a medianoche.

¡¡¡Qué boniiiito!!! Esto llena de júbilo el corazoncito del individuo de Personal y se alegra íntimamente.

El alpinista

RH: Usted nos dice que su afición es la alta montaña. ¿A qué cuatro mil ha subido la última vez?

C: ¡No, no!, en los últimos años no he tenido tanto tiempo. Hace mucho que no hago una gran escalada.

«DEBES» Y «NO DEBES» *(cont.)*

RH: *(Sinceramente interesado)* ¿Sí?, y ¿cuándo la hizo por última vez?

C: Fue en los Picos de Europa, en Fuente Dé, tomamos el funicular y nos dimos una vuelta por allí.

¡Así no, por favor! No se pude decir una cosa como esa sólo por parecer «guay». ¡Subir con la abuelita en el funicular...!

El intelectual

RH: ¿Qué periódicos y revistas lee habitualmente?

C: Yo leo sobre todo periódicos serios. *El País, ABC, El Mundo...*

RH: *(¿Sí? No me la habría esperado.)* ¿Lee también lo referente a la información económica?

C: ¡Síí, claaaaro...! *(Una mirada nerviosa.)*

RH: ¿Cuál ha sido el artículo que más le ha impresionado en los últimos tiempos acerca de la coyuntura económica?

C: Pues..., bueno..., verá... *(Cavila, piensa, su mirada perfora el techo, gotas de sudor.)*

RH: ¡Vale, vale, dejémoslo...!

¡Te he pescado el farol, muchacho! ¡Te has ganado un hermoso punto negativo!

El francés

RH: He leído que habla usted francés de una forma fluida. ¿Cierto?

C: Bueno... he perdido un poquito la práctica... *(Risita, sonrisa turbada.)*

RH: *Alors, c'est fantastique, j'aime parler cette langue. Vous auriez la gentillesse de continuer en français, s'il vous plaît?*

C: *Ah, oui, yes, io anche... parleré le fransés...! (Sudor, jadeos y gemidos.)*

¡No te metas en una cosa tan embarazosa que no se puede mantener de ninguna forma! Perderás de todas todas.

El charlatán

RH: Por lo que leo en su historial, usted es muy comunicativo. ¿Quizá habla demasiado?

C: ¡Por el amor de Dios, no! Pero nosotros estamos aquí para trabajar, ¡ja, ja! O sea: el que ha escrito eso, aunque era mi jefe, tenía un asunto con la secretaria del director del departamento, y por eso... bla, bla, y, además, ...bla, bla

RH: *(Cinco minutos de risas.)* De acuerdo, vamos a hablar de otros temas...

C: Una cosa muy rápida que le voy a explicar; además estaba ese vigilante que me había visto y me quería de-

«DEBES» Y «NO DEBES» *(cont.)*

nunciar porque yo había aparcado en una plaza equivocada, bla, bla, bla..., y había exagerado... bla, bla, bla...

RH: *(10 minutos de gruñidos.)* Dejemos eso. Yo verdaderamente, lo que querría es...

C: Sí, sí, pero lo que usted no sabe en absoluto es que el vigilante, cuyos hijos son enormemente... bla, bla, bla... y además muy... bla, bla, bla.

La pobre gente de Recursos Humanos ya no puede más y te van a plantar en la calle. ¡Seguro! Para que tengan algo más en qué pensar, diles, preferiblemente con una sonrisa:

C: Sí, yo realmente soy muy comunicativo. Me acerco a las personas de una forma muy activa, tengo muchos amigos y conocidos y soy, sencillamente, extrovertido. Soy la persona adecuada para pelear con los clientes, para la sección de ventas. Pero también me puedo concentrar sentado en mi trabajo que, si me cautiva, lo hago sin ningún esfuerzo. *(Punto.)*

El taciturno y misterioso

RH: ¿Qué es lo que ha hecho en sus últimos empleos?

C: *(Larga pausa.)* ¡Ah, sí, o sea, de lo que yo he hecho. *(Se encoge de hombros. Larga pausa.)*

RH: Por supuesto. Yo querría conocerle un poquito mejor. ¿De acuerdo?

C: *(Pausa muy larga.)* ¡Bueno..., pues..., si ya está todo dicho, pues yo era mecánico, como todos!

RH: *(Benevolente.)* ¡Vale, cuénteme algo sobre eso! *(Sonrisa para motivar.)*

C: *(Pausa superlarga.)* ¡Bueno, ya se sabe, se trabaja con metales y máquinas y cosas así! *(Silencio. Se aparta a su rincón.)*

RH: *(De rodillas y suplicante.)* ¡Por favor, se lo ruego, dígame algo! ¿Qué hace usted a lo largo del día?

C: *(Pausa superextralarga.)* Yo estaba, sobre todo, como tornero. *(Silencio.)*

RH: *(Marchito.)* ¡Por favor, por favor, hable conmigo. ¿Por qué se calla? ¿Es que me odia? ¡Hable, buen hombre, hable, se lo ruego! *(Se retuerce las manos.)*

C: Pueeees...

Al poco tiempo de estar en ese puesto el pobre hombre de Personal es ingresado, aullando, en un centro psiquiátrico. El silencio es el peor tormento para los de Recursos Humanos.

«DEBES» Y «NO DEBES» *(cont.)*

El vagabundo

RH: *(En plan investigador.)* En su currículum hay un gran vacío entre 1999 y 2001. Parece haber olvidado algo. ¿Qué hizo en ese tiempo?

C: *(Con tono seco.)* ¡Realmente preferiría no hablar de eso!

RH: *(¡Huy, huy...!)* ¿Cómo dice?

C: ¡Que no quiero hablar de eso, de verdad que no quiero!

RH: *(Tartamudea.)* Sí, pero..., ¡lo único que quiero saber es lo que hizo durante esa etapa de su vida! Fueron casi tres años. No tiene por qué entrar en pormenores.

C: *(Turbado, pero categórico.)* ¡No, mejor no!

RH: Entonces, señor Ruiz eso me llena de una gran inseguridad. Usted debe confiar en mí, pues en caso contrario es seguro que no podremos colaborar en el futuro. ¿Lo entiende?

¡Esto ya es demasiado! El hombre de Personal piensa en todas las maldades de este mundo. Cuanto más retorcido es él mismo, más retorcidos le parecen los demás. Y el señor Ruiz se queda sin empleo.

La cosa sería así de sencilla:

C: *(Soñador.)* ¡Por Dios, es verdad! No lo he mencionado en mi currículum: hice un gran viaje. Lo más hermoso fue el sudeste asiático, allí estuve durante semanas tumbado sobre la arena de las playas y limitándome a disfrutar de la vida, a relajar el espíritu y a contemplar el mar, ancho y azul. Era realmente maravilloso. Esos viajes sin tensiones, sin plazos de tiempo ni estrés ni obligaciones..., le puedo asegurar que fue una fase de mi vida que discurrió realmente como una seda, una intensa vida natural..., bla, bla, bla.

RH: *(Ensueño, sollozo, un trago de agua: yo también tenía que haber hecho eso. Suspiro, sueños de playa y hula-hoop. Totalmente perdido el rumbo de la conversación.)*

C: *(Vuelta de nuevo a la sensatez. Muy serio y formal.)* Sin embargo, hubo un momento en el que quise regresar de nuevo a lo correcto. Por eso he vuelto y he encontrado este estupendo trabajo. *(Perplejo.)* ¡Eh, señor director de Personal, vuelva, estamos aquí, sentados a la mesa de su despacho, desde la que usted me mira fijamente...! *(Palmaditas, agita la mano delante de la cara del jefe de Personal...)*

El confuso

RH: *(Risueño.)* ¿Qué sabe usted acerca de nuestra empresa?

«DEBES» Y «NO DEBES» (cont.)

C: *(Mirada intranquila en todas direcciones.)* Sí, en internet, he estado navegando por allí..., sí, fue anteayer por la noche, no, ayer..., sí, ya me he hecho una idea..., ya sé que no es muy grande..., pero ya lo sabía, pero..., mi colega tampoco lo sabía. Me he hecho, además, con un catálogo sobre sus productos..., lo tenía hace tiempo...

RH: *(Se rasca la cabeza.)* ¡Ah, sí...!

Escucho estas expresiones frecuentemente. No tan confusas como en este caso, pero siempre al borde del abismo. Son señal de falta de preparación o a la extendida mala costumbre de hablar de sopetón y esperar al día siguiente para reflexionar sobre lo que, de verdad, se quería decir.

El que habla con soltura

RH: *(Llegando a la sala de espera.)* Buenos días, señor Jiménez. Ya son las nueve y diez, perdóneme por haberle hecho esperar. Lo siento. Es curioso, ¿a qué huele aquí?

C: ¡Hip, buenfos díías. Yo tammm...bién lo he pensado! ¿A qué ooo...lerá aquí? ¡Hip!

RH: *(Ligeramente irritado.)* Bueno, entre, por favor. Siéntese. ¿Nos ha encontrado fácilmente?

C: ¡Hip! He venido en el trrr...eeen. Muy biiien el trrr...eeen, yo siempre en trrrr...eeen. ¡Hip!

RH: *(Muy irritado y moviéndose alrededor de la silla.)* Me va a perdonar por lo directo de la pregunta, pero se la voy a hacer: ¿ha bebido usted?

C: ¡Hip! Sólo en el trr...eeen, un vinito, sólo una chispiiita de viniiito. ¡Hip!

RH: ¡Escuche, sólo es un poco más de las nueve de la mañana! Estoy obligado a preguntarle si tiene algún problema con el alcohol.

C: ¡Burp! Si no, noooo hubiera venido. Sólo en el trrr...eeen un vaaaasito de vinito, sólo una chispiita de viniito, para que no se diera cuenn...ta el jefecillo de Perrr...sonal. ¡Hip! ¡Si me vuelve a hacer venir, le denunciaré!

La conversación llegó a un abrupto final. La historia no es invento, sólo la he abreviado un poco.

El señor Ruiz era un auténtico pez gordo y el RH sintió realmente miedo de él. La denuncia nunca llegó, probablemente se le olvidó.

La somnolienta

Una variante:

RH: Buenos días, señorita, ¿qué le he preguntado? ¡Eh, usted! *(Espera, espera, cada vez más intranquilo.)*

«DEBES» Y «NO DEBES» *(cont.)*

¿Qué le ocurre? ¿Por qué se me duerme precisamente aquí? *(Notablemente más intranquilo.)* ¿Me escucha? Por todos los santos, ¿por qué le dan vueltas los ojos? Oh, Dios ahora se me cae de la silla. ¿Qué debo hacer con ella?

C: *(Sueño ligero, ronquido, lento regreso del nirvana. El Valium ha resultado más fuerte de lo que estaba previsto.)*

Claro, así no hay nada que hacer. No se puede permitir que haya en la sangre la más diminuta molécula de una sustancia tóxica. Está claro como el agua, pero por desgracia estos casos no son muy extraños hoy en día.

La detallista

RH: Bueno, y ahora que le he hablado con todo detalle de nuestra empresa... ¿qué opina? ¿Tiene usted alguna pregunta? *(¡Mirada expectante!)*

C: *(Rascándose la cabeza.)* Sí, lo que me interesa es el fondo de pensiones y, sobre todo, las deducciones destinadas a pagar a las mujeres embarazadas menores de treinta años. He observado que, comparando las deducciones de mis dos últimos trabajos, se daba una diferencia del 0,042 %. He recurrido a todo para tratar de enterarme de cuál es la causa, pero no he encontrado a nadie que me lo pudiera decir exactamente.

RH: Sí, naturalmente. Tampoco lo sé, pero ahora eso no tiene tanta importancia.

C: *(Enérgica.)* ¡Claro que es importante, que luego el diablo enreda con los detalles! Y si no lo aclaramos desde un principio, seguro que después podemos tener muchísimos disgustos...

Está muy claro que esta señora no tuvo nada que hacer. Así terminó con una sentencia de muerte lo que parecía ser una muy prometedora entrevista. Una variante análoga:

El artista de las vacaciones

RH: Bueno, ¿tiene usted alguna pregunta? *(¡Mirada expectante!)*

C: *(De nuevo rascándose la cabeza.)* ¿Una pregunta? ¿Yo? No sé realmente lo que quiere decir con eso, no. *(Piensa, cavila, sonríe.)* ¡Ah, sí, claro! ¿Qué vacaciones tienen en este chiringuito?

Está bastante claro por qué quieres el empleo.

«DEBES» Y «NO DEBES» *(cont.)*

En todo caso no es para trabajar demasiado. Y *nadie* tiene un *chiringuito*. Incluso el último puesto de un mercadillo es una *empresa* o una *firma*. ¿Está claro?

Espero que estos ejemplos te hayan hecho ver por dónde van los tiros, saber mantenerte en la senda adecuada y poder salvar los precipicios.

Ahora, ya con calma, podemos dar un paso más. Mejor no, tengo todavía un caso más:

El vacío

RH: Bueno, ¿tiene usted alguna pregunta? *(¡Mirada expectante!)*

C: *(Se rasca más la cabeza, que ya le sangra un poquito.)* ¡Pues..., pues..., pues..., la verdad es que neeeee! *(Bostezo y mirada estúpida.)*

¿No te parece que se nota mucho el vacío? Por si tú también te has venido abajo a causa de un extremado estrés, aquí tienes tus superastutas preguntas para la gente de Recursos Humanos.

TUS HÁBILES PREGUNTAS A LA GENTE DE RECURSOS HUMANOS

En cualquier entrevista de trabajo siempre acaba surgiendo, antes o después, la pregunta acerca de si tienes algo que decir o deseas alguna explicación. Aquí ya no sólo se trata de ayudarte en tu forma de hablar y tus respuestas y motivarte a base de unas buenas informaciones. Se trata también lugar de que obtengas las mejores calificaciones.

El individuo más original dice algo así como: «¡No, realmente no, no se me ocurre nada!», e inmediatamente después dirige al techo una mirada perdida y vacua; la impresión que causarás será perfecta. ¡Si perteneces a ese grupo, echa un vistazo a la larga lista que figura a continuación y no hagas nunca *ninguna* pregunta!

Lo mejor es que, con anterioridad, te hagas con un informe de la empresa, un catálogo de sus productos o un prospecto de los que suelen tener sobre la mesa y te prepares previamente una lista de preguntas. Las preguntas hábiles son síntoma de preparación sistemática, inteligencia, interés y clase en la persona que las hace. Ahora te vas a encontrar con algunos puntos de referencia acerca de los que puedes preguntar. ¡No te sientas atado por mis sugerencias o directrices! ¡Sé creativo! Se trata nada más y nada menos que de tu propio futuro.

Preguntas sobre el puesto de trabajo

Son las más importantes. En ellas se apoya el contenido de tu futura vida laboral, no lo olvides:

- ¿Cuáles son, exactamente, mis verdaderas funciones?
- ¿Qué funciones tienen previsto exigirme normalmente y qué funciones haré cómo máximo?
- ¿Qué tendré que hacer mañana cuando entre por esa puerta? ¿Cómo se va a desarrollar normalmente mi jornada de trabajo?
- ¿Quién es mi jefe/a y quiénes mis colaboradores?
- ¿Dónde estoy situado en la empresa desde un punto de vista jerárquico? ¿Quién lo coordina y dónde estoy en el organigrama general?
- ¿Cuáles son las expectativas de rendimiento, los grandes objetivos empresariales, los criterios de evaluación? ¿En base a qué voy a ser evaluado?
- ¿Quién mide el rendimiento y cómo lo hace?
- ¿Qué aspectos y duración contempla la iniciación en el empleo?
- ¿Existe un consejero/a laboral?
- ¿Por qué está libre este puesto de trabajo?
- ¿Qué oportunidades ofrece este puesto a largo plazo?

Preguntas sobre la empresa

Son las segundas en importancia. Ten en cuenta que a lo largo de los próximos años vas a estar casado con la empresa y sus productos:

- Hechos y personas: ¿Volumen de negocios, ganancias, aspectos económicos, propietarios, accionariado, consejo de administración, consejero delegado?
- ¿Qué previsiones hay para los próximos años en cuanto a la evolución del volumen de negocios, el *cash-flow* y los beneficios?

- ¿Quiénes son los directores/as de la empresa, divisiones, proyectos y equipo?
- ¿Desde cuándo existe la empresa?
- ¿Existen filiales o sociedades participadas?
- ¿Cuántos/as empleados/as hay en total y cómo se distribuyen entre las áreas de ventas, administración, producción, informática e investigación y desarrollo?
- ¿Existen planes para compras, gestión, marketing, distribución, personal, control de calidad...?
- ¿Cuáles son los grupos objetivo de la empresa?
- ¿Qué aspecto presentan las cifras medias de pedidos?
- ¿Qué aspectos presentan la esencia de los informes, las memorias y las inspecciones?
- ¿Qué aspectos presenta la posición en el mercado, la participación en el mismo y la competencia?
- ¿Qué posición tienen los productos de esta empresa comparados con los de la competencia?
- ¿En qué aspectos es mejor esta empresa que sus competidoras?
- ¿Hay previstas diversificaciones (en sentido horizontal o vertical), adquisiciones, desinversiones...?
- ¿Qué problemas surgen comercialmente con los clientes?
- ¿Qué pretende la empresa a corto, medio y largo plazo?
- ¿Qué aspecto presentan la imagen de marca, la estrategia, la visión y la misión de la empresa?

Aunque no te lo creas, y te parezca que exagero: no son preguntas sólo para directivos.

Preguntas acerca de la cultura de la empresa

También son de gran importancia, pero en alguna forma se refieren a temas espinosos. Ten en cuenta que la cultura de la empresa va a fijar de alguna forma la futura orientación de tu vida. Cuento con tu olfato para saber hasta dónde puedes llegar. Muchas preguntas, sobre todo si son indiscretas o incluso intolerables, pueden sacarte fuera de la competición, así que actúa con discreción:

- ¿Cuál es la cultura de la empresa?
- ¿Y la de la dirección de la misma?
- ¿Cuál es el clima laboral imperante?
- ¿Cómo es mi futuro/a jefe/a?
- ¿Cómo funciona la información interna?
- ¿Existe un programa de formación?
- ¿Cómo se aplica a los empleados?
- ¿Existe un plan de carreras institucionalizado?
- ¿Es muy elevada la fluctuación del personal? (¡Pregunta espinosa!)

Preguntas sobre aspectos formales

Naturalmente, también son importantes, pero no para el principio de la entrevista, sino para cuando ésta ya esté acabando. Lo más notable en un empleo es el contenido del puesto, el equipo y los jefes, y no la pensión al cabo de 20 años:

- ¿Salario e incentivos? Inmediatamente después puedes pedir detalles acerca de la negociación del salario.
- ¿Participación en beneficios? ¿Bonus o primas en acciones? ¿Beneficios adicionales?
- ¿Prestaciones sociales?
- ¿Coche de la empresa? ¿Abono del transporte?
- ¿Reglamento de vacaciones?
- ¿Compensación por desplazamiento?

Y ya está todo preguntado y ahora debes ir terminando. Frecuentemente esto depende sólo del tema del dinero.

LA EMBARAZOSA CHARLA SOBRE EL VIL METAL

En muchos países existen inhibiciones a la hora de hablar de dinero, mientras que en otros el tema no tiene tanta importancia.

Si en alguno de ellos preguntas a alguien que conozcas superficialmente acerca de lo que gana, obtendrás una impenetrable e inexpresiva sonrisa en la máscara de granito en que se habrá convertido su cara. En esos países se sigue la norma de:

¡No se habla de dinero, imbécil!

Y lo que para algunos puede suponer un problema gigantesco, otros lo resuelven de una forma muy sencilla a base de pensar que si ganas poco es que eres malo, y si ganas mucho eres de los buenos. Y como todos ganamos poco, al menos comparándolo con lo que ingresa Bill Gates, resulta que todos somos de los malos. Comentar que ganas poco es *muy, pero que muy, embarazoso.* Y por eso todos trabajamos tanto. ¡Tenemos tan mala conciencia! Confesar un supersueldo también resulta embarazoso, pues es indicio de que somos mucho mejores que los demás. Por eso, lo mejor es sonreír significativamente para dar a entender que, como mínimo, vas a heredar un banco. Y, a lo mejor, hasta tienes esa suerte.

Y ahora vamos a negociar el sueldo. ¡Por Dios, qué embarazoso me resulta todo esto!

Norma n.º 1. ¡Así no!

1.er asalto. Gong. Me presento delante de un buen cliente, un magnífico cliente, de hecho un gerente de muchas campanillas que busca trabajo. Después de una fructífera conversación (yo ya estaba contento por mi comisión, ¡je! ¡je!), a la pregunta de: «¿Cuánto quiere usted ganar?», me replica: «¿Qué había pensado usted?» Es una respuesta fantástica. Estoy sentado a su lado y pienso: «¿Y bien?» ¡Creo, a menudo, que es un buen pensamiento para una situación como esa!

2.º Asalto. Gong. El individuo de Personal, que soy yo, se siente, con razón, un poco engañado ya que ha encajado una brutal réplica a cambio de una amable pregunta. Y vuelve a preguntar, todavía de forma amistosa: «Más o menos lo sabemos, pero desearía saber qué es lo que se imaginaba usted». Es ahora cuando se despierta el espíritu de pelea del noble caballero de enfrente, aun cuando le aparece su timidez natural: «Esto, bueno, yo..., ¿no tienen ustedes un sistema de retribuciones en el que esté establecido lo que le corresponde a ese em-

pleo?». ¡Es un golpe bajo totalmente antirreglamentario! Estoy sentado a su lado, algo pálido y pienso: «¿Y bien, y bien?». Este pensamiento sigue sin ser nada malo, aunque resulta totalmente innecesario.

3.ᵉʳ asalto. Gong. El hombre de Personal, o sea yo, está casi lloran-
do por la frustración y mueve la cabeza: «¡Por Dios, yo se lo he preguntado primero!». E insiste, firme y con tono ligeramente agridul-
ce: «¡Naturalmente que tenemos un sistema de retribuciones, pero
lo que ahora quiero saber es el sueldo en que usted había pensado!».
Me hundo en la silla, sigo pálido, trato de zancadillear a mi aspirante al empleo y lo pateo con rudeza, pero él ya tiene preparado el último y definitivo golpe:

4.º asalto. Gong. «No quisiera limitarme a darle una cifra. Todo depende del trabajo y de la empresa. ¿Qué me puede contar sobre
eso?» Grito, muerdo el borde de la mesa y muerdo también al aspirante. En cambio, para consolarlos, beso a los pobres hombres de
Personal en su húmeda frente. La carrera ha terminado. Mi oponen-
te piensa que es un gran negociador y que acaba de ganar, pero, sin
darse cuenta, se ha dado de narices contra la lona. ¡KO!

Puede parecer cortés y afectado, pero yo habría perdido mi comisión y el
muchacho su nuevo empleo. ¡Así no puede ser! ¡No lo hagas de esa forma! Todo es así de fácil.

Norma n.º 2. ¡Así de fácil!
A la pregunta de «¿Cuánto quiere ganar?», contesta con toda sencillez:

Verá, en mi último trabajo cobraba 2.500 euros al mes, y ahora quisiera que fueran 300 más. Creo que por haber terminado ya completamente mis estudios de formación, y por las mayores responsabilidades
de este magnífico trabajo, es un salario razonable. ¿Qué le parece?

¡Y ya está todo! Si ves que te cuesta hablar de dinero, practícalo un poco.
    Y con las importantes preguntas del final muestra tu nivel y tu capa-
cidad de negociación. Se puede empezar a discutir. ¡Maravilloso! A mí

me parece que: *Ser duro es demasiado duro.* Muéstrate *suave*, exhibe tu capacidad de llegar a un compromiso, pero también haz ver que eres consciente de tu propia valía: ser capaz de llegar a un compromiso no significa ser un imbécil y dejar que te tomen el pelo. ¡Eso está muy extendido en todos los países!

Consejo n.º 1. ¡Prohibidas las trampas!

De acuerdo con el nivel de tu anterior salario te puedes poner un poco en plan fenicio y tirar algo por encima. Esto, curiosamente, no es *mentir,* sino que se llama regatear. No le cuentes a nadie que te lo he recomendado. Perdería la reputación, el trabajo, los niños, la casa y el perro. Si se llegaran a enterar mis clientes me quedaría en el paro. ¡Pero es lo mejor para ti! Sin embargo, para *regatear* debes estar seguro de que tu nuevo jefe no va a recortar tus millones de ahora. ¡Si te ocurre es que has hecho el tonto!

Yo cometí una travesura de juventud, y cuando me cambié por primera vez de trabajo sobrevaloré mi anterior sueldo en dos terceras partes más de lo que había sido en realidad. Estábamos en una buena coyuntura económica y me querían contratar a toda costa. Yo ya había recibido como incentivo unos 400 euros de los de ahora por encima de mis ya elevadas pretensiones. ¡¡¡Era muuuuucho dinero!!! Casi me desmayé, ¡ya podía permitirme el lujo de comprar yogures caros, y no los de marcas blancas! Ése era mi precio en el mercado y hasta entonces había estado extraordinariamente mal pagado.

Consejo n.º 2. En todas partes cuecen habas...

Cada vez es más frecuente, sobre todo en Europa, que, de salida, se pidan unos sueldos demasiado elevados. El *regateo* puede acabar mal. ¡Cuidado! Cada vez soplan más fuertes los vientos y hay más enfrentamientos por esa causa.

Yo pienso, no obstante, que en todas partes las personas se pueden sentar para negociar. Y que todos admitimos como interlocutores de negociación a gente dispuesta a adquirir un compromiso, y no a reaccionar a base de portazos, y ése es el truco: negociar.

Consejo n.º 3. La firmeza es síntoma de carácter

La firmeza puede tener un efecto extraordinariamente positivo. Si eres muy claro al plantear tus pretensiones de salario, y las expones de una forma agradable, con simpatía, pero con toda determinación, eso puede actuar de forma muy positiva:

Yo quería que nuestra nueva colaboradora cobrara unos 200 euros por debajo de la cantidad que ella exigía. Aunque era una persona muy reservada, su respuesta me llegó inmediatamente: «Lo siento, ése es el sueldo que tengo previsto, no 200 euros menos. Yo lo valgo y usted lo puede comprobar». Mi mezquindad me resultó embarazosa y aumentó mi convencimiento de que estaba ante una mujer que podría encargarse de todo. Ella valía cada euro de los que iba a cobrar.

Y ahora llega la pregunta clásica: «¿Cuánto puedo pedir? ¿Cuál es mi valor en el mercado?». Ésta es una pregunta muy complicada, pues no eres un artículo de precio fijo, no eres un yogur. Y ése es el problema.

¿CUÁNTO VALGO?

Una de las preguntas que se me plantean con más frecuencia es: «¿Qué sueldo puedo pedir? ¿Cuánto valgo?». Y mi respuesta es siempre la misma: «En cuanto a tu valor material, debe de ser unos 0,07 euros, porque realmente estás formado en un 70 % por agua y el resto es un poco de carbono, amalgamas y un par de sustancias que en el día de hoy serían consideradas como desechos peligrosos por los que habría que pagar unos 2 euros para eliminarlos. ¡Por tanto, me debes 1,97 euros!».

Esto quiere decir que reina una enorme inseguridad acerca de este tema, que nadie conoce con exactitud, y en eso reside el peligro: si eres demasiado caro te quedarás fuera de la competición, y si resultas demasiado económico, harás que desconfíen y también te quedarás fuera, o te colocarás en un nivel muy bajo de la comitiva del sistema salarial y te explotarán. Ésa es la cuestión. Existe un mercado y una manifiesta situación de compra, como si se tratara del bazar en un zoco.

Antes de la entrevista debes saber hasta dónde puedes llegar. ¡Eso estaría bien! Pero la estadística ayuda poco. Las cifras medias apenas tienen valor en cada caso en particular. Por lo que yo sé, apenas hay por ahí unas cifras de muy intenso brillo acerca de, por ejemplo, los sueldos de los ejecutivos. Pero no cabe hablar de valores medios como: «Hombre, treinta y cuatro años, residente en Valencia, economista, para una entidad bancaria, con 1,3 hijos. Su valor = 64.567 euros». Eso no sirve de nada. Es decir, yo conozco a uno que cumpliendo con ese perfil gana 129.134 euros, y a otro, la versión pobre, que está precisamente en el paro. Su sueldo medio es, por tanto, exactamente de 64.567 euros. El sueldo depende de muchos factores, no hay números correctos ni fiables. Por eso, te aconsejo, simplemente:

- Investigar lo que cobran los colegas de tu entorno de características similares a las tuyas.
- Es importante ir y preguntar a los asesores de empleo locales para que te informen de cómo está el tema. ¡Para eso están! Nosotros conocemos de primera mano cuál es la banda de fluctuación de los salarios.
- Y después véndete bien, como aconsejamos en este libro, y eso quiere decir que, sencillamente, pruebes y *regatees*.
- Haz que, sobre todo, actúen tu fuerza de convicción y la conciencia de tu propia valía. Esto pude permitirnos dar un tirón hacia arriba de tu sueldo que suponga aproximadamente un 15 %.

Yo sé que no es una respuesta muy precisa, pero si te hablara de otra mejor no estaría siendo demasiado formal. No te compliques demasiado la vida: ¡No tienes un *precio fijo*!

LO QUE TIENEN EN COMÚN LAS RANAS, LOS MONOS Y LOS SERES HUMANOS

Aquello a lo que tú más valor concedes reside en ti mismo: tus conocimientos, tu experiencia, tu carisma. Todo lo que irradia tu persona es eficaz y sirve para elevar considerablemente tu precio. Sin embargo, debes tener cuidado con lo que dices sin pronunciar una sola palabra, porque tú no puedes *no* comunicar. La mayoría de lo que dices no lo dices con palabras, sino con todo tu ser, con todo lo que no dices: mímica, gesticulación, postura corporal, imagen, vestimenta, peinado, accesorios... A esta forma de transmitir información se le denomina comunicación no verbal y paraverbal. Seguramente ya la conoces, al menos la expresión.

No creas lo que dicen muchas de las denominadas guías para conseguir empleo acerca de un par de gestos de manos estudiados y lo que los individuos de Personal experimentados son capaces de interpretar de ellos (excepto si los agarras del cuello y aprietas violentamente).

Aquí no vas a encontrar ningún consejo sobre movimientos y ademanes para utilizarlos en cualquier seminario de gestión de tipo medio. Lo que vas a encontrarte es:

- Entender adecuadamente la expresión corporal.
- A contrarrestar los errores fatales; existe un lenguaje corporal bueno y uno malo, y el bueno se puede ensayar y controlar.
- Una utilización óptima de toda tu persona pensando en la entrevista de trabajo, del traje a los zapatos, el pañuelo del cuello y la corbata, el anillo de sello y el collar de perlas.

NUESTROS TRES CEREBROS

Para empezar, un cursillo acelerado de biología y teoría de la evolución: hace 500 millones de años el buen Dios hizo los reptiles y los dotó de un tronco cerebral. Tienes que ser consciente de que *tú también*, dicho a grandes rasgos, llevas en la cabeza lo mismo que tiene un cocodrilo. Es el mismo cerebro que le da al cocodrilo los mismos reflejos, hambre, respiración e instinto sexual que tenemos nosotros. De todas formas, desde un punto de vista científico hemos visto que nosotros tenemos aproximadamente el 50 % de nuestro código genético idéntico que los cocodrilos.

Hace 200 millones de años el mismo buen Dios tuvo una ocurrencia análoga con los mamíferos y creó los ratones, o algo parecido. Ya disponían del tronco cerebral y, con el tiempo, les otorgó el cerebro. Por tanto, seres humanos y ratones tenemos el mismo cerebro en la cabeza. Si nosotros podemos ver y oír las cosas, desarrollar sentimientos y aprender determinados temas, lo hacemos con el tronco cerebral, que es realmente idéntico en todos los mamíferos.

Y ahora vamos con el cerebro, cuyo desarrollo debió concluir hace unos 50.000 años. Compartimos con los chimpancés, que también están dotados de un hermoso cerebro, aproximadamente el 95 % del código genético. Eso significa que somos parientes de los monos en un 95 %, es decir, casi tan cercanos como si fueran nuestros tíos y tías; en ciertos casos a lo mejor podemos llegar a ser todavía más cercanos. Yo tengo una tía de la que no estoy muy seguro... Por tanto, los chimpancés son nuestros queridos hermanos/as y si no somos capaces de imaginarlos como congéneres nuestros, pues ¡apaga y vámonos!

El hombre mono, que ya encendía hogueras hace 50.000 años, era biológicamente idéntico a nosotros. Ötzi, el «hombre de hielo», una momia de unos 5.000 años encontrada en 1991 en la frontera entre Austria e Italia, es nuestro hermano mayor; si viviera hoy tal vez fuera un vendedor de quesos, un político o algo parecido.

Del lenguaje de hace 50.000 años apenas se habla. No obstante, piensa, y ahora viene el chiste, en lo que hubiera ocurrido si los chicos y las chicas de aquel entonces no hubieran podido conversar. ¡El caso es que se entendieron de maravilla! Tuvo que ser con antiquísimos, y ensayados durante millones de años, modelos de comunicación, como eran los movimientos, gestos, sonidos, arrullos, chillidos, olores, reflejos, etc. Y aquello funcionaba. Se comunicaban con todo el cuerpo, y se entendían. Se podía mentir muy mal porque el lenguaje corporal es esencialmente sincero. ¡Y eso ocurre la mayoría de las veces!

Y ahora volvamos a la actualidad y nuestro entorno para encontrar un poco de expresión corporal, insisto en que muy poco. Para nuestro tema resulta extremadamente importante que esta cultura de la expresión corporal vaya por delante de nosotros y sea más vieja que tú y que yo. La hemos asimilado con la leche de nuestra madre. Cuando llamamos a alguien por medio de señas, utilizamos esas señas justo al contrario que, por ejemplo, los árabes. Es natural en nosotros.

¿Y por qué me cuentas esta increíble teoría? Teniendo en cuenta que no es mía y, sobre todo, que no es una teoría, sino que forma parte de contrastados conocimientos de las ciencias naturales, puedes seguir preguntando: ¿Sí, por qué?

- Nuestro cerebro está formado por sustancia orgánica con información y experiencia contrastada cientos de miles de veces.
- La expresión corporal se basa en antiquísimos programas biológicos, ocurre en forma de reflejos intuitivos y ha madurado de una forma total. Por tanto, es correcta y está bien organizada por sí misma. Yo acepto con más entusiasmo la teoría de la evolución que muchos de los denominados gurús del *management*. ¡Estoy convencido de que podemos confiar en ella!
- Apenas resulta posible pensar que sea falsa a pesar de que su certeza no data de hace mucho tiempo. La expresión corporal es una cosa cierta. Tu cuerpo siempre busca, y encuentra, una vía para expresarse. Y, si quieres, puedes entrenarte para eso.
- La expresión corporal muestra tu estado, físico y anímico. Si te encuentras bien lo comunicas con cada fibra de tu cuerpo, y si te sientes mal ocurre lo mismo. Es imposible encontrarse en mala forma y expresar lo contrario ante los demás. Cualquier persona sensible te desenmascarará enseguida de forma intuitiva.
- La expresión corporal no es inequívoca y totalmente precisa, pues es algo racional y no digital. Pero tiene su significado.
- No siempre resulta fácil y a veces es imposible pasarlas a un lenguaje hablado. Eso es lo que ocurre con las traducciones.
- En el mejor de los casos, la expresión corporal es espontánea, y la espontaneidad no se puede ensayar, resultaría paradójico. ¡Eso está claro!

Y para aclarar más cómo funciona la expresión corporal, vamos a practicar un par de juegos. ¿Preparados?

Número 1. El juego del limón

Piensa ahora en un gran limón. Pon ante los ojos de tu espíritu esa amarilla esfera repleta de zumo. ¿Lo tienes? Coge un cuchillo y corta el limón en dos mitades; observa como se desborda el fresco y dorado zumo, y se escurre entre tus dedos, y percibes un olor, a la vez

dulce y ácido, de las ralladuras de su cáscara. Coge ahora una de las dos mitades del limón y muérdela levemente, verás como se te llena la boca con su ácido zumo.

¡Observa lo que ocurre! Si has pensado intensamente en ese limón, notarás como te escurre la saliva por la boca. ¡Sin que exista el limón, sólo por el hecho de imaginártelo! El cuerpo y el espíritu están tan estrechamente ligados que para ti son realmente una misma cosa.

Si sólo piensas en enfermedades es señal de que caerás enfermo, o de que ya lo estás. Si tu obsesión son las catástrofes, te acabará ocurriendo alguna. Si eres muy dado a la inquietud, pronto tendrás algún motivo para inquietarte.

Hasta aquí el juego del limón que, en realidad, no tiene nada de sorprendente. Ya sabemos todos la poderosa influencia que ejerce la imaginación sobre nuestro organismo. Pero esto también ocurre en sentido contrario. Y esto es lo extraño, como se va a comprobar ahora:

Número 2. El juego «Estoy-tan-deprimido»

Levántate un momento y suelta el libro. Alza tus manos totalmente hacia arriba, respira profundamente unas cuantas veces y observa cómo fluye por tu interior todo el aire que has inspirado, y lo grande y fuerte que eres; estírate más y más, dirige la mirada hacia el cielo y percibe la vida, la fuerza y la tensión que existen en tu cuerpo..., y ahora, estando en esa posición, prueba a pensar: «¡Estoy deprimido! ¡Dios mío, qué mal estoy! ¡Me encuentro tan mal...! ¡Soy un pobre diablo!».

¡No lo leas otra vez, limítate a hacerlo!

¿Has notado que no funciona? No puedes mantener una postura corporal que sea indicio de fuerza, vida y alegría y, simultáneamente, pensar en una aflicción y experimentarla. Y viceversa:

Número 3. El juego «Soy-un-tipo-genial»

Haz lo mismo que antes, levántate e inclina hacia adelante los hombros y la cabeza. Expulsa el aire de tus pulmones y dirige tu enfurruñada mirada hacia el suelo. Respira lo menos que puedas y, además, de una forma muy superficial. Curva hacia abajo las comisuras de los labios y pon un aspecto sombrío, muy sombrío, extraordinariamente sombrío..., y ahora, estando en esa posición, prueba a pensar: «Hoy me encuentro superbien. Estoy de un humor magnífico. ¡Dios mío, qué bien estoy! ¡Soy, sencillamente, un tipo genial!

¡Tampoco funciona! ¡Nunca jamás! ¿Qué es lo que significa eso?

- Nuestro pensamiento influye sobre nuestras percepciones físicas. Pensemos sobre muchas cosas malas que ocurren y comprobaremos que el mal humor ejercerá su presión sobre nuestro cuerpo. Esto ocurrirá durante tanto tiempo que tu estado de ánimo acabará por grabarse en los pliegues de tu cara, extinguirá tu fuerza muscular, te inclinará los hombros hacia delante, encorvará tu espalda y nublará tu mirada. No sólo se trata de pensar mal, sino que además lo percibes, de la misma forma que notabas el zumo del limón en la boca, y todo eso acabará por llamar la atención de los que te rodean.

- Pero también nuestras percepciones físicas influyen sobre nuestro pensamiento: ponte erguido con más frecuencia, estírate con más frecuencia como dirigiéndote hacia el cielo, vístete algo mejor con más frecuencia o date algunas carreras con más frecuencia por los alrededores de tu barrio, ríete más frecuentemente y te sentirás mucho mejor, pensarás mejor y cavilarás menos, sólo pensarás en dominarte más y en tener mejor humor. Y con el tiempo llegarás a tener mejor aspecto.¡Es verdad! Pero ése ya es otro tema.

¿Qué nos enseña esto? Que no debes concentrarte en el lenguaje corporal exterior, sino que también has de preocuparte del interior para cuidar y atender a tu estado anímico. ¡Ésa es la forma en que tu expresión corporal se manifestará por sí misma! Ahora viene lo que no debes hacer nunca:

- Evita practicar y adoptar ademanes o posturas estúpidas para no parecerte, en el verdadero sentido de la palabra, a un mono. Eso no funciona nunca. Observo día tras día el fracaso de esa actitud. En concreto:
- No permitas que estas posturas se metan en la discusión; si quieres obtener el trabajo las manos deben permanecer sobre la mesa. Luego

estarán allí, apoyadas sobre la mesa, junto con tu total atención, agarradas una a la otra, exangües y con los nudillos blancos, y revelarán todo tu estado de ánimo. Ellas no hablarán bien, y antes o después no las podrás aguantar, te cogerán la barbilla, te toquetearán la cara o harán polvo un bolígrafo: clic-clic-clic.

○ El contacto visual es importante, se dice, pero, ¡por Dios bendito, no mantengas la mirada de una forma tan obstinada que no haya quien lo aguante! Tú mismo conoces los ojos acuosos y de intenso mirar de algunas personas, esos que sólo te permiten fijarte en ellos con total persistencia y no puedes mirar a ninguna otra parte. Llega a resultar irritante.

○ No te empeñes desesperadamente en que tus manos *no* estén metidas en los bolsillos del pantalón. Hazlo con toda calma si ves que de esa forma te encuentras mejor. Ninguna persona razonable rechazará emplearte por esa presunta violación de las reglas de comportamiento actuales. Yo ya he visto a muchos conferenciantes a los que les importaba un comino las directrices del comportamiento y las normas que se refieren a las disertaciones, y a otros muchos que parecían dominar un repertorio completo de gestos. Los primeros *siempre* resultaban ser los mejores.

○ No ensayes ninguna postura que te haga parecer un «desenfadadamente guay». Estar tan relajado provoca, la mayoría de las veces, que parezcas estar tenso, fatigado y fingiendo, con lo que estás consiguiendo el efecto contrario al que perseguías: ¡Hace parecer que no eres «guay»!

○ No emitas tus opiniones con voz muy alta y potente. Si eso no se ajusta a tu carácter, tendrás problemas con el oxígeno. Consumirás demasiado aire y te irás asfixiando paulatinamente. Tu asfixia provocará la desconfianza de los demás.

○ Tampoco debes ensayar ningún ritual electrizante para llamar a la puerta, abrirla o estrechar la mano. Esa sensación de dinámico apretón no te podrá liberar de las próximas horas cuando tú ya *no* seas realmente dinámico. Y puede resultar extremadamente violenta.

En el juego «Soy-un-tipo-genial» hemos percibido claramente el poder con que el organismo puede actuar sobre el pensamiento. La mejor prueba son los «seminarios de la risa», que están muy de moda. En ellos se ríe de forma artificial y estúpida hasta que consigues estar contento como unas castañuelas. ¡Eso funciona! Haz alguna vez uno de esos seminarios. Es como divertirse a base de cantar y cantar. Ahora te vamos a dar unos pocos trucos útiles sin tener que poner en práctica esas esotéricas tonterías. Aquí están los más importantes y sencillos consejos para la entrevista de trabajo:

- Limítate a sentarte en la silla, recto y erguido, con todo el trasero ocupando el asiento y toda la espalda apoyada en el respaldo. No te quedes medio sentado en el borde de la silla, porque presentarás un aspecto horroroso al tener constantemente miedo a caerte o resbalar. Sentarse correctamente contribuye a que te sientas muy relajado.
- No enredes tus piernas en las patas de la silla. Esas dos cosas deben estar separadas aunque sus nombres hagan parecer que son lo mismo: *pierna* y *pata*. Existen hombres-serpiente que son capaces de dar tres vueltas a su pierna alrededor de la silla. Esto cansa enormemente y consume una fuerza increíble. Coloca con firmeza ambos pies delante de ti en el suelo, como cuando, yendo en avión, notas que vas a aterrizar. Esto suele resultar muy tranquilizador.
- El aire es el elixir vital por antonomasia: por tanto, procura ocuparte de tu respiración a fin de que no baje hasta el nivel nulo previo al desmayo. Yo creo que ésa es una de las causas fundamentales por la que te puedes quedar en blanco. Si respiras adecuadamente te sentirás tranquilo y percibirás que tu nivel de energía se va reforzando, lo mismo que tu concentración, tus opiniones y tu seguridad.
- Si te resulta posible, no cojas con la mano nada que no te haga falta. Ni el boli, si no lo vas a usar, ni la nariz, las orejas, la barbilla, la espinilla más reciente de tu rostro, el pelo, la corbata: nada de rascarse, frotarse o manosearse. Ésa es una muestra de nerviosismo y se lo da a entender tanto a tu interlocutor como a tu espíritu, lo cual es muy peligroso y extremadamente negativo.

Pero no te debes obsesionar con todo esto. Si el boli es para ti un elemento que te va a procurar el éxtasis, debes sujetarlo entre tus dedos y suprimir todas las demás contorsiones corporales que lleves ensayadas.

Ya sabes por qué. Y ahora es cuando me puedes decir: «Por Dios, si de todo lo dicho no se hace nada, ¿por qué me lo has hecho estudiar hasta este momento?». Mi contestación es muy sencilla: «¡Exactamente!, eso no se aplica a la gente normal». Si te encuentras bien durante la entrevista concéntrate en tu seguridad interior. Coloca tu mano sobre tu tranquilo corazón: ¿dónde está el nerviosismo y la inseguridad que se manifestaban a base de meterse el dedo en la nariz, morderse las uñas, sudores, temblores, mirar las musarañas, enredar las piernas alrededor de la silla? Eso es inseguridad:

- Porque no sabes qué es lo que te espera.
- Porque no estás acostumbrado a colocarte en situaciones tan expuestas durante una conversación, y te falta entrenamiento.
- Porque tienes miedo de llegar a un resultado fatal en este peligroso concurso de preguntas y respuestas, y el hombre de Recursos Humanos es tremendamente perverso, te toma descaradamente el pelo y te lanza preguntas capciosas, y debes estar preparado para todo.
- No te sientes a tus anchas porque no te acabas de poner cómodo. Y eso no es consecuencia sólo de la conversación, sino de todas las circunstancias imperantes. No te dominas y te sales de tus casillas.

Contra todo esto no existe ningún remedio que actúe de una forma rápida. Con respecto al último punto, voy a ir un poco más allá. Si crees que vas a tener problemas con tu lenguaje corporal y tu nerviosismo, tómate muy a pecho los consejos que vienen a continuación. ¡Pero de verdad!

UNA BUENA RELACIÓN CON NUESTROS PROPIOS TEMBLORES

¡Si el balbuceo y los temblores toman el poder, todo puede cambiar mucho! Un poco de nerviosismo es bueno y constructivo, pues eso te hará más vivaz y rápido en tus reacciones. El nerviosismo es un antiquísimo programa biológico, tiene millones de años, preparado para elevar nuestra capacidad de respuesta ante los peligros y, por eso, resulta positivo.

Nosotros hemos entrevistado a los mánagers más tranquilos y también ellos estaban nerviosos. Nada te permite eludir lo malo, sino más bien todo lo contrario: ¡Yo llegaría incluso a sentirme algo ofendido si tú no estuvieras algo nervioso! Como ya estamos llegando a lo que es más importante, quisiera tomármelo en serio al máximo. Si estás inmerso en una absoluta tranquilidad anímica, puede deberse a que yo no despierto en ti el respeto debido. ¡Así que muéstrate algo nervioso!

En principio: si estás agobiado, paralizado y bloqueado por un exceso de nerviosismo, esto te resulta, naturalmente, muy embarazoso. ¿Qué puedes hacer para poner tu nerviosismo bajo control? Aquí tienes los tres consejos más importantes:

1. Prepárate seriamente para la entrevista.
2. Prepárate seriamente para la entrevista.
3. Y... prepárate seriamente para la entrevista.

Yo, naturalmente, estoy a favor de actuar con espontaneidad en la vida, pero esto sólo es posible en las situaciones complicadas si te mantienes *seguro*, y esto sólo se consigue a base de preparación. ¡Así de sencillo!

Prepárate para las preguntas que, con toda seguridad, te van a llegar. Piensa, *antes*, qué es lo quieres responder ante tales preguntas. Estúdiatelas y ármate para pelear contra ellas. Infórmate también de algo acerca de la empresa a la que vas a acudir. Al fin y al cabo eres su invitado y, aunque sólo sea por respeto, debes saber de ella algo más que su nombre.

Busca información: memorias de la sociedad, prospectos, catálogos, páginas web. Prepárate para el empleo. ¿Qué funciones principales conlleva? ¿Qué es lo que verdaderamente quieren? ¿Dónde puedo ofrecer mayor utilidad a la firma? Para mandos: ¿Cuáles son los factores críticos del éxito del empleo, y cómo se satisfacen?

Y ahora trabaja en todos los trucos y consejos de éste y de algunos otros buenos libros de ayuda. Sabrás exactamente lo que te espera y, después de todo ya no tendrás motivos para sentir angustia ante lo desconocido. Y notarás que el saber aporta seguridad.

Ya en la primera pregunta te habrás dado cuenta de que, antes, podía ir acompañada de un patinazo y comerte las uñas, ahora, en cambio, tienes preparada una respuesta convincente y puedes recobrar totalmente el ánimo. Esta seguridad es la que te otorga una mejor conciencia de tu propia valía, una postura más vital y una mirada más radiante, manos relajadas, y un despreocupado contacto visual. ¡Y tu nerviosismo se ha transformado en una tensión gozosa y cargada de energía!

Practicar y entrenar, delante del espejo

Piensa en un actor que no dominara su papel: no se podría sentir tranquilo durante la representación, siempre estaría bizqueando los ojos hacia el apuntador y perdería toda la espontaneidad que su lenguaje corporal hubiera podido otorgarle en un principio. Angustiado por ese estúpido texto, su preocupación le haría envejecer a toda velocidad.

Por tanto: practica tu propio papel hasta que te salga por las orejas, y lo mejor es hacerlo delante del espejo. ¿Te parece chistoso? Ya han sido muchos los que lo han hecho antes que tú. Y no sólo los demagogos, que son los únicos en que pensamos cuando se habla de entrenar la expresión corporal. Eso es tremendamente falso. Se robustece la autoconfianza y es suficiente para los detalles más notables de conjunto. Te extrañará comprobar cómo tus prácticas ante el espejo van a cambiar y reforzar tu propia seguridad interna:

¡Yo era el mismo que, antes de mi primera presentación ante un público masivo, había dicho claramente que mi sensación no era otra que la de padecer un miedo cerval! La primera actuación ante el espejo fue casi para perder el juicio de lo mala que resultó: ¡Para echarse a llorar. Hombros encorvados hacia delante, mirada espantada, voz temblorosa, nada fue bien! El segundo espectáculo ya fue un poco menos malo y eso me dio un poco más de valor. Aún puse en escena una tercera representación que resultó bastante pasable. ¡Y a la cuarta ocasión me planteé que parecía tener el mismo aspecto que James Bond, de lo «guay» que me salió! Y aún más: mi quinto *show* me hizo sufrir algo cercano al delirio de grandeza.

Fortalecido de esa forma acudí a mi presentación. Aun así, el corazón se me salía por la boca y al principio me quedé en blanco un par de veces. Pero el pequeño resto de conciencia que aún sobrevivía en mí me recordó mis representaciones ante el espejo y me permitió seguir hablando de una forma automática; al cabo de un par de minutos ya pude sentir que me encontraba bien y a partir de los 10 minutos todo marchó estupendamente. Sin esos ejercicios yo habría cosechado el mayor fracaso de mi vida y eso me ocurrió en un momento crucial: si no me hubiera embarcado de esa forma, este hecho habría tenido unas consecuencias enormes para mi vida. ¡Espejito, espejito, mis más efusivas gracias!

Mi mejor consejo: practica tranquilamente, en vivo y en directo, por ejemplo cuando solicites un empleo que no te interese nada y para el que estés cualificado en exceso. O cuando vayas a ver a tu asesor de Personal. Esto último va a conseguir que mis colegas me quieran asesinar otra vez, pero ya me he ido acostumbrando a eso.

Pon las cosas claras

Una vez más: si te han llamado para celebrar una entrevista de trabajo, eso es señal de que estás situado entre los cinco mejores candidatos. Ya tienen tus calificaciones desde antes y por eso te han llamado. No hay, por tanto, ningún motivo para angustiarse, sino sólo para sentir orgullo y alegría. ¿O no?

Para empezar, la gente de Recursos Humanos son personas normales, y no monstruos. Hay algunos que son terribles, pero en principio eso no debe constituir ningún problema. Tú te puedes levantar e irte si te encuentras con uno de esos individuos, pues si ésa es una empresa que tiene que tener a un monstruo en la entrada, yo soy de los que de ningún modo querría trabajar para ella.

Los hombres de Personal carecen de malas intenciones, sólo tienen un trabajo: encontrar cuál es la persona adecuada para el puesto. Sienten, por tanto, la misma angustia: ¿Habré elegido el correcto? ¿He cometido algún fallo? ¿Es, de verdad, como pienso que es? ¡Si elijo mal acabaré por perder, antes o después, mi propio empleo!

Sé franco, por tanto, con el pobre individuo de Recursos Humanos, que se encuentra en una posición muy particular y está sometido a presión. Quiere aprender a conocerte tanto en lo personal como en lo profesional. Dile todo, y eso os servirá a ambos para juzgar si eres el adecuado para el equipo, la empresa y el empleo. Sólo así serás totalmente feliz.

No te reprimas

Si padeces una enorme inseguridad, un pánico que te destroza los nervios o una invencible timidez, está claro que esto te resulta abrumador y mis lemas te sonarán a puro sarcasmo. Pero también existen posibilidades en el campo de la psicohigiene y la autoterapia para que, con el tiempo, todo vaya bien y te encuentres perfectamente.

Dedica tiempo al capítulo «Entrénate tú mismo» a partir de la página 213. Todo se desplegará como una luminosa nube de fuegos artificiales.

En caso de que te encuentres realmente mal, tengas grandes dificultades, y ni el entrenamiento o la autoayuda te sirvan de nada, debes ponerte en manos de un terapeuta. Si encuentras uno que sea competente, puede hacer de ti una persona nueva. Nada te resultará peor que no plantarle cara a los hechos a causa de tu propia inseguridad, pues en lugar de permitirte avanzar, hará que estés dando vueltas constantemente.

Nueve miniconsejos más contra el canguelo

○ Ten previsto el tiempo que vas a tardar en llegar al lugar de la entrevista; infórmate de la dirección exacta para no extraviarte.

○ Ejercicios de respiración: ¡Hay mucha gente que lo asegura! Respirar de forma relajada y profunda obra maravillas. Aún mejor: ponte en manos de un profesional del entrenamiento de la respiración.

○ Deja de tomar té o café, ¡como si no estuvieras ya bastante nervioso! Si fuera necesario, medicamentos como betabloqueantes, Valium, un porro, un poco de whisky o algo así. ¡¡Nada de eso!! En caso de urgencia cualquier tisana tranquilizante e inocua.

○ Contempla la naturaleza: siéntate durante veinte minutos en un parque, o al lado de una zona arbolada, y escucha los pájaros. Los que son jóvenes suelen cantar de una forma especialmente brillante.

○ Escucha música: algo de música hermosa y relajante, existen CD esotéricos con sonidos marinos, murmullos de luna llena, gruñidos de pingüinos. En principio, todos son muy beneficiosos y suponen un bálsamo para el espíritu.

○ Contempla tu aspecto en el espejo y di sencillamente: «¡Muchacho, muchacha, te encuentro fenomenal, pierde cuidado que, juntos, vamos a hacer otras muchas cosas!». ¡Tú eres el que eres, y no otro!

- Haz regularmente ejercicios del tipo de entrenamiento autógeno, visualización creativa, programación neuro-lingüistica (PNL), prácticas de yoga como «Los cinco tibetanos»; algo sencillo y que te siente bien *a ti*.
- Lee libros de autoayuda, de pensamiento positivo, de sensaciones de bienestar..., cualquiera, cuantos más mejor. Son un magnífico remedio contra las preocupaciones, el fracaso y el autobloqueo.
- Y no lo olvides nunca: ¡Hasta el máximo responsable de la gente de Recursos Humanos es una persona!

Ahora, un par de ejercicios para acostumbrarse. Para una cosa así sólo hacen falta un par de minutos cada día. Y podrás cambiar tu vida.

AUTOTERAPIA EN LUGAR DE PASTILLAS

Seguramente ya te has despertado en plena noche y habrás empezado a preocuparte. Y cuanto mayor sea la preocupación más monstruosas te han resultado las cosas. Incluso el mero hecho de desayunar puede ser una catástrofe insuperable. El corazón te palpita ruidosamente a lo largo de la sombría noche y te parece que su sonido retumba contra las paredes de una forma horripilante. Una vez que han transcurrido dos horas, la preocupación te ha dejado hecho polvo: sudas, tienes una angustia total, las manos y los pies fríos y húmedos, pánico ante lo más nimio y te sientes exhausto.

Si ya lo has experimentado, te alegrará saber que te puedes desahogar. Lo que has practicado es el efectivo y espectacular entrenamiento mental, sólo que en la dirección equivocada. Te has administrado veinte tazas mentales de café y estás temblando por causa del nerviosismo. Pero a esto le puedes dar la vuelta. Es un tema de disciplina y técnica. Veamos un caso:

Justamente en medio o muy alejado

Suponte que estás en la piscina, cómodamente echado en una magnífica tumbona y ves que un saltador se prepara a zambullirse desde la palanca del trampolín, que está situada a 10 metros de altura. ¿A que todo te parece muy bien? Y ahora vuelve a suponer que eres tú mismo el que está en esas ventiladas alturas, con los dedos de los

pies justo en el borde de la palanca y mirando entre temblores la insondable profundidad del suelo. Ahora se ven las cosas de otra forma y te parece que algo marcha muy mal, sobre todo la sensación que percibes en la región del estómago. ¿A que sí?

Los seres humanos tenemos la capacidad de poder observarnos a nosotros mismos desde la distancia, como si fuera desde el punto de vista de un observador neutral. Es lo que se llama la *percepción disociada* de la propia persona. Si nos percibimos, como es usual, desde nuestro propio interior, estaremos ante la *percepción asociada* a nosotros mismos. Por eso, es importante que la percepción disociada no sólo la percibamos desde nuestro propio punto de vista, sino también desde nuestras sensaciones: ¡Nosotros alteramos las vivencias de la situación! ¿No lo has notado en el ejemplo del trampolín? Existe una verdadera diferencia entre la percepción disociada y la asociada (¿a que es muy notable?). Si para ti, que estás situado en pleno centro del barullo, te resulta insoportable, ha llegado el momento de desconectar y sobrevolar por encima de la situación. Algo así como:

Ejercicio 1. A vista de helicóptero

Supón una situación que te resulte absolutamente insoportable. Acuérdate de alguna que hayas podido experimentar personalmente, con toda tu angustia, tu desorientación y tu desamparo.

Sitúate ahora fuera de la situación y ponte en plan de observador. Date cuenta de cómo cambian tus sensaciones. Te subes a un magnífico helicóptero rojo que tienes especialmente preparado, alzas el vuelo con lentitud y ves cómo quedan las cosas en una panorámica por debajo de ti. Primero estás en lo alto de la habitación, luego sobrevuelas las calles, más tarde toda tu ciudad, después el país por completo. Llegas a ver la totalidad de Europa para, más tarde, echar un vistazo a nuestro planeta azul, con su sublime silencio, que brilla como una perla resplandeciente entre la negra inmensidad del espacio.

Ahora ya puedes ir más adelante: el sistema planetario en su perfecta armonía. Las galaxias con sus soles formados por partículas de polvo, las galaxias espirales, entre las que la nuestra resulta diminuta. Y si continúas casi te llegarás a sentar junto al buen Dios y te sentirás realmente sosegado.

Son muy importantes las sensaciones según te vas alejando. Más allá del planeta azul tengo tal tranquilidad anímica que le digo al piloto que dé lentamente la vuelta para poder percibir de nuevo esa exaltación. Vistos desde aquí, nuestros problemas parecen tontos y carentes de importancia.

Y es cierto que nuestra pequeña Tierra es un planeta maravilloso que circula por el infinito y helado Universo. Está solo, es diminuto, animoso y vulnerable. Si el Sol fuera una bola incandescente de 70 centímetros de diámetro, nuestro pequeño mundo estaría situado a 75 metros de distancia y sería un pequeño ópalo de 6,4 milímetros de diámetro que tardaría un año en dar la vuelta. ¿No es emocionante? Entre nosotros y el Sol sólo estaría el pequeño Venus (6,1 mm) y el diminuto Mercurio (2,4 mm): estoy, lo habrás notado, totalmente conmovido y sobrecogido a causa de esta maravilla absolutamente increíble. Si existe la Tierra, si hay una atmósfera, tan tenue como la cáscara de una manzana, y sobre la base de este débil mar de aire nosotros, la raza humana, nos hemos podido producir a partir de una inexplicable casualidad, entonces uno se inclina ante Dios, se queda sobrecogido por el temor y se siente agradecido por cada segundo en el que se le permite participar en este espectacular milagro. Ante todo esto: ¿qué es una cita con la gente de Recursos Humanos? ¡Realmente no es nada!

Piensa ahora en la próxima entrevista o charla telefónica, ninguna de las cuales te causa una buena impresión. Elévate en tu magnífico helicóptero rojo y colócate instintivamente en la situación que te proporciona la óptica del que vuela por encima de todo.

Si ahora ya estás totalmente tranquilo, grábate algo que te haya resultado especialmente impresionante. Puede ser cualquier detalle: el sonido del motor, la cabina transparente del helicóptero, la frescura del viento, esa joya azul a la que llamamos Tierra, el sosiego del espacio infinito... Grábate esa imagen en la memoria. Esto es lo que llamamos un *ancla* de donde pende todo, tu estado de ánimo y tus vivencias. El ancla te hará más ligera y te hará recordar las tranquilizantes sensaciones percibidas en tu panorámica desde el helicóptero.

Ejercicio 2. Momentos de excelencia

A veces, y espero que sean las más posibles, te encuentras en una forma magnífica: todo va bien, no se percibe ningún problema por ningún sitio, el mundo es maravilloso. Otras veces, cuantas menos mejor, ocurre totalmente al contrario: nada funciona, los problemas son gigantescos y el mundo es un valle de lágrimas. ¡Tú mismo eres un pobre diablo! Estos estados básicos de ánimo no llegan casualmente, se activan como consecuencia de un desencadenante concreto:

Después de muchos años vuelves a escuchar la canción, tu canción, y ¡zas!, todo vuelve de nuevo, la pequeña Cristina con sus rubias trencitas de la que otra vez estás perdidamente enamorado, como cuando tenías 12 años. O escuchas de repente esos ruidos, sí, exactamente los de la tiendecita de la esquina. Y encuentras que has vuelto a tu infancia y a las chucherías, cuando ir hasta la manzana de al lado era como hacer un viaje a China.

¿Te das cuenta de que son unas anclas impresionantes? Tú puedes utilizar estas anclas y obtener a partir de ellas unas sensaciones óptimas. Porque nosotros no sólo podemos recordar con una canción a la pequeña Cristina, también tus propios movimientos corporales sirven como anclas para conseguir una excelente estado de ánimo. Y en esto radica la gracia del tema: esos movimientos no sólo van a ir acompañados de una disposición, sino que pueden ser efectivos para desencadenar algo como lo que ocurría en el juego «Soy-un-tío-genial». Quien conoce sus movimientos de estar en plena forma puede conseguir esa buena forma a base de moverse como si ya estuviera en ella.

Imagina una situación en la que experimentes una magnífica disposición y te encuentres en plana forma: ¡estás en un momento excelente, como siempre has deseado! ¡Figúrate ese momento! Piensa en tus sentidos corporales: lo que escuchas, lo que ves, saboreas, palpas y hueles. ¿Cómo te mueves, cuál es tu posición corporal? ¡Narra este momento, puede ser a ti mismo o a una persona de confianza! ¡Repítelo, a ser posible delante de un espejo! Y ahora comprueba: ¿Qué posturas y qué movimientos, y también qué aromas, imágenes y sonidos te procuran esa magnífica disposición de ánimo?

Son tus anclas para tus *momentos de excelencia*. Empléalas si quieres que te produzcan esa buena disposición anímica. Naturalmente, no se trata de dicho y hecho: ¡Hay que practicarlo! ¡Usa tu imaginación y utiliza por completo la riqueza de tus vivencias! ¡Te aseguro que es eficaz!

Y a la inversa, también te surge algo que apenas puedes soportar: piensa, en cada mañana, cuando al ponerte a desayunar, con la boca llena, te sumerges en la lectura del periódico. Siéntate y dedícate a pensar en activar tus anclas, 1.000 veces practicadas, contra la permanente presencia de todos los males de la Tierra, en general, y contra tus propias miserias, en particular. Sólo de pensarlo te quedas abatido, la comisura de los labios se te va hacia abajo y caminas con la cabeza agachada, respiras de forma superficial y te pones pálido. Y estás hecho polvo: te sientes tan mal como siempre que lees el periódico. Pero eso no va a suponer nada para ti ni para tu entorno, ¿no te parece? Pues lo importante es:

Cada día que tú disfrutas de la vida es un regalo para ti y para el mundo.

Es un lema maravilloso. Y porque es tan maravilloso lo vuelvo a poner:

Cada día que yo disfruto de la vida es un regalo para mí y para el mundo.

Por encima de todo esto hay un poco de programación neurolingüística (PNL). Los ejercicios se han extraído de un clásico en este campo: *Coach Yourself*, del matrimonio Besser, aunque, por desgracia, está agotado. Pero existen varios libros sobre PNL,[8] ¿por qué no pruebas con un par de ellos?

---

8. En castellano se dispone de:

Alder, Harry, *PNL-programación neuro lingüística*, Edaf, 1996.

Carrión López, Salvador Alfonso; Martínez Alcázar, María Dolores y Juan Luis Quevedo Seco, *Enseñar con éxito: programación neurolingüística*, editor Carrión López, Salvador Alfonso, 1999.

Carrión López, Salvador Alfonso, *Iniciación a la programación neurolingüística o PNL para principiantes*, Océano, 2002.

Selva, Chantal, *La programación neurolingüística aplicada a la negociación: conocimiento del problema*, Granica, 2004.

Schwarz, Aljoscha y Ronald P. Schweppe, *Guía fácil de PNL*, Robinbook, 2001.

La PNL no es algo milagroso, sólo es *uno* de los métodos para sentirse mejor, al que tú debes echar un vistazo y que a mí me ha convencido.

Hay una enorme cantidad de métodos, por ejemplo, la sencilla *visualización creativa*: con ella podemos ponernos en plena forma, lo sabes incluso a través de tus accesos nocturnos, y sumamente creativos, de preocupación. Cada uno de nosotros puede representarse de una forma intensiva sus posibilidades de futuro, y eso ejerce una enorme influencia sobre nuestro estado anímico y nuestra energía. Para mí es un enigma el hecho de que nos resulte extraordinariamente atractivo imaginarnos de una manera constante los males que nos van a sobrevenir. Lo contrario es significativamente más voluptuoso, más eficaz y más bello. ¡Hazlo así, ahora! Un magnífico y erudito libro es *Kreatives Visualisieren,* de Shakti Gawain.[9] Suena demasiado esotérico, pero no es así. Es sus apenas 100 páginas lo explica todo, es un libro repleto de un sencillo modo de vida.

Reforzado con el yoga, la programación neuro-lingüística (PNL), la visualización creativa, el entrenamiento autógeno, la meditación, etc., puedes dejar que llegue la entrevista personal con toda tranquilidad e impasibilidad. Rebosante de la conciencia de tu propia valía, te resultará muy sencillo causar desde el principio una magnífica impresión. ¡Los primeros 180 segundos son realmente decisivos, pero no lo son todo!

LA PRIMERA IMPRESIÓN O EL FAMOSO *PRIMACY EFFECT*

Hacen faltan muy pocos segundos desde nuestro primer encuentro con una persona desconocida para que la tengamos ordenada y clasificada en nuestro cerebro, donde disponemos de una especie de cómoda con unos 20 a 100 cajones para adaptar a ese desconocido de acuerdo a cómo lo distingamos y la filantropía que sintamos hacia él. La cómoda está tallada con las experiencias subjetivas que hemos adquirido acerca de las personas con las que nos hemos tropezado alguna vez en nuestra vida.

---

9. Edición en castellano: *Visualizacion creativa,* Sirio, 1990. *(N. de la T.)*

Y apenas nos reunimos con alguien con el que nunca nos habíamos tropezado, no le dejamos de ninguna manera acercarse a nosotros y le preparamos un nuevo cajón propio para él, a pesar de que, por sí mismo, ya es realmente singular. No, le estamos juzgando y comparando sin cesar. El menor centelleo de los ojos, la postura, hasta el tono de voz, la energía y cadencia con que llama a la puerta, nos dan una serie de indicios para saber en qué cajón se debe colocar a esa persona. Y al cabo de poco tiempo la persona ya está guardada en uno y lo cerramos: «Éste es como la tía María, Pepe el del quiosco y María de las Mercedes». Y se acabó.

Luego, dependiendo de lo tolerante que sea y de la capacidad de aprender del propietario de la cómoda, cada uno puede salir de su propio cajón. Si existe algún prejuicio contra un individuo, esa opinión no se va a cambiar de inmediato. Si ocurre así, esa persona tiene derecho a que se corrija esa injusticia y la cómoda debe ser llevada al carpintero a que le hagan una revisión. En EE. UU. se habla de algunos milisegundos. Por nuestros más cercanos horizontes tenemos valorado en 180 segundos el tiempo de generación del juicio sobre cada ser humano. Pero son realmente suficientes y se dice: «¡Tres minutos y la cosa está hecha!».

¿Es realmente correcto? Muchos solicitantes no ocultan su preocupación acerca de esta afirmación. Si al cabo de tres minutos ya está todo hecho, y más allá no hay nada que se pueda conseguir: ¿Qué es lo que debo prepararme de antemano?

Te lo aseguro: el denominado *primacy effect*, es decir, la primera impresión, no es un juicio preconcebido, sino una primera etapa, exactamente es un prejuicio. En realidad es sencillamente un mero sentimiento de simpatía o antipatía combinado con recuerdos de encuentros similares. Nosotros lo percibimos a toda velocidad y deducimos de ahí una especie de pseudoconocimiento intuitivo que, con frecuencia, puede resultar excelente, pero, poniéndonos la mano sobre el corazón, otras veces puede ser *básicamente erróneo*. Y si el lema de *los primeros 180 segundos bastan* hoy impera entre la gente de Recursos Humanos, algo no va bien. No hasta llegar a tales extremos. Yo he entrevistado y servido de intermediario para muchas personas, y debo confesar que ha sido muy frecuente que obtuviera mis mejores sensaciones gracias a un acertado *primacy effect*. A ti también te ocurre: ¿Cuántos encuentros has tenido en los que la primera impresión se quedara después en nada? ¿Cuántos resultaron espinosos en un principio, y luego se han constituido como una relación central en tu vida? ¿Lo supiste inmediatamente después de los primeros 180 segundos?

Es una habladuría pseudopsicológica. La gente de Personal que actúa profesionalmente no se fía de la primera impresión, sino que puede abstraerse de lo que refleja tu persona e imponerse a cualquier prejuicio individual; lo cierto es que no lo hacen así todos, pero sí muchos de ellos. ¿Entonces qué es lo que cabe hacer ante la amenaza de *los primeros 180 segundos bastan?* ¿Agitarse y temblar?

- ◗ El *primacy effect* es importante, pero no decide el partido. Es una especie de plataforma de lanzamiento para la salida colectiva, pero también se puede despegar desde una pista irregular y, a pesar de eso, el vuelo resulta perfectamente bien. ¡No tengas miedo!
- ◗ No dejes que te desaliente un lema tendencioso si metes la pata en los primeros 180 segundos. No significa todavía que ya estés fuera del partido. No debes tomarte en serio a esos asesores que, para pavonearse ellos mismos, pretendan minusvalorarte con estas sandeces.
- ◗ No ensayes, *en ningún caso*, una representación teatral que dure 180 segundos. Puede que más tarde, en el segundo 181, se transforme en una desagradable farsa.
- ◗ Lo mejor es que utilices con *anticipación* los 180 segundos para concentrarte, pensar en tu éxito, alegrarte de ser persona, de lo que te espera, respirar profundo, visualizar tranquilamente cómo saludar a la gente de Personal y tratar de iluminarte acerca de cualquier cosa que te pueda llevar a la perdición.

Mucho más importante que el *primacy effect* es la pregunta de la impresión que tú y todos los que están a tu alrededor causan en las demás personas. Cómo actúa tu postura, tu forma de andar, tu traje, tu perro, el coche, los muebles, los libros, tus accesorios..., todo, todo lo que hay a tu alrededor habla muy elocuentemente de ti.

Trabajar esos detalles puede hacer de ti otra persona. Ahora veremos, sirviéndonos de algunos ejemplos, lo que no es realmente fundamental para una entrevista de trabajo, pero también veremos algo acerca de los encuentros, del trabajo, los clientes, los nuevos amigos, los flirteos. No es totalmente carente de importancia. Así pues: ¿Un pequeño consultorio de imagen?

DESDE LOS ACCESORIOS HASTA EL APRETÓN DE MANOS

... Y algunas otras pequeñeces. Ahora ya estás equipado para mantener una magnífica entrevista de trabajo. Nosotros vamos a ir tan lejos que te queremos procurar un último repaso y tratar de apartar a los diablillos que se fijan en los detalles. El éxito de tu entrevista, del que pende tu futuro profesional, tu carrera y tu vida, depende frecuentemente de unas angustiosas cosas secundarias carentes de importancia. Te puedo comentar lo frecuentemente que se me han puesto los pelos de punta cuando la gente de Recursos Humanos ha respondido con una negativa porque, por ejemplo:

Antes de la tercera y seguramente definitiva entrevista, un destacado ingeniero de ventas tuvo la tonta idea de hacerse colocar unos pequeños aros dorados en las orejas. Tenía casi 40 años. Yo lo encontré perfectamente aceptable con su aspecto de capitán Garfio, el de Peter Pan, pero ¿qué empresa sería la que le enviara a sus clientes para pelear en un frente tan importante como el de las ventas? Se puede decir claramente: ¡NINGUNA! A no ser que se tratara de una firma de piercings y tatuajes. A causa de este intento enfermizo de pelear contra su crisis de la mediana edad, él perdió el empleo y yo la comisión. ¡Y tampoco estaba más guapo con ellos!

Vigilemos, pues, los detalles y empecemos desde el principio

Puntualidad

Debes ser puntual, ni demasiado tarde y, como mucho, con 5 minutos de adelanto. La gente de Personal tiene su tiempo muy bien distribuido y deben ajustar sus citas con otros interlocutores. ¡Tu retraso causará un efecto dominó en la agenda de todos los implicados y servirá de filtro múltiple para tus propias aspiraciones! Calcula el tiempo suficiente para llegar con puntualidad a tu cita.

Es preferible eso a tener que estrechar la mano empapada de un individuo jadeante, acalorado y chorreante de sudor. Y luego coger discretamente un pañuelo de papel...

Si ves que te vas a retrasar, llama a la empresa y explica el motivo: atasco, descarrilamiento, fallecimiento de la abuelita... Porque tenemos, ¿no? ¡¡Me refiero a un móvil, no a una abuelita!!

Llegar con media hora de antelación es excesivo, y tampoco resulta bueno. En primer lugar, porque se van a dar cuenta de que no tienes nada importante que hacer, y eso te hará estar inseguro y nervioso. En segundo lugar, te pondrás mucho más nervioso si tienes que aguantar media hora de espera sentado en la recepción.

Actitud fundamental

No vas a participar en un combate de boxeo, no lo olvides, sino en una conversación con otras personas. ¡Anímate! Dile, y si es necesario mil veces, al hombre de Personal y a ti mismo, al mundo y a la gente, que te encuentras estupendamente bien. Relajado, comunicativo, abierto, sincero y de buen humor. ¡Ésa es la forma de acudir a una entrevista de trabajo!

Sonriente, simpático y dulce como el azúcar

Si entras con buen semblante saldrás con el mismo buen semblante. Que alguien te dedique una sonrisa simpática y de aprecio puede llegar a ponerte de buen humor. ¿No es cierto? Es un ancla perfecta. Pero la sonrisa de los otros siempre puede desencadenar la tuya. Quien no tiene una sonrisa para nadie, sólo verá malas caras. ¡Depende de ti!

Hemos presenciado casos como el de la secretaria que había cosechado una negativa y, además se había sentido tratada de mala manera. Pero es que cuando iba desde la sala de espera, donde se encontraba con el conserje, a mantener la entrevista con la jefa, le preguntó a ésta: «¿Quién es la persona tan simpática de ahí fuera?», y fue puntuada de forma muy severa, pues la jefa odiaba a ese conserje.

Mucha gente de Personal le pide opinión a sus colaboradores, y la tiene en cuenta. Trata, por tanto, de ser agradable y simpático con todos y cada uno de ellos. ¡Te puede servir de algo!

Vestido de baile, esmoquin o camiseta

Una de las preguntas más complicadas: ¿qué me pongo? La ropa y los zapatos hablan de ti como si fueran cotorras. Es este contexto la respuesta resulta sencilla: es preferible que, de acuerdo con las características de la empresa y el empleo, te pongas algo que mejor pueda corresponder a *bien* antes que a *mal*. De esa forma muestras tu respeto con la ocasión y con las personas de Recursos Humanos. ¡Que siempre todo sea sencillamente *normal*! De esa forma te arriesgarás muy poco. Un par de ejemplos de cómo no se debe hacer:

Ante nosotros se presentó una refinada dama como asesora de Personal. Ella sabía por todos los conductos que nosotros no éramos los clásicos consultores de traje y corbata. Sin embargo, para la entrevista oficial de trabajo se presentó con un traje de chaqueta, color rojo intenso y muy ceñido al cuerpo, cubierto con incontables accesorios dorados, iba maquillada en exceso y en conjunto parecía prácticamente un pavo real. Pero allí estaba el final de su esplendor: demasiado bien vestida para nosotros, resultaba adecuada para el ramo de la moda o de la joyería, pero no para nuestro trabajo.

Una auxiliar de dirección apareció con una minifalda de piel y un top que le dejaba la tripa al aire. Yo apenas pude llevar a cabo la corta entrevista: ¡Fue por falta de concentración! No hay duda de que ella había entendido algo mal.

Un programador se puso un frac con pañuelo de seda en el bolsillo del pecho, pajarita de color amarillo chillón y mucha brillantina en el pelo (eran aproximadamente las nueve y media de la mañana). ¡¡Estaba guapísimo!! Pero no lo necesitábamos. Totalmente inapropiado. ¡No tenía ningún sitio en el que encajara! ¿Quizá tú?

Otro informático apareció vestido de *cowboy*. ¡Parecía el vaquero de «Bonanza», o el Llanero Solitario!! Le ofrecí un puesto de cazador de búfalos, pero no le hizo gracia, renunció al empleo y se largó embargado por la cólera.

Otro encajaba totalmente con su aspecto, pero usaba unos zapatos de charol blancos y negros que le asemejaban a Al Capone. Y el bulto de la chaqueta parecía ocultar un pistolón. ¡No podía ser!

Estos ejemplos no los he inventado, me he limitado a darles una forma algo más pintoresca, y con ellos te habrás percatado de que lo mejor es dejar tus extravagancias personales para otra ocasión. Déjate en casa la corbata con los dibujos de la tele. Y lo mismo para el esmoquin, la miniminifalda, el abrigo de visón, el vestido de látex y el traje de noche. Tú conoces tu oficio y tu trabajo. Sabes exactamente cómo van las cosas, lo que es elegante sin excesos y lo que es dar una impresión, que no hace ninguna falta, de tu arrolladora individualidad, pero aquí no se trata de eso.

Sé franco y limítate a coquetear en la zona media. Es la mejor forma de protegerte, te lo garantizo. Si ofendes el gusto clásico de la gente de Personal, esto no va a suponer para ellos ninguna prueba de su aburguesamiento e intolerancia, sino sólo de tu falta de tacto acerca de lo que es discreto y lo que no lo es. En caso de duda, pregúntale a tus amigos.

Accesorios

Ahora vamos con la complicada pregunta acerca de todo lo que debes llevar contigo y de lo que no te debes despegar.

Está indicado, para tener sobre la mesa, una cartera con documentación, un bloc y utensilios para escribir. No resulta muy romántico, pero es verdad. Causa un efecto de persona concentrada, interesada y profesional, pero también puede hacerte parecer como inseguro si estás todo el tiempo manoseando tus trastos y apuntando la más mínima palabra que se pronuncie en la reunión. ¡Has de ir con ojo! Suelta la cartera, el bloc y el bolígrafo. Nada resulta más desagradable que estar viendo cómo ordenas constantemente tus cosas, o esa mala costumbre de apretar constantemente el botón del boli. ¡Ya sabes, lo de siempre!

Otros accesorios pueden resultar problemáticos si sirven para enviar mensajes que tú no puedes controlar. Es mejor ser discreto que presuntuoso. Averigua el efecto que causa en tu persona, no en el entorno en que te mueves. Confío en que te des cuenta de lo que pienso: ten en cuenta los mensajes que emites con esos 24 quilates en el cuello, con el Rolex de oro, la pajarita amarillo limón, el bolso de piel de cocodrilo, el pañuelo de seda, la hebilla de oro del cinturón, el portafolios de marca, las medias caladas, el piercing en la lengua, etc. ¡Todas esas cosas hablan de ti en un tono *muy alto*! Y, además, careces de idea e influencia para saber la acogida que van a tener. Si encuentras que esos mensajes te pueden resultar útiles, debes enviarlos. ¡Si tienes la más mínima duda, renuncia a ellos!

Llamar a la puerta y entrar

El mero hecho de entrar por la puerta ya sirve para señalar cómo te sientes, es el *primacy effect*, ¿recuerdas? Pero no exageres en el sentido de: *se abrió la puerta de golpe y el verdugo entró en la habitación...* No, así no. La entrada en escena como el genio de la lámpara, espachurrando manos al apretarlas y tu postura de hacerte cargo del negocio, no es el mejor truco. Tampoco resulta muy convincente el llamar con gran timidez, esperar sudoroso casi debajo de la alfombrilla de la entrada, taladrar el suelo con la mirada, tropezar, quedarse al lado de la silla, y cosas así.

Llamar con claridad, entrar erguido (sobre la alfombrilla), contacto visual, un par de palabritas amistosas, una breve charla, naturalidad, todo eso es lo mejor. Por eso, antes de entrar debes colocar la espalda recta y los hombros erguidos, llenarte los pulmones, respirar tres veces, la cabeza alta, la mirada risueña y el futuro de color de rosa. Te sientes como el rey de la montaña, irradias luminosidad y tendrás las mejores oportunidades gracias a un perfecto *primacy effect*.

El apretón de manos

Me entusiasman las manos cadavéricas, frías como el hielo, fláccidas y sudorosas cuando agarran mi mano, cordialmente tendida, en un apretón carente de sentimientos, de fuerza y de vida. También resulta muy agradable el sonido que se escucha cuando las zarpas de un culturista, como si fueran un torno, te aplastan los huesos de los dedos.

¿Necesitas más información acerca de cómo estrechar una mano? Debe ser de una sencillez normal, aunque es mejor pasarse un poco en la fuerza que dejarlo demasiado flojo. Quien lo deja demasiado laxo señala timidez y enfermedad, y debe practicarlo. ¡Se puede aprender a estrechar la mano! Si es fuerte indica normalidad, vitalidad, vivacidad, placer y salud y, sencillamente, queda muy bien.

La leve cháchara previa

Se trata de hablar de insignificancias, son como ese primer olisqueo de los perros para conocerse. Te embarcas en el juego del tiempo, los accidentes, el trayecto, el estado del tráfico o los cuadros de las paredes. Hay temas más que suficientes como éstos, y todos están dotados de una increíble carencia de importancia. No te aventures demasiado en ese campo, ya que el cotorreo puede resultar así de estupendo:

«Cuando salimos de la urbanización en la que está mi chalet (por cierto que se me ha llenado la piscina de bichos) hay una curva a la derecha, ¿la conoce? Y en el pueblecito siguiente tengo un amigo que ha abierto un vivero y me hace un precio estupendo para las plantas; somos amigos porque sus hijos y los míos coinciden cerca del colegio, en el parque, y su hijas, Mariví y Loli, le sacudieron a mi Evaristo con la pala y todavía tiene el chichón. Y además está lo de la herencia...».

Hay campeones mundiales, como el que acaba de hablar, que no saben lo que realmente te quieren contar y con los que se desea desesperadamente cortar. La cháchara previa es un *corto* palique sobre nimiedades. No pretendas hacer juegos malabares con ella. Haz una pausa si piensas que ya está resultando demasiado larga. Sirve la mayoría de las veces para ir rápidamente a lo que es el meollo de la cuestión.

Yo tengo la predisposición de menospreciar a las personas que hablan del tiempo. Los encuentro insípidos y superficiales. ¿A que está bien que haya llovido los últimos días?, me pregunta. Y yo pienso si tendrá guardada más sabiduría en la recámara. ¿Ha sabido encontrarnos bien? Y yo, para mí: ¡Naturalmente, en caso contrario no estaría aquí, estúpido! Esta maldad me hace ver que soy arrogante y negativo. Hoy ya sé lo importante, lo muy importante, que es hablar sobre el tiempo. Pero no lo es por su contenido, sino porque sirve para encarrilar una relación. ¡Por tanto, es muy importante que entres en el juego!

Malas costumbres en el control de la entrevista

Aunque seas realmente bueno en eso, no cojas nunca el control de la entrevista. Tú eres el invitado y es el hombre de Personal el que te ha llamado a ti, y no al revés. Él sabe salir adelante.

¡Deja hablar a tu interlocutor! ¡Y esto vale para otras circunstancias además de para la entrevista de trabajo! Hay profesionales de la interrupción, sabelotodos y, sobre todo, charlatanes. ¡Moderaos, al menos durante la entrevista! No llegues nunca a pronunciar un discurso como el de nuestro amigo el del chalet. Un turno para hablar raramente dura como mucho un minuto. En caso contrario se llama monólogo y no conversación. ¿Está claro?

Observa un plan preconcebido para la conversación. Corta en aquellos temas que aún no estén maduros. Ése es un síntoma de que puedes reaccionar de una forma estructurada y concentrada, que no eres un saltarín caótico en tus asociaciones. Una buena charla inicial no debe durar más allá de una hora y media. Si resulta más larga, la culpa es siempre del aspirante al empleo, que me ha llenado totalmente la sesera con su charloteo.

Preocúpate además de no ser muy repetitivo. Hay repetidores notables que dicen todo cuatro o cinco veces, incluso se repiten textualmente. Con ello me das a entender que no tienes mucho que decir, que tienes mala memoria para el corto plazo o que consideras que estoy totalmente chiflado.

Echarse un farol

No cuentes historias inventadas ni exageres demasiado, porque eso aguanta durante muy poco tiempo. Cualquier persona de Recursos Humanos un poco experimentada deducirá enseguida que ahí existe algo que no es coherente: ¡Ay de ti cuando se dé cuenta! Te enganchará, te hincará el diente y no te dejará hasta haber terminado contigo; ya estás fuera del partido. ¡Si consigues arreglar las cosas, no permitas que te atrapen de nuevo!

Las fanfarronadas resultan tontas. Deja fuera de la conversación tu magnífico coche, tu piscina, tu travesía por el Himalaya y sabe Dios qué cosas más. Eso carece de importancia y te hace antipático y poco apropiado para el empleo.

Habla claro

Ante una pregunta concreta no trates de escapar de ella utilizando respuestas astutas y ladinas del tipo:

«Ésa es una pregunta muy interesante que ya fue planteada hace más de 2.000 años, y Sócrates y sus discípulos la respondieron de la siguiente forma...».

¡Te la he preguntado a ti, y no a Sócrates! No la eludas ni te hagas el intelectual, no te andes con rodeos, entra en ella, habla claro. ¿Entendido?

Echar pestes y hablar mal de alguien

Hablar mal de profesores, maestros, catedráticos, jefes, o de la empresa es una magnífica forma de conseguir que te boten de un trabajo:

«Sabrá usted, jefe, que no quiero decir nada, pero ese fulano es un zorro, un bribón bronquista que no se entiende con nadie. Sin ir más lejos, el otro día mi compañero Laureano Moreno...».

Cada individuo de Recursos Humanos sabe que él y su empresa van a ser los próximos bribones, y nadie quiere eso. Si tienes problemas, lo mejor es que los des a conocer de una forma franca:

«En realidad no quiero hablar sobre eso, sencillamente, no nos llevamos a partir un piñón, a veces ocurre...» o «Verá, los dos mantenemos grandes diferencias que hacen imposible una colaboración más amplia. Como somos personas adultas y maduras, lo hemos arreglado de forma imparcial y eficiente, y ahora yo estoy aquí».

Y punto final. Cuanto menos hables, más llamarás la atención como individuo con estilo, diplomático, no rencoroso y discreto. ¡¡¡Y todo eso es muy bueno!!!

Darle vueltas a los problemas

Expláyate con las mayores elegías acerca de la imposibilidad de resolver los problemas de tu último empleo, en particular, y del mundo en general:

«Ya sabe que no pudimos porque..., y eso tampoco pudo marchar..., y teníamos éste y aquel otro problema, y además estaba la capa de ozono, y los fundamentalistas. ¡Total, nada!».

¡La gente de Personal busca personas que resuelvan los problemas, no que los cultiven, individuos-solución, y no nenas lloronas! Además, y dicho sea de paso, verás la vida con unas perspectivas enormemente más amplias si te dedicas a pensar en las soluciones y no en los problemas.

Tratar las nimiedades con todo lujo de detalle

«Verá, mi abuela tuvo un día un problema idéntico. Estaba en Castro Urdiales y se cayó sobre un montón de estiércol, no vea como...» o «A ver, que me entere ¿por ese concepto nos descuentan el 1,942 % o el 1,938 %? Porque me gustaría saberlo exactamente...»

¡A ti puede que sí te interese saberlo, pero a mí no! Para cubrir un puesto de trabajo tengo que tener en cuenta muchas cosas, pero distintas de ésa. Y tú lo quieres saber ahora. No te pierdas en banalidades ni detalles o estarás perdido. El tema central existe y persiste, porque eres tú el que quiere obtener ese empleo.

¿Y ahora, cómo puedes hacer para quedarte?

¡Si te gusta el empleo, debes decirlo! Yo no siento ningún aprecio por ese juego de pseudoestrategia que ha extendido ampliamente el lema: «Si ahora parece que estoy interesado, me van a apretar las tuercas con el sueldo». ¡Eso son bobadas! Tú no debes decir que en realidad aceptarías ese trabajo fuera cual fuera el sueldo que te pagaran, pero sí puedes mostrar sinceridad, honestidad y capacidad para entusiasmarte, y eso es muy importante:

«Yo le puedo decir que, como habrá podido comprobar, el empleo me interesa mucho. Naturalmente, me gustaría consultarlo con la almohada y después tener una segunda entrevista».

Luego siempre puedes decir que no y rechazarlo. Si tienes muchas dudas declina inmediatamente el ofrecimiento, explicando por qué lo haces:

«Verá, yo creo que éste no es un trabajo adecuado para mí. Y eso ocurre por éste, éste y este otro motivo. ¿Qué opina?».

Actúa en general de una forma honesta, abierta y orientada hacia tus metas. Ir lento, no decidirse, mostrar dudas, desconfianza, son tácticas que te pueden salir mal:

«Bueno, estoooo, yo debo decirle, que en realidad, no sé exactamente..., no tengo ni idea..., ejem, ejem...».

Y para terminar, ponerse de acuerdo de una forma totalmente clara y nítida. Algo así como: ¿quién llama a quién, informando del cómo y el cuándo? Por ejemplo:

«Pensaré todo esto a lo largo del fin de semana, lo comentaré con mi familia y llamaré el lunes sin falta, alrededor de las tres de la tarde».

Todo eso quedaría muy bien si luego no ocurriera que la primera llamada se la haces la tarde del miércoles y todavía no tienes ni idea.

Bueno, ya es suficiente por ahora. Ya vas a conseguir cualquier empleo. ¿O falta algo más? Por supuesto, falta lo más importante: hemos hablado al principio acerca de eso, de que tú eres una especie de pequeño empresario. La pregunta es: ¿qué diferencia existe entre un empresario eficaz y tú, que casi no avanzas y estás a punto de declararte en quiebra?

ENTRÉNATE TÚ MISMO

S in libros no hay cultura, sin *hip* no hay *hop* y sin buen humor no se puede tener una vida bella y un buen trabajo. O dicho más familiarmente, como diría Antoine de Saint-Exupéry, autor de *El principito*: «Si quieres construir un barco, no debes reunir a la gente a golpes de tambor para conseguir la madera, preparar las herramientas, organizar los trabajos y repartir la tarea, sino que debes atraer sobre ellos la nostalgia del lejano e infinito mar».

Hasta ahora se ha tratado más sobre el tema de las técnicas del negocio de la publicidad, pero en este capítulo nos vamos a entrenar básicamente en cómo vendernos, y también en obtener éxito en la vida: tu actitud interna, tu ánimo, tu espíritu y tu estado básico.

Yo he recibido a gran cantidad de personas que lo habían hecho todo correctamente: informes perfectos, cartas maravillosas, elevado nivel de las respuestas durante la entrevista, etc. Pero a pesar de eso no han conseguido el trabajo porque yo no me he creído ni una sola palabra de lo que decían. ¡Y eso ha ocurrido porque, de alguna forma, ellos no se creían nada de lo que estaban ofreciendo; sobre todo no creían en sí mismos!

Empecemos. En este capítulo encontrarás:

- Ideas sobre tu cerebro y de dónde viene tu entusiasmo: el capitán y el fogonero.
- Tu película interior de publicidad.
- Todos nos morimos: tu esquela mortuoria.
- *Timeline training* o cómo alcanzar el monte Everest.

- Establecer objetivos que entusiasmen.
- Mi pianobar en Sydney.
- Determinación de la posición: ¿dónde hemos quedado?
- Ampliación de horizontes: ¡el mundo es mucho más grande!
- Gran disertación final: ¡Tú eres el/la que eres!

DEL CAPITÁN Y DEL FOGONERO

Esto funciona así: tu cerebro es la creación más complicada que, a partir del *big bang*, ha producido la evolución. ¡Imagínatelo! Vas las 24 horas del día con algo tan genial en la cabeza y no te has fijado en él. ¡No se dice nada del entusiasmo que nos debía provocar este inaudito regalo! Esta increíble máquina es la que con sus innumerables corrientes cerebrales conforma nuestra conciencia de una forma increíble. Es en esta pequeña, y en cierto modo clara, burbuja de aire situada arriba sobre la relativamente poco clara no-conciencia, donde ocurre todo lo sublime de nuestra vida. ¡Somos seres oscuros, extremadamente complejos e insondables!

En el cerebro trabajan, en su parte más profunda, una especie de programas, por ejemplo, los de tipo totalmente inconsciente e involuntario que permiten que nuestro corazón siga latiendo. En tu caso, en el mío, en el de los 6.500 millones de personas que habitan la Tierra, son un total de 6.500 millones de veces por segundo, son los latidos del corazón en 6.500 millones de pechos. Un latido por cada pecho en cada segundo. Y eso sin contar con los de los conejos, hipopótamos, murciélagos, abejas, etc.

O bien los programas que te permiten algo tan obsceno como ingerir un Big Mac o incluso digerirlo, descomponerlo, transformarlo y hacer que se convierta en tu carne y tu sangre, en tu piel y tu pelo, en tus sensaciones y tus ideas. Suena un tanto extraño que te imagines que tu peinado proviene de lo que una vez fue una hamburguesa, o que *El Quijote*, de Cervantes, estuvo compuesta a base de tortilla de patatas o bocadillos.

Y la respiración: un programa antiquísimo, ya que también los peces respiran, los pequeños escarabajos, los saltamontes y las lagartijas, sencillamente todo bicho viviente. Y siempre funciona de la misma forma: dentro – fuera – dentro – fuera.

Son programas muy antiguos, que no fallan y son involuntarios, están probados durante montones de millones de años de evolución vital y que nos hacen ser semejantes a casi todos los seres. No es más que pura biología. No se puede influir en ella. Sencillamente sucede. Si no me crees intenta detener tu corazón. Aunque sólo sea durante un único latido. Anda, ¿no puedes? ¡Lo ves! Por suerte no se puede hacer. Sencillamente sucede así.

Más alto en la pirámide existen programas que, de hecho, hemos aprendido, aunque funcionan de un modo automático, como presionando un botón, por ejemplo, el caminar o hablar. Podemos pasear de forma intencionada, pero que de hecho ese mecanismo funciona de una forma totalmente natural e impremeditada, y cualquier persona que pueda caminar no se llega a plantear su dificultad.

Y aún más arriba en la pirámide, en lo social y lo cultural existen programas de control casi automático, dando igual que seas de un país o de otro, que seas hombre o mujer. También resulta muy complicado influir en estos programas: prueba, si no, a echar un vistazo a un centroeuropeo cuando intenta bailar como si fuera una mulata cubana. ¡¡Resulta lamentable!! ¡Pero estos programas sí se pueden modificar!

Arriba, totalmente arriba existe un programa en nuestra conciencia que nos dice constantemente lo que debemos hacer. Allí alguien nos está hablando sin cesar, incluso por varias pistas, ¿no te ocurre a ti? Me extrañaría: «Haz esto, deja de hacer lo otro, debes ir aquí, debes ir allá, qué especie de idiota eres, de hecho lo eres desde hace mucho, debes llegar a ser el director de una empresa, o una estrella del pop, o un millonario, etc.».

Ese constante y charlatán compañero que tienes en la cabeza, ése es tu *capitán*. Él dirige tu barco allí donde vayas. Prevé, advierte, da órdenes, elogia y censura, es caprichoso, critica mucho y, a menudo, habla sin cesar en sonido multicanal.

Y luego, un poco más abajo, en la sala de máquinas existe otro programa al que podemos llamar *fogonero*: el fogonero es un tipo agradable y regordete con corazón de niño y manos como palas de recoger el carbón. Y, de hecho, él es quien palea el carbón, echa aceite en las máquinas y lleva a cabo todas las órdenes que le da el capitán. Aporta la energía necesaria para tu barco y mantiene en marcha los motores. Y le gusta beber de vez en cuando una o tres cervezas y comerse un bocadillo de chorizo.

Cuando, desde lo alto, el capitán ordena: «¡A toda máquina!, el fogonero, como loco, comienza a echar paladas de carbón. Si el capitán grita «¡A estribor!», el otro coloca la pesada palanca del timón hacia estribor. Eso ocurre la mayoría de las veces. O, al menos, es lo que debería ocurrir normalmente, aunque hay veces que el buen fogonero no tiene ganas o, como se diría hoy en día, no está de buen rollito. Sobre todo cuando el capitán está de mal humor y va gritando: «¡Tú, pedazo de idiota, a toda máquina! ¿Por qué no lo haces ya?».

Y entonces el marinero piensa: «¡No berrees tanto, viejo; no tengo más ganas de escuchar tus gritos; ya he estado echando carbón durante más de ocho horas y ahora quiero comer algo!». Y en lugar de virar hacia estribor, el fogonero coloca la palanca hacia babor y se dice a sí mismo: «¿Que soy idiota, viejo? ¡Pues no entiendo nada por ser idiota!». Tira la pala y se dirige a la nevera arrastrando los pies, se deja caer sobre el carbón y se traga su cerveza. ¿Por qué te estoy contando esta historia?

- Sin el perspicaz e inteligente capitán, el barco se va a la deriva. Sin capitán nada funciona correctamente.
- Si el capitán tiene miedo, es inseguro o está siempre de mal humor, ése será el ánimo que impere a bordo. Entonces el paseo en barco se convierte en una tortura y no tiene ninguna gracia.
- ¿Y el marinerito? Si el fogonero está contento la barca siempre tendrá carbón. Y si piensa que el capitán es un tipo fantástico, navegará con él hasta el fin del mundo.
- Pero si el fogonero no quiere, nada funcionará correctamente. El fuego se apagará, el barco se quedará parado, o se irá al infierno, y entonces ya puede ser inteligente el capitán para gritar, planear y dirigir. ¡Nada le va ayudar!

Esta imagen del capitán-fogonero la he extraído del libro de Hans-Peter Zimmermann *Großerfolg im Kleinbetrieb*,[10] que es verdaderamente recomendable. Él también ha birlado la idea de otro sitio, pero eso da

---

10. No existe, hasta la fecha, edición en castellano. Traducción aproximada del título: *Grandes éxitos en empresas pequeñas. (N. de la T.)*

igual, casi todas nuestras ideas ya han sido pensadas por otros cerebros y no por eso dejan de ser originales.

¿Y la moraleja de la historia?

Ten muy en cuenta el humor que tiene tu fogonero: ¿es un operario entusiasta y contento que hace todo lo que le dice su capitán? ¿Consigue de forma regular su cerveza y su bocata de chorizo? ¿O sólo trabaja bien cuando es objeto de gran presión por parte del capitán, al que odia y teme? ¿Hace sólo lo estrictamente necesario, a disgusto y de mala gana, sin fuerzas?

Y el capitán, ¿qué tipo de persona es? ¿Es una buena persona, sabe dirigir y entusiasmar, tiene visión, sabe por dónde va? O, por el contrario, ¿es agresivo, un estúpido gritón, siempre criticando? ¿Es un pesimista con respecto a la vida, al fogonero y a él mismo?

Ocúpate de tus dos muchachos (o muchachas, porque luego verás que también pueden ser una directora de cine y una actriz llamada Amelinda). Si consigues algo en la vida y quieres sentirte bien, debes explotar las aptitudes, el buen humor, la armonía y la cooperación de ambos/as.

Echa las cuentas del dinero y el tiempo que inviertes en el cuidado de tu persona, por ejemplo en la ducha, el baño, la peluquería, en empolvarte la nariz, en el desodorante, la colonia, el maquillaje, etc. ¡Realmente mucho! Cada día 10 minutos en la ducha, lo que supone cuatro días al año debajo del chorro sin que deje de caer el agua. A los 90 años habrás pasado un año entero debajo de la alcachofa. ¿Cuánto tiempo inviertes en tu estado de ánimo, en tu fogonero y tu capitán? ¿Cuánto tiempo piensas en el viaje que queréis realizar juntos? ¿Cuántas malas costumbres, que no sería difícil cambiar, se han deslizado en tus dos muchachos durante todos estos años? ¿Cuánto tiempo entrenáis vuestras capacidades conjuntas a fin de que todo salga bien? Estoy seguro de que menos, mucho menos, que en ducharte. ¿No es cierto?

Si quieres saber cómo meter en cintura, tanto a ti mismo como a tus muchachos, un poco más abajo encontrarás algunos ejercicios prácticos y algunas propuestas. Pero no te voy a dar mensajes para la salvación definitiva, para eso ya están los gurús. Todos los caminos llevan a Roma, pero tú mismo debes descubrir cuál es el mejor de ellos. Lo importante es que hagas algo en cuanto a tu entrenamiento anímico, que te controles tú mismo, igual que comes y te duchas todos los días.

Un buen comienzo es la simple lectura de libros que te ayudan a encontrar el éxito, libros de motivación y felicidad. Hay muchos que son buenos, pero también los hay malos, y éstos al menos sirven para reírse con ellos. La lectura de la felicidad y el éxito te hacen seguir hacia delante, porque tal y como están los tiempos, no te apetece meditar sobre la desgracia y las catástrofes. Si los utilizas de forma regular, entonces Sylvester Stallone y Arnold Schwarzenegger (tu capitán y tu fogonero) serán como muñecos de cera en tus manos. ¡Te lo aseguro! Empecemos con el capitán.

TU PELÍCULA INTERIOR DE PUBLICIDAD

Toda tu vida está compuesta realmente por todo lo que ocurre, desde las 0 a las 24 horas, por tu cabeza, tu corazón y por tu estómago: lo que piensas conscientemente, lo que sientes, dices o vives. Esto es una corriente de sucesos que tiene un principio y un fin y que está limitada en cuanto a su contenido. La vida es finita. La vida no es nada más, y de hecho nada menos, que esta corriente de acontecimientos, ideas y sentimientos.

Podrías objetarme: «¡También existe el mundo objetivo y el subconsciente!». Es cierto, pero eso aquí nos importa un rábano, pues de lo que existe en esos mundos, de todo lo que sucede allí, aunque de hecho ejerce su influencia sobre nosotros, no tenemos más que una mortecina idea, un ligero conocimiento, por lo que nos es igual en este contexto. El mundo que tú conoces es un mundo de decisiones y, sobre todo, es tu mundo consciente, *tu* flujo de acontecimientos. Tú sólo conoces ese flujo, tú *eres* esa corriente. El mundo, tal y como tú lo conoces, nacerá y morirá contigo. Existe desde el big bang, hace 13.700 millones de años, pero el mundo humano no suele sobrepasar, la mayoría de las veces, los ochenta años.

Es un pensamiento importante, ya que significa que nuestro mundo humano, nuestra vida consciente, de un modo objetivo, no viene desde fuera, sino que, en su mayor parte, somos nosotros mismo los que la *creamos*. ¡Y del mismo modo también la podemos modificar nosotros!

Es muy simple. Si te dijera algo amable como «¡Era una persona adorable y muy inteligente, porque estás leyendo este libro!», entonces tú y tu fogonero, de una forma espontánea, reaccionaríais con sentimientos e ideas agradables que te harían sentir bien. Y sólo porque he utilizado las palabras *adorable* e *inteligente*. Tu mundo puede cambiar y mejorar. Si lo que te digo es: «Sinceramente, ¡en el fondo eres un verdadero inútil! ¿Qué has conseguido? ¡Eres un cero a la izquierda, un verdadero fracasado! Ahora crees necesario leer un estrafalario libro de cómo venderte a ti mismo, ¡como si alguien te necesitase! ¡Es como darle margaritas a los cerdos!», entonces ocurriría todo lo contrario.

Es así de sencillo. Cuando te digo palabras bonitas y cosas agradables, tu vida y tu mundo mejoran porque tus sentimientos y los pensamientos, en tu cabeza y tu corazón, perciben otra calidad. Y con ello he mejorado tanto tu mundo como el mío; sólo ha sido poco, pero un poco esencial. ¡De eso depende *realmente*! Y, para que aún quede más claro, veamos la siguiente historia:

Mi pequeño y pobre Pepe

Ring, ring, riiiinggg... suena el despertador. «Menudo asco, otra vez de día. Dios mío, ¿por qué me tengo que levantar?» Eso es lo que pasa por la cabeza de Pepe. Se da la vuelta y, con el pulso todavía acelerado, se permite un par de minutos más; de hecho está un tanto crispado y con las orejas afiladas ante el provocativo tic-tac del malvado despertador.

Rrrrinnnnnnnnnng, riiiiiinnnnnnnnnnnng, un nuevo y estruendoso riiiiinnnnnnng. Pepe golpea con el puño cerrado la campanilla del despertador, que cruje, salta en pedazos y se rompe; él se agarra la mano con dolor, maldice, se arrastra hasta el cuarto de baño y se mira en el espejo: «Por todos los cielos, ¿es éste el aspecto que tengo, así de malo? ¡Así no vas a conseguir nunca nada! Ni siquiera te conozco aunque te lave todos los días». Y luego, a la hora de tomar café (el café siempre está «demasiado frío, demasiado caliente, demasiado fuerte o demasiado flojo»), los ojos de Pepe vagan por el periódico: sólo malas noticias. «Pero ¿qué clase de mundo es éste? ¿No es terrible, muy terrible?» A Pepe se le encoge el corazón.

«Ya son y cuarto, ¿es que no me voy a poder tomar el café con tranquilidad?» Y cuando ya va corriendo: «¿Lo habré olvidado todo hoy? La jefa va a jurar en arameo. ¿Qué faenas va a tener preparadas hoy contra mí? Y mi proyecto nunca va a salir. Todo lo empiezo demasiado tarde. Todo en plan chapuza y mal. Soy un estúpido. No voy a poder soportar la reunión. ¡Soy un verdadero fracasado! ¿Y qué se le va a ocurrir hoy al imbécil de Ramírez para ponerme en evidencia?».

Y luego Pepe en el tranvía o en el atasco: una imagen para diosas o dioses, una superlativa marcha fúnebre. «Que nadie me hable —piensa Pepe—. Qué aspecto tan miserable tienen todos, todos son idiotas.»

Todo eso se escucha sin cesar en el cerebro de Pepe, y a las ocho y media de la mañana llega a la oficina, andando a hurtadillas y hecho polvo: un aspecto que rebosa su asco ante la vida y que le quita a los demás toda su energía y su vitalidad, y sobre todo se la quita a sí mismo.

La gran corriente de tu cabeza

Pepe se siente mal. Tiene razón, el mundo, *su mundo*, es malo. *Su* capitán no para de estar de palique. *Su* fogonero, a primera hora de la mañana, ya está cansado y casi ni se atreve a coger la pala. El mismo Pepe se asombra al ver que sus compañeros de equipo no se comportan con él de un modo agradable, nadie le sonríe, sólo se encuentra con gente que maldice del mundo y que, igual que él, casi ninguno ha conseguido nada en la vida.

El drama mañanero de Pepe tiene lugar en su cabeza. El mundo, tal y como él lo vive, es algo que ha hecho el propio Pepe, y podría haberlo hecho de forma muy distinta. Si se lo decimos, nos motejará de habladores, de poner paños calientes y de inventar desvaríos, pero *no* tiene razón, ya que él podría hacer otra cosa. Imagínate como reacciona el fogonero de Pepe ante su capitán: *su* fogonero está sentado, casi paralizado, en el montón de carbón y gimotea. Si tuviera cervezas, se bebería veinte y se quedaría dormido. ¡Tiene razón! El despertar de Pepe es horroroso. Pero lo ha hecho él, está hecho por el propio Pepe. Pero él no se da cuenta, se siente como una víctima aunque él mismo es el único responsable de su mundo, de su vida de todas las mañanas. El *Horror-Picture-Show* de Pepe no tiene nada que ver con el mundo exterior. ¡Absolutamente nada!

Otro tipo de imagen: tu capitán es como una directora de cine y tu fogonero es como la tempestuosa actriz llamada Amelinda y las dos tienen la misión de rodar la película de tu vida. Imagínate el buen carácter de Amelinda, siempre refunfuñando delante de la directora y haciendo que todo salga mal. O la frecuencia con la que tiene ataques de migraña o desaparece ofendida encerrándose en su camerino o, sencillamente, actúa mal. ¡De qué me sirve! ¡Ahora más que nunca!

La directora de la película de tu vida puede escenificar una tragedia, una novela policíaca o una romántica, en cualquier caso todo es una escenificación. Pepe tiene su propia película de terror en la cabeza, la que se rueda todas las mañanas con gran alegría de los participantes. Título: «¡Soy un cero a la izquierda (y los demás están aún más a la izquierda), y este mundo es un valle de lágrimas!». Se imagina constantemente las peores cosas, visiones de muerte e infierno, de sangre y fuego, de Belcebú.

¿Y qué hace el mundo? ¡Nada, realmente nada! La película dramática de Pepe *sólo se desarrolla en su cabeza*, en ningún sitio más. Nada en su película tiene ninguna correspondencia con el mundo. Nada es cierto. Esas ideas y las sensaciones que se puedan crear al respecto no son ni verdaderas ni falsas, hacen que nos sintamos más alegres o nos producen dolor, nos dan fuerza o nos dejan rendidos, nos hacen desconfiados o nos llenan de esperanza, son la base del éxito o de los fracasos en la vida.

Los programas en *tu* sesera

Nosotros, de modo casi reflejo, en determinadas situaciones provocamos determinadas ideas, imágenes y sensaciones, rebobinamos películas completas, visiones y dramas. Tenemos en el cerebro programas para seleccionar y valorar situaciones y percepciones, para la autoevaluación y la autoestima, para enjuiciar a nuestros congéneres, nuestras experiencias y el mundo en general. Muchos de estos programas son naturaleza pura. Por ejemplo, cuando un oso tiene hambre se precipita sobre nosotros y nos quiere devorar (ocurre en ocasiones en Europa central), la idea de un final espeluznante y sangriento no parece conveniente y nos resulta sensato el reflejo del miedo y la huida, y por eso está anclado profundamente en nuestra naturaleza, y está bien que así sea. Sin embargo, si por las mañanas suena el despertador, dicha reacción es desproporcionada, personal y casera; también podría ser buena o de una forma totalmente distinta, y se podría *desprogramar*. ¡Depende del director, de la idea que tenga en su cabeza acerca de la película. No depende de nosotros!

Por lo tanto, debes preguntarte: ¿Cómo es tu ritual mañanero de la *forma-de-reaccionar-frente-al-despertador*? ¿Tú también juegas a eso de decir delante del espejo *tengo-un-aspecto-terrible*? ¿Sigues la norma *uno-por-las-mañanas-lee-el-periódico* y repites aquello de *qué-clase-de-mundo-es-éste*? ¿Cuantas fantasías del tipo *qué-repulsivos-son-mi-jefa-y-Ramírez* pasan por tu cabeza? ¿Y en el trabajo miras siempre por encima del hombro y te quejas constantemente de que *el-trabajo-es-algo-serio-y-no-es-ninguna-diversión-y-si-no-no-es-trabajo*? ¿Cuántas veces tus preguntas reciben la espontánea respuesta *eso-no-tiene-ningún-sentido* o la definitiva sentencia de muerte *eso-no-puedo-hacerlo*? ¡Piensa en ello!

Las peores y más destructivas automortificaciones son las acostumbradas *debo-insultarme-todo-el-rato* y las comparaciones del tipo *Menganito-y-Zutanito-son-mejores-que-yo*. Con diferencia ésos son los peores trucos para machacarte de forma continuada. Muchas personas hablan consigo mismas como si ellos mismos fueran unos golfos de la peor especie. Se exigen a sí mismos cosas que nunca exigirían a los demás ¿Y por qué?

Aquí yo he marginado estas malas costumbres. Son programas de lenguaje, pensamiento y visualización que caducan. Se transmiten y entrenan por medio de la educación, la socialización y la cultura. Los programas, como enuncia su nombre, están programados, es decir, hechos, y por eso pueden ser modificados. No es algo sencillo, pero se puede hacer. ¡Tú también puedes hacerlo! Y quien no lo crea no necesita leer ningún libro, por lo menos no necesita éste.

Mi película interior de publicidad

Comienza a rodar una película sobre tu vida, amable, maravillosa y plena de fuerza. Ninguna del tipo de *Horror-Picture-Show* de Pepe, sino más bien una *puesta-en-escena-de-¡Qué-bello-es-vivir!* Preocúpate de las cosas de tu vida que sean desacostumbradamente autodestructivas. Prohíbete cualquier tipo de insultos a tu persona y de inseguridad. Trátate como si fueras tu tesoro más preciado, porque eso es exactamente lo que eres, una joya de elevadísimo valor. Ten conciencia, confianza y aceptación para con tu persona, tu vida, tu presente y tu futuro, tu mundo, en resumidas cuentas: ¡Contigo!

«¡Eso no es tan fácil!» refunfuña el capitán. Concéntrate en ello, cómo lo piensas, cómo te lo imaginas, qué es lo que ocurre en la película de tu vida, luego dilo y decídete: «¡Alto! ¡Así no! ¡Eso no es lo que yo quiero. Yo quiero otra cosa!».

○ Acostúmbrate (y no quiero nada más de ti) cada día, al menos durante diez minutos, a visionar en ti una buena película interior. Lo mismo que te duchas todos los días, piensa exclusivamente en ti al menos diez minutos, lo bello y bueno que eres, tanto tú como los demás, como la vida misma. Filma una película publicitaria sobre ti mismo, tú como actor o actriz principal, hermoso, lleno de éxito, sonriente, tostado por el sol, saludable, lleno de fuerza, pleno de confianza. Y nada más, sólo diez minutos de una visualización activa y positiva. ¡Tu vida va a cambiar!

○ ¡Lee de vez en cuando un libro sobre el éxito, la buena suerte, la motivación o, sencillamente, un buen libro y no uno horrible! Olvídate de las novelas policíacas, de los análisis sobre depresiones y de las historias de terror. Las personas no soportan algo así durante mucho tiempo. Eso atrae ideas depresivas y de suicidio o incluso de niños que se lían a tiros en sus propios colegios. En un año yo me le leído 50 libros sobre el éxito que me resultaron muy beneficiosos. Casi estallo a causa de la energía, los planes y la confianza.

○ ¡Deja de una vez por todas de compararte constantemente y vive *tu* vida! Siempre y en todo momento te encontrarás con gente a la que las cosas le van mejor que a ti, pero también te encontrarás con otros a los que les vaya peor. Y bien, ¿me aporta esto algo? Los primeros nos provocan una dolorosa envidia, lo otros un estúpido engreimiento. ¡Qué se le va a hacer! Lástima de tiempo malgastado, y felicidades por la cantidad de sentimientos miserables que te has creado.

¡No te van a servir de *nada*! ¡Te quedas como estás! Debes acostumbrarte a dejar de compararte con los demás. ¡Y eso ahora mismo! No es bello, sino corrosivo y estúpido, porque tú nunca vas a conseguir ser una persona distinta de la que realmente eres. Un pequeño ejemplo:

Dedicado a las mujeres: Tú, por ejemplo, lees a diario esas revistas que están repletas de mujeres bellísimas. Sabes positivamente que

son anoréxicas, emperifolladas y exageradas hasta el exceso, que las fotos están retocadas con todo esmero y que ningún hombre podría sentirse atraído por una flaca raspa de sardina de ese tipo. A pesar de todo, tú te encuentras totalmente acabada porque, si te comparas con ellas, eres realmente un callo. Con toda seguridad tienes las piernas cortas, eres demasiado ancha, tienes grasa y granos, tienes celulitis, piel grasienta y pelo lacio. Por eso nadie te mira nunca a la cara, y quien lo hacen es un mero ser dulce y compasivo, como si te hubiera tocado un premio de consolación.

Dedicado a los hombres: Recuérdate a ti mismo, tantas veces como sea necesario, el don nadie total que eres. Para ayudarte, recurre a esas revistas en las que salen chicos con abdominales como tabletas de chocolate, con estupendos cochazos y maravillosas casas, o bien revistas del tipo *Los hombres del mes, Los de más éxito de todo el año, Los más ricos del mundo...* Todos los días te puedes decir que eres un perfecto inútil, un fulano de bajos vuelos. Tú también vas a conseguir tu premio de consolación... Además, puedes ver ciertos canales de televisión para contemplar lo patoso, repulsivo y poco sexi que eres.

¿Ha quedado claro, chicas/os? ¿En qué nos puede ayudar compararnos con los demás?

Formular las preguntas adecuadas

Para que la película sobre ti sea realmente buena le debes formular las preguntas adecuadas a tu ordenador biológico, él es enormemente capaz y está instalado en tu cabeza. Luego tu cerebro te buscará, de forma espontánea y dando igual lo que preguntes, respuestas prácticas. Éste es un método muy simple y realmente eficaz.

A la pregunta de Pepe: «¿Por qué debo levantarme?», te contesta: «No tienes que hacerlo, podrías quedarte plácidamente tumbado, pero tu perversa jefa, el sistema y el mercado de trabajo te obligan, de lo contrario serás despedido y no podrás pagar el alquiler, y te convertirás en un "sin techo" y te morirás de frío». Y el sentimiento que te acompaña: odio a la jefa y tengo miedo ante el mundo. ¡Perfecto!

A la pregunta de Pepe: «¿Y qué se le va a ocurrir hoy al imbécil de Ramírez para ponerme en evidencia?», su ordenador interno, con su inacabable creatividad, le podría proporcionar miles de malas jugadas y la agresión, el miedo y el odio contra Ramírez quedarían confirmados y consolidados. ¡Todo eso no son más que las proyecciones de las propias maldades de Pepe acerca del tema Ramírez!

Lo peor de todo es la afirmación: «¡Soy un fracaso rotundo!». Para eso sólo existe una respuesta, que de hecho es de una desesperación impotente. Imagínate que el jefe de una firma dijera constantemente: «Vamos inexorablemente a la bancarrota, porque no somos más que una nulidad como empresa». La respuesta lógica sería que todo el mundo perdiera el ánimo. El bio-ordenador enumerará, en el mejor de los casos, todas las catástrofes posibles, el fogonero se apartará y esconderá la cara tras unas manos carentes de toda fuerza.

Deja que el siguiente diálogo del despertar pase lentamente por tu cabeza y observa lo que ocurre dentro de ti:

Anda, ya estoy despierto. Qué bien. Mi despertador ya ha sonado. Mi querido despertador me lo compró la guapa de Ana; sí, sí que era guapa Ana. Me quedo un rato más y así me desperezo. Estirarse, desperezarse, sentirse bien. Muy bien. ¿Tendré un bonito día o uno de perros? ¿Podría ser esto último? ¿De qué me puedo alegrar hoy? Llueve a mares, ¿con qué puedo empezar? ¿Qué me puede resultar apetecible: comprar, hacer planes...? ¿Cómo puedo convencer a Ramírez de mi proyecto? ¡Es magnífico tener buena salud, dos ojos en la cara, un cerebro en la cabeza! ¡Ya se me ocurrirá algo! Siempre se me ocurre algo, porque soy un gran tipo... ¡Y tan bonito como un San Luis...!

Con este lenguaje matutino, en el cerebro de Pepe se generará bienestar y miles de ideas constructivas y su sonriente fogonero paleará contento en la carbonera al pensar, él también, que su capitán es un tipo inteligente. Y Pepe, con su entusiasmo, no tardará ni un segundo en traspasar su pasión a Ramírez.

¿Notas la diferencia? Esto *realmente* se puede practicar. Si tu capitán es un capitán-Pepe, entonces comienza desde hoy a amaestrar a ese cabeza de chorlito. Cuélgate sobre la cama un gran cartel y por las mañanas, o en tu breve-spot-publicitario, pregúntate lo siguiente:

- ¿De qué me puedo alegrar hoy?
- ¿Qué cosa importante puedo hacer hoy y de la que me pueda sentir orgulloso?
- ¿Qué puedo aprender hoy que sea bueno y qué puedo experimentar que sea positivo?
- ¿Qué puedo hacer hoy que sea positivo para mi pareja, mis hijos, mis padres, mis amigos y para mí mismo?
- ¿Qué puedo hacer para que el mundo hoy sea un poco mejor?

Y seguro que se te ocurrirán otros muchos miles de preguntas positivas. Por la noche, antes de ir a la cama, cuando no tengas nada que hacer, debes hacer un ejercicio similar:

- ¿Qué es lo que más me ha alegrado hoy el día?
- ¿Qué ha sido lo más importante que he hecho hoy?
- ¿De qué me puedo sentir orgulloso hoy?
- ¿Qué he aprendido hoy que haya sido beneficioso?
- ¿Qué ha sido lo más bonito de hoy?
- ¿Cómo he conseguido que las personas que me rodean hayan sido hoy un poco más felices?
- ¿Cómo he conseguido hoy que el mundo sea un poco mejor?

Si tu capitán se opone y quiere hacerte creer de nuevo que todo eso no es nada sencillo, y que sería mejor que te quedaras viendo la tele, limítate a decirle que se debe probar. ¡El que formula la pregunta adecuada, obtiene las respuestas convenientes! Si quieres ir a Roma, pregunta «¿Cómo puedo ir a Roma?», y no «¿Cómo *no* puedo ir a Roma?». Pues esta última tontería es la que estamos haciendo constantemente. Nos pintamos con colores opacos y por eso no funciona nada. Es paradójico, ¿no te parece?

Pregúntale entonces por qué tiene siempre tantas ganas de pensar en malas preguntas para obtener unas respuestas miserables. ¿Por qué piensa que es más importante recrearse en las cosas malignas y las catástrofes en lugar de reflexionar cómo la vida, y el mundo en general, pueden ser más bellos y ricos? Pregúntale a tu director por qué está rodando constantemente películas de terror y se queja de que le dan miedo a todo el mundo. ¿En qué consiste el premio? No va a encontrar ninguna buena respuesta y pronto acabará por corregir algo.

No estoy en absoluto a favor de esas extravagantes psicologías americanas tipo ¡abracadabra!, pero la autogestión puede moverte enormemente y modificar tu interior. Realmente se puede controlar todo lo que el capitán va diciendo a lo largo del día. Uno *realmente* puede disciplinarse y *realmente* puede entrenarse y no estar pensando todo el tiempo en la maldad del mundo, sino más bien alegrarse de todo lo bello que hay en la Tierra, concentrarse en resolver problemas y dar gracias al cielo por tener vida.

Cuando tu capitán no esté de buen humor sé amable con él y muéstrale que todo puede ir de otra forma, sobre todo que puede ir mejor. Haz las preguntas adecuadas, piensa en las cosas grandes de este mundo, del que formas parte, piensa en la cara buena de la vida y disciplínate con ella. No siempre va bien, pero irá yendo mejor según lo vayas practicando, y cuanto más tiempo estés atento a lo que ocurre dentro de ti, con mayor frecuencia se interrumpirán las espirales de negatividad. Tiene que ver con la disciplina, con el deseo de querer vivir bien, y no mal, esta vida. ¿De acuerdo? Tiene algo que ver con la autoestima, con el amor y el propio respeto. Si alguien no se quiere ni se muestra amable consigo mismo, no hace falta hablar de cómo se va a portar con los demás.

El capitán es uno de los dos. Pero también está el otro. ¿Qué hacemos con el buen y gran fogonero? Él llega a ser más importante, él aporta la fuerza y los sentimientos.

¿Cómo aguantamos el humor del fogonero?

El fogonero es el responsable de que las buenas intenciones y proyectos no se lleven a cabo. Si sólo es el capitán, y no el fogonero, el que quiere dejar de fumar, el proyecto no llega a buen puerto. Si el fogonero sólo quiere comer bocadillos de chorizo y no verdura, tu dieta se irá a pique. Sin el fogonero nada funciona.

Pero ese joven no precisa demasiado, sólo una pausa de vez en cuando, alabanzas y recompensa. Vivimos en una sociedad con un curioso ideal acerca del rendimiento. Nuestros superídolos son superhombres desinteresados que sólo trabajan, tienen éxito y no piensan nunca en sí mismos, se sacrifican (Dios sabe por qué) y consiguen cosas fantásticas hasta caer muertos. ¡Una verdadera pamplina!

Por suerte hoy en día sabemos que esto no conduce a nada, y que a la larga lleva a quemarse totalmente, a la quiebra total tanto desde el punto de vista físico como el psicológico. ¡No debes olvidar a tu fogonero! Por ello debes darle lo que necesita. Sin salario, antes o después tu fogonero se quedará sin aliento, y tú también. Y esto siempre resulta muy amargo y muy dañino. Se puede resumir con el título de «autodescuido» y «autodeterioro».

El fogonero precisa *cada* día un poco de tranquilidad, su cerveza y su bocadillo de chorizo. Y se lo tiene merecido. Naturalmente que cerveza y bocata de chorizo no significa *beber* y *zampar*, sino dar premios y recompensar con abundancia por el trabajo realizado, por los objetivos cumplidos, regalos para el marinerito, para que siempre esté de buen humor. Y fases de descanso cuando esté realmente agotado. No seas en modo alguno tacaño, sino generoso. En concreto esto significa:

○ Realizar pausas de descanso siempre que el fogonero las necesite.
○ Otorgar recompensas por los trabajos especiales: esa cara cámara de fotos, ropa elegante, esa sabrosa cena, un fin de semana en un balneario... Todos los bocadillos de chorizo y todas las cervezas para el fogonero.
○ Tener siempre pensado algo que sea divertido, no para tu capitán, sino para tu espíritu y tu cuerpo: bailar, hacer deporte, naturaleza, engendrar hijos o hacerte con un ligue, lo de siempre.
○ Las miles de cosas que se te ocurran y te puedan endulzar la vida.

Una cosa está clara: quien descuida a su fogonero siempre, bien sea antes o después, acaba aterrizando en el banquillo de los suplentes. ¡Siempre! Lo he visto cientos de veces, adictos al trabajo con las fuerzas acabadas que han olvidado por completo lo valiosa que es la vida. Han trabajado mucho para ser eficientes y han obtenido mucho rendimiento. Pero al final su fogonero ha caído exhausto. El balance nunca está equilibrado y *siempre* termina con una gran pérdida. Eso está demostradísimo a gran escala.

Una pequeña digresión filosófica...

La euforia de la nueva economía de los años 90 sometió a las personas, entre otros a muchos jóvenes, a unas tremendas obligaciones de rendimiento en el trabajo y a una constante agitación. Yo mismo he entrevistado a muchos, pálidos, llenos de granos, ojos caídos y totalmente exhaustos profetas de la tecnología informática cuyos capitanes les hacían vaticinios de una nueva sociedad tecnológica enormemente eficaz y de grandes sumas de dinero. Eran los nuevos héroes de los 90, seguros de sí mismos y del triunfo. Los pobres fogoneros quedaban agotados de tanto currar. Constantemente gritaban «¡Eh, tío, que no puedo más!», pero les tapaban la boca. Los nuevos héroes se mofaban de esos tirillas cansinos que no eran capaces de seguir el ritmo de la nueva economía. ¿Y cuál fue el balance?

¡Se acabaron las risas! El estallido de la burbuja de la nueva economía no sólo ha costado miles de millones de euros (esto no es un error de imprenta: son miles de millones), sino que ha creado unos negocios deficitarios de dimensiones alarmantes. En una cantidad sin precedentes ha aniquilado tiempo y calidad de vida. Las vidas innecesariamente consumidas no han servido más que para provocar enormes pérdidas. Y los trabajadores-turbo, debido a su enorme desgaste crónico, vivirán unas vidas algo más cortas. Visto desde un modo estadístico ha sido una especie de guerra-anti-fogonero con cientos de miles de víctimas e inválidos. Los fogoneros tenían razón, no ha merecido la pena. Si los hubieran dejado comer sus bocadillos, descansar y, sobre todo, reflexionar un poco, que es de lo que se trata en la vida... No ha sido plenamente eficaz, como todos anunciaban con gran énfasis, todo ha sido ineficiente a una escala increíble, autodestructivo y estúpido (yo mismo, ante tanto alboroto, también he caído en la trampa).

No te dejes enganchar en una de ésas, es un suicidio. ¡A largo plazo no merece la pena! Si tu fogonero está enfermo, eres un cero a la izquierda.

Bueno, ya ha sido suficiente en cuanto al asunto del capitán y del fogonero. Espero, está claro, que pongas mucha atención en este tema. Quien descuide a uno de los dos lo acabará pagando antes o después. Y para que te motives a realizar entrenamientos de 10 minutos para el capitán y el sistema de premios del fogonero, aquí van dos ejercicios muy instructivos.

AL FINAL, ¿CÓMO NOS GUSTARÍA QUE NOS VIERAN?

Para que sea aún más plausible lo importante que es gestionarnos a nosotros mismos, vamos a observar el asunto colocándonos al final. Pido perdón a los que lo puedan encontrar macabro o despiadado, pero estoy absolutamente seguro de que va a causar su efecto.

¿Has pensado alguna vez que en unos cien años ninguna persona sabrá siquiera quién has sido? Casi ninguno de los que vivan en ese momento han nacido hoy en día. La gran mayoría de las personas que hoy viven, estarán muertas, tú entre ellas. La muerte, ya no hay nada, final, se acabó. Si lees este texto es seguro que no pertenecerás al grupo de personas que aún estén vivas en el año 2100. Para mí, incluso el 2050 ya es ir algo lejos. Visto desde un punto de vista estadístico, no pasaré del año 2040, y eso sin contar con los daños por la New-Economy.

Deambulamos por la Tierra, nos enfadamos por sabe Dios qué cosas, tenemos miedo y nos preocupamos y a veces estamos entre la espada y la pared. No sabemos lo que debemos hacer, estamos desorientados y padecemos crisis. O nos volcamos como posesos en una tarea, nos olvidamos de nosotros mismos y diez años después despertamos de nuestro sueño debido a que el fogonero, totalmente agotado, se nos ha puesto muy enfermo.

Y de repente se oye un clic y se nos apaga la lámpara. No sabemos cuándo va a ocurrir. Al año mueren miles de personas, por ejemplo, en los terremotos. Unos minutos antes estaban pensando acerca del «no saber qué hacer», podían estar discutiendo y sin disfrutar de la vida, demasiado tímidos para eso y con miedo ante todo, están desanimados o ni siquiera llegan a ese estado. Un momento después ya son miles los corazones que han dejado de latir. Fuera, acabado, finito. La Tierra se ha agitado y han tenido que decir adiós.

Un amigo mío, muy cercano, marchaba por un glaciar con un compañero cuando se rompió la capa de hielo sobre la que pasaban y él cayó por una grieta, desde una altura de 30 metros, hacia el desnudo hielo azul. Iba 20 centímetros demasiado a la izquierda y ni siquiera tuvo tiempo para decir adiós.

Esto no resulta despiadado, sino todo lo contrario. Lo único que hace es dejar brutalmente de manifiesto que en cualquier momento puede agitarse algo y tú dejar de existir. ¡En cualquier momento! Eso lo estamos olvidando constantemente y deberíamos pensar en ello con más regularidad. Utilizaríamos mejor nuestra vida, estaríamos más sosegados y disfrutaríamos de cada momento.

Partimos de la base de que la mayoría de nosotros, al final, solemos tener más tiempo para morir que ese amigo del que antes os he hablado. ¿Cómo resultará eso de estar yaciendo en el lecho de muerte? ¡Imagínatelo! ¿Qué tipo de pensamientos pasarían por tu cabeza si supieras que sólo te quedan cinco minutos de vida? Uno de los peores escenarios que se me ocurren, en mi caso particular, surgiría si yo mismo tuviera que decirme:

En general, no tengo más remedio que arrepentirme de mi vida. Debo decir que he dejado pasar lo más importante, no he dado lo mejor de mí mismo y he fracasado en los momentos más decisivos. Y no he realizado todo lo que realmente debería haber hecho. Todo hubiera resultado mucho mejor si lo hubiera abordado de otra forma mejor. He dejado pasar, sin saber aprovecharlas, la mayoría de las oportunidades que se me han presentado. He discutido, he dudado y he criticado. Siempre me he relacionado con una serie de personas que han resultado ser las menos adecuadas. En realidad, nadie me ha querido de verdad. Y yo tampoco he querido de verdad a nadie, sobre todo no me he querido a mí mismo. Lo cierto es que todo ha ido mal.

Y el buen Dios me regañará al llegar allí arriba y me dirá: «¡Joven, cuando tú naciste yo te proporcioné todo lo que te era necesario! ¿Qué has hecho con ello? Nada, ¿verdad? ¡Pues al infierno contigo, por estúpido!». Y luego a consumirte en el fuego, a arder y chisporrotear por toda la eternidad. ¡Qué sensación de horror acabar así! Hubiera sido mucho mejor si hubieras podido decir:

Realmente, muchacho/a, ha sido una vida fantástica. He cumplido la mayoría de las cosas y a grandes rasgos ha sido una función que ha tenido mucho éxito. He intentado hacer muchas cosas, la mayoría las he conseguido, y aunque en otras muchas he fracasado, lo cierto es que me han hecho avanzar. Ha sido un gran espectáculo. Se lo agradezco a Dios, cualquiera que sea, y ahora ya es el momento de marchar. Aquí ya no se me ha perdido nada. Lo que ahora viene es,

a lo sumo, una débil repetición de lo anterior. Es suficiente. Veremos lo que aún queda por venir. Adiós.

Y el buen Dios colocará su mano sobre mi hombro y dirá: «¡Joven, lo has hecho muy bien. Algo así era lo que yo había pensado para ti. Ha sido muy buen rollo!» (y seguro que ésas serían las palabras que diría, porque en los últimos tiempos se ha vuelto muy «guay»).

¿Cómo sería en tu caso particular? ¿Qué dirías de tu vida? ¿Qué dirían los demás sobre ti cuando estuvieran situados frente a tu tumba? ¿Qué es lo pondría exactamente tu esquela?

Ejercicio 1: La esquela de un pobre diablo

Hagamos un juego muy serio. Escribamos una esquela, y vamos a hacerlo, en primer lugar, para una situación en la que aparezca todo lo que en la vida ha ido mal contigo. Por ejemplo, así:

Tenemos la poco dolorosa obligación de poner en vuestro conocimiento la ausencia de nuestro abuelo, padre, hermano, cuñado, etc. Tú, mi querido:

LORENZO LÓPEZ
y sus camaradas como él

Casi no te esforzaste en nada y no conseguiste nada en la vida. Todas las cosas te han parecido basura, has bebido mucho y siempre has conseguido poner nerviosos a tus hijos. Tu mujer siempre era la que se equivocaba y la pretendiste engañar constantemente. Pero ninguna se dejó engañar por un ser tan lamentable como tú. No pudiste beber y blasfemar más. ¡Dios mío!, si has echado pestes de un mundo del que te creías el campeón.

Allí donde tú ibas, todo era un infierno: enfado, depresión, melancolía y disgusto. Eras desesperante. Quien se cruzaba contigo perdía inmediatamente su buen humor. La desesperanza y la tristeza imperaban a tu alrededor. Y la culpa siempre era de los demás: el capital, el Banco Central, los capitostes, los inmigrantes o los huracanes. Pasaste la mayor parte de tu tiempo sentado delante de la caja tonta o contando en qué precisa medida el mundo y los hombres son malvados. No has tenido en cuenta las cosas buenas de la vida, a los 40 años te olvidaste de reír. En ese momento fue cuando falleciste por primera vez, infeliz. Pasados los 18 años dejaste de aprender. ¡Tú ya lo sabías todo, don Sabelotodo! Está bien que le hayas hecho sitio a otros. No te has enterado de lo más esencial.

¡Adiós, Lorenzo! Realmente nadie está afligido por tu pérdida. Sólo lo hacemos porque hay que hacerlo. No nos vamos a acordar mucho tiempo de ti. Sólo nos queda la compasión. Está bien que por fin te puedas ir. Ha sido una vida infeliz, y eso que lo tenías todo al alcance de la mano. Adiós.

¿Cómo te has sentido mientras lo has hecho? Yo mismo, al hacerlo, me sentí herido y dolido a causa de mi autocompasión, tenia un nudo en la garganta y estaba consternado por esta vida que no había vivido. Fue terrible.

Ejercicio 2: La esquela del éxito en la vida

Ahora debes escribir otra esquela en la que, al contrario de la primera, figure, manteniendo la cabeza bien alta y una firme convicción, que tu vida ha sido una magnífica representación, que lo has conseguido casi todo y ahora te marchas feliz. Piensa en tus objetivos más elevados y actúa como si te los hubieras conseguido meter en el bolsillo. Repara en el efecto que eso causa en tu ánimo. Te pasarán por delante una serie de cosas maravillosas.

Tenemos la dolorosa obligación de poner en vuestro conocimiento la ausencia de nuestro abuelo, padre, hermano cuñado, etc. Tú, mi querido

LORENZO LÓPEZ

Te hemos querido mucho y vamos a llorar tu muerte a pesar de que tú no querías que lo hiciéramos. Tú te habrías reído de ello, nos habrías mirado sin entenderlo y habrías dicho: ¡Eh, muchachos, ha sido una buena temporada! ¿Por qué lloráis ahora? ¡Tomáoslo con calma hasta que todo pase!, etc.

¿Qué tal? ¿Cómo ha ido ahora? Mejor, ¿no? Rebosante de orgullo sobre ti mismo has escrito una necrológica que le anuncia al mundo lo hermosas que son las cosas y el gran potencial de que disponen. Así se hace. Pero ¿has escuchado de nuevo al infeliz de tu capitán? Seguro que, en un segundo plano, ha estado protestando y musitando:

«¡No conmigo, joven. Dice esas bobadas porque no ha vivido nada. Si hubiera vivido mi vida, se habría comportado de otra forma en ella. Yo no he tenido tanta suerte, no tengo en mi cuerpo tantas hormonas de la felicidad, padezco de depresiones, soy odioso y nadie quiere estar conmigo, no estoy en lo más alto, todos están enfadados conmigo, estoy muy triste porque tengo razón y todo es basura... Todo es mucho más complicado y serio. No es cosa de coser y cantar. Ese chico no se toma la vida en serio».

Justo, querido y malvado capitán. ¡Pero yo me la tomo muy en serio porque es lo mejor!

¿Qué aprendemos de todo eso?

Seguro que al escribir ya te has dado cuenta de que en la vida, observada desde el punto de vista de la muerte, se relativiza todo, todo resulta pequeño, irrisorio e insignificante. Obtienes una visión nítida de las cosas importantes de la vida y compruebas que las que no son importantes ocupan demasiado espacio. Y se descubren todas las malas costumbres, las estructuras de la red en la que quizá te has visto atrapado sin posibilidad de moverte.

- El pensar en el final indica que nuestras dudas y vacilaciones son los mayores riesgos, los que te inhiben e impiden vivir.
- Que nuestra espiral de preocupaciones sólo existe en nuestra cabeza.
- Que nos impide meternos en la vida y vivirla.
- Que las mayores catástrofes de nuestra vida no se ven desde fuera, sino que están dentro de nuestro cerebro.
- Que nuestros pensamientos, atascados de problemas, despilfarran la mayoría de nuestra energía.
- Que todos nosotros vivimos realmente por debajo de nuestro potencial personal.
- Que no tenemos ni todo el tiempo ni todas las oportunidades, sino que es un tiempo limitado y que para todo hay un número determinado y limitado de posibilidades.
- Hay que coger las ocasiones por los pelos y no dejarlas pasar sin tratar de tenerlas en cuenta.

Depende de ti el escribir una buena esquela para colgarla sobre tu lecho y que te alegre el resto de tus días, que comienzan precisamente en este momento.

Ejercicio 2: Mi 65 cumpleaños

Si te resulta demasiado morboso el hecho de redactar una esquela, escribe una reseña sobre tu 65 cumpleaños o de cuando cumplas los 100 años, por aquello de ser optimista. Algo así:

Hoy es mi 65 cumpleaños. A partir de hoy me jubilo y ya tengo una buena pensión de retiro. Ayer fue mi último día en la empresa. Allí estaban mis hijos, que me habían llevado una tarta. Todavía son muy jóvenes. Unos 40 años. Hoy por la noche me van a dar una fiesta sorpresa, aunque ya sé que me la van a dar...

Mi querida esposa ha estado muy afectuosa conmigo. Es mi vida, es mi norte y mi guía. Soy el hombre más feliz del mundo, he pasado una vida maravillosa y tengo por delante algo muy hermoso.

Lo que he vivido: ...

Lo que todavía voy a hacer: ...

Cuelga también sobre la cama tu discurso de cumpleaños y acuérdate el resto de tu vida, que comienza en ese bello momento. Si tienes 90 años, entonces tu vida se ha escrito casi hasta el final. Ya está vivida. Irreversiblemente. Pero de todas formas aun no está todo vivido, pues si fuera así no tendrías este libro en tus manos. ¡Todavía puedes empezar a hacer muchas cosas. Así que hazlo!

Este ejercicio también resulta muy eficaz cuando se trata de cubrir un gran objetivo, por ejemplo, hacerse independiente o concluir con éxito una formación o un proyecto. Por ejemplo así:

CRONOLOGÍA DE ADIESTRAMIENTO (TIMELINE TRAINING) PARA EL MONTE EVEREST

Coge un rollo de papel de fax y hazlo rodar por el suelo en una dirección en la que dispongas de un poco de espacio. Observa cómo rueda tu rollo y cómo sigue rodando mientras deja tras de sí una bonita y blanca cinta de papel. De repente se topa con un obstáculo y se para del todo.

El rollo es tu vida. Y la forma en que ese rollo choca irremediablemente contra algo es análoga a lo que ocurre con la vida. Es un callejón sin salida en el que conduces a todo gas, y desgraciadamente sin frenos. En algún lugar ocurre el sacrosanto y definitivo final del viaje. No es sólo escalofriante, sino que también resulta ser un alivio. ¡Todo tiene un fin! La edad y la muerte son, de hecho, un escándalo para la vida, pero forman parte de ella. La mayoría de las personas se preguntan por lo que viene detrás. Y eso es lo realmente extraño, pues es muchísimo más importante la pregunta de lo que ocurre *antes*.

Cuando ves cómo discurre el rollo de tu vida, con el irremediable golpe al final, ves lo limitado que es tu tiempo vital y también te haces consciente de su infinito valor. Tómatelo con calma, deja que tu rollo siga adelante y se choque contra la pared. Colócate detrás de tu *timeline*, detrás del frenazo, detrás de la muerte. Ahí puedes colgar tu esquela, la agradable, naturalmente. Mira hacia atrás, a la edad, con tranquilidad y pensativo. No resulta un sentimiento raro, ¿no te parece? Puedes pegar algunos cartelitos en el rollo de papel con los acontecimientos más notables de tu pasado: los primeros recuerdos, el primer beso, el final del colegio, el primer trabajo, la vida, la enfermedad, los recuerdos más hermosos, las historias de horror. Todo con muchos altibajos, ¿no es cierto? ¿Es aburrido o monótono? ¿Está lleno de angustias y miedos? ¿Pleno de disputas y vacilaciones?

Es digno de pensarse, pero realmente da igual. No comiences ahora a desenterrar tu pasado y a llorar por lo terrible que fue todo. Lo más importante no es el pasado, sino el futuro, pues ya se puede ver que, a partir de hoy, el rollo está totalmente vacío y espera volver a ser escrito. ¡Por ti, por tu fogonero y por tu capitán! ¿No es una idea hermosa e impactante? *Tú* eres el autor de todo lo que va a venir, eres el director de la película, el actor principal y la única persona en tu vida que está ahí desde el principio hasta el final.

Siéntate ahora en el aquí y el ahora, allí donde empieza el resto de tu vida y anota todo lo que quieres alcanzar, dónde quieres que se dirija tu viaje. Permítete soñar un poco, porque soñamos demasiado poco. Dale a todo pista libre, sin censuras. Anota un par de líneas que te entusiasmen y te den fuerza, y observa cómo te sientes con ellas, cómo te llega la alegría y el entusiasmo, cómo, quizá, durante un rato largo, te pierdes, como un niño que juega, en una fantasía florida y entusiasta.

Y observa también cómo funciona tu capitán. Hay algunos de ellos, no obstante, que siguen murmurando:

«Menudo asco de juego, la vida funciona de otra forma, no está hecho todo, entre los sueños y la realidad hay una gran diferencia. Además no tenemos tiempo para tanta tontería».

Si es así, tu capitán no tiene razón, ya que ignora lo siguiente:

Una pequeña digresión filosófica...

Absolutamente cualquier realidad civilizada que exista hoy en día, cualquier casa, máquina, automóvil, cualquier diseño, todo lo que el hombre ha hecho una vez, antes estuvo en una cabeza: como sueño, pensamiento, idea, espíritu, flujo cerebral. Lo que hoy en día es nuestra realidad humana, todo lo material, debe siempre su existencia a una idea, primero era espiritual, mental o neuronal..., da igual cómo lo quieras llamar. ¿Sabes ya por qué Pepe tenía una vida tan dura y tuvo que cambiar su película a toda velocidad?

Yo pienso que estas ideas son terribles. Él sabe que lo primero es pensar en tu futuro para, de esa forma, tener la oportunidad de que se convierta en realidad. ¡Y la forma en la que lo piensas, buena o mala, no la decide nadie más que tú! Es tan sencillo como en un viaje: ¡Quien no planea el viaje nunca llega al país de sus sueños!

¿No es una hermosa, conmovedora y terriblemente cierta verdad? Es decir: nosotros soñamos un poco con la falta de posibilidades de la vida y a que mañana puedan convertirse en realidad.

ESTABLECER OBJETIVOS QUE TE LLEGUEN A LO MÁS HONDO

La mayoría de las veces nos ocurre que carecemos de ideas claras de lo que realmente queremos y hacia dónde debe dirigirse nuestro viaje. Luego nos dejamos llevar, deambulamos durante el día y vivimos de la misma forma en que viven los demás. Durante un tiempo esto puede resultar agradable y cómodo, pero no lleva a ningún sitio sino más bien a un sentimiento cada vez más poderoso de que estamos despilfarrando nuestra vida.

O bien, nos ponemos tantos objetivos a la vez que nunca podremos conseguirlos simultáneamente. Estaremos constantemente frustrados por no llegar nunca a ningún sitio. Si, estando en París, queremos ir a la vez a la Torre Eiffel y a Montmartre, tendremos que hacer un esfuerzo muy considerable para encontrar el camino adecuado y nunca podremos empezar.

La falta de objetivos es, a menudo, un signo de una intensa transición vital o de una seria crisis vital, por eso la mayoría de las veces también conlleva inseguridad y miedo, un miedo existencial unido a una pérdida de la autoestima. La amenaza de perder el empleo, los cambios de trabajo o la pérdida del mismo son parte de las experiencias más intensas de nuestra vida. La mayoría de las veces la crisis se supera cuando nos dejamos llevar sin dirección por las corrientes de las posibilidades (o las imposibilidades) hasta ver de nuevo tierra firme. A menudo, la pérdida de objetivo no es más que comodidad o mala costumbre: es mejor quejarse sobre el presente y el pasado en lugar de pensar creativamente en el futuro. Ahora viene una frase importante:

**¡Quien no sabe
dónde va,
no debe extrañarse
de llegar a otro sitio!**

¡No tienes derecho a lloriquear si has desperdiciado tu vida! ¿Te queda claro? Aquí te vamos a dar un par de consejos de cómo se pueden poner los objetivos de tal modo que te lleguen profundamente. Conocer perfectamente un objetivo personal es una condición previa para poder conseguirlo. ¡Tu objetivo es una tarea para ti mismo, para tu cerebro, tus capacidades y tu riqueza de ideas! Es importante que tengas perfectamente claro tu objetivo: cómo es, cuándo, cómo se siente, cómo lo sientes tú, etc. Piensa en el capitán y, sobre todo, en el fogonero. Merece la pena soñar con los objetivos, visualizarlos y escribirlos en un diario o en un gran cartel, como siempre. Ayuda mucho, a la hora de fantasear, tener en cuenta lo siguiente:

- Ningún objetivo está formado por algo que no es. Así pues: *¡Están prohibidas las negaciones!* No vale decir: «No quiero volver a enfadarme», sino: «Quiero estar tranquilo y sereno y disfrutar de esa maravillosa sensación».

- ¡Tu objetivo es *siempre* algo bueno! Por ello: ¡Hay que utilizar refuerzos positivos! Por eso no vale: «¡Este enfado de mier... debe desaparecer!», sino: «Noto una plena tranquilidad, como un baño de espuma!» ¿Percibes la diferencia?

- Importante para el fogonero: tu objetivo no es abstracto, es concreto para abordarlo, para vivirlo, es como una cerveza fría y un jugoso bocadillo de chorizo. ¡Por eso, a la hora de formularlo, debes tener en cuenta todo su sentido! No vale: «¡Quiero que me vaya mejor en la vida!» (cosa que nadie sabe lo que significa), sino «Mi objetivo estará conseguido si me siento tranquilo y sosegado». La tranquilidad es una ligera y cálida sensación en el estómago, como si estuviera en una bañera suave perfumada con esencia de rosas. Las ideas en mi cabeza son como una hermosa melodía. «¡Dicho de una forma plástica mi intensa tranquilidad es como el mar, infinito, ancho y azul!» Ahora se siente el objetivo, ¿lo notas? Así debe ser un objetivo que te pueda cautivar.

- Tu objetivo se debe poder medir. Por ello: ¡Hay que construir la unidad de medida! No hay que decir «¡Quiero ser contable!», sino «¡Quiero hacerme con el título!».

- Tu objetivo debe poder conseguirse en algún momento. ¡Pon un límite temporal! No digas sencillamente «¡Quiero llegar a ser contable!», sino «En agosto de 2007 quiero tener el título y estar orgulloso de lo que he hecho!».

- ¡Ningún objetivo es igual a otro! Por eso no hay que hacer comparaciones que no conocemos. No se debe decir: «Me voy a una ciudad muy parecida a Toledo», pues resultaría bastante cómico, sino «Me voy a Salamanca».

- Está absolutamente prohibida la enumeración de «esto no funciona por X, y es imposible por Y y por Z». ¡Algo así está absolutamente prohibido! Sólo está permitido: «Ahora viene la tarea de resolver X, luego Y, y después Z, y ya habré llegado a mi objetivo».

- Disfrutar con la recompensa: con la alegría, el reconocimiento, con un sueldo mejor y una sensación vital más bella. Ésas son las claves en la que reside la fuerza del fogonero.

¡El objetivo se debe ajustar a ti! ¡Tú y tu fogonero debéis estar con la idea de haberlo conseguido, sentiros bien en casi todas vuestras relaciones! Si tu fogonero no quiere hacerlo, no te molestes siquiera en empezar. Por ello debes imaginártelo de la forma más intensa posible. Si tu fogonero coge la pala, tu corazón latirá más rápido, estarás nervioso y feliz; si te levantas de un golpe y quieres comenzar a cumplirlo, eso es señal de que tu objetivo es el adecuado.

Y yo pienso: ninguna decisión es correcta al 100 %. ¡Nunca! Por cada buen objetivo hay muchas buenas razones para no conseguirlo. ¡En todos! Muchas personas fracasan sencillamente en la vida porque sólo comienzan a trabajar en sus objetivos cuando no hay nada absolutamente en contra. Es decir, nunca pueden empezar, pues estos objetivos no existen. Pero si nos puedes contestar al 80 % con un *sí*, y observas que el fogonero se pone en marcha con estos pensamientos, ¡entonces, adelante! Armado de esta forma puedes llegar a conseguir el objetivo.

Una vez más: formular las preguntas adeudadas

Si ya tienes marcado tu objetivo puedes acelerar tu avance con preguntas diarias, superar las fases críticas, estructurar los días y concentrarte en tus fuerzas. El juego no es inútil ni mucho menos (como puede que quizá farfulle ahora el maduro capitán), sino que te sirve para alcanzar el éxito, pues consigue, como sabemos, que el pensamiento quede libre de cavilaciones acerca de posibles catástrofes e inseguridades y se dirija hacia las soluciones. Cuanto mejor estés tú, más soluciones habrá y más éxitos alcanzarás en tu vida:

- «¿Qué puedo hacer hoy para acercarme un poco más a mi objetivo?», en lugar de: «Menuda porquería, estoy tan lejos de él...».
- «¿Cómo puedo superar éste o aquel inconveniente?», en lugar de: «Si ya lo sabía yo, no se puede hacer nada en contra de *a* ni de *b* ni de *c*... y así hasta la *z*». Y es entonces cuando empiezan a llegar las catástrofes, la primera, la segunda, la tercera y así hasta el infinito.
- «Si yo he conseguido mi objetivo diario, ¿qué recibe el fogonero a cambio?» en lugar de: «Soy un héroe y sólo pienso en mí, debo hacer esto, y lo otro, y lo de más allá y el tiempo es muy corto».
- «¿Qué puedo hacer hoy para encontrarme mejor y en forma?» en lugar de: «¡Sigo siendo un héroe y no necesito encontrarme en forma, eso es sólo para los blandos...!».

Quien piensa en las dificultades, las posibles catástrofes y las injusticias de este mundo, desperdicia un tiempo muy valioso en el que podría haberse dado de narices con soluciones. Y eso lo podemos hacer *todos*.

MI PIANOBAR EN SYDNEY

Seamos concretos: cualquiera que tenga que hacer un viaje tan largo debe empezar con los primeros pasitos y luego continuar con ellos (es lo de siempre, pero resulta bien y, sobre todo, es brutalmente cierto). Proponte (lo mejor es que lo hagas junto a un par de colegas) un proyecto de ensueño que tenga aspecto de ser poco real y piensa cómo quieres hacerlo realidad.

El objetivo

En nuestros seminarios siempre nos gusta hacer el ejercicio de un *pianobar en Sydney*. Esto suena un poco perverso y, sobre todo, imposible. Pero ¿por qué no? ¡Tú siempre has querido hacerlo! El objetivo (pintado en un gran cartel) tiene este aspecto:

Me gustaría tener un coqueto y pequeño pianobar en Sydney, lo suficientemente amplio como para poder vivir de él, es decir, con beneficios de unos 2.400 euros (cada uno lo fija según su criterio). En Sydney, en el puerto antiguo, para que se pueda oler la brisa marina y se oiga el ondear de las velas en el aire. Por la tarde, con la cálida brisa, me sentaré en una de las pequeñas mesas de la terraza y disfrutaré de la puesta de sol, mientras que dentro, en el bar, se oye cómo suena un piano, algo de Richard Clayderman o alguien parecido (¡la verdad es que suena bien!).

La fiesta de inauguración tendrá lugar el 21 de septiembre del año 20xx. Comienzo de la primavera en aquellas latitudes (fecha límite). Lo he dejado todo en Europa, gano menos, pero soy feliz. El pianobar va a caer en la ciudad como una bomba y todas las noches estará lleno de personas sonrientes que, incluso en pleno verano, devorarán *fondues* de queso en nuestro bar y beberán cerveza. ¡Debes venir a visitarnos!

¿Notas el efecto que tiene un objetivo formulado de manera concreta y con sentido? Ves, oyes, sientes el bar con todos tus sentidos. Tu fogonero ya está preparado con su pala. Y ahora sólo nos queda contentar al capitán.

Establecer la cronología de los pasos

Pensemos todos juntos cuáles son los pasos necesarios para realizar este sueño. Escribe cada uno de ellos en un cartelito y colócalo en el orden adecuado en el *timeline:* es escandaloso lo creativos que somos estando en equipo, y cómo podemos descomponer todo el camino en *pequeños pasos realizables* hasta desembocar en la apertura del bar. Vamos a ir pegando esos pequeños carteles:

- Volar a Sydney y verlo, ¡eso es fantástico!
- Hacer un presupuesto con una hoja de cálculo. Y así podemos aprender algo más, por ejemplo los fallos que tiene el software de la casa que ha creado esa hoja.
- Buscar soluciones para conseguir dinero: hay más de las que te puede imaginar, por ejemplo herencias, lo que ya tenemos ahorrado, matrimonio, pedir un crédito, buscar compañeros o inversores, ahorrar durante 70 años, robar un banco, invertir todos los bienes en Bolsa, etc.
- Pensar en la decoración interior: ¿Qué aspecto debe tener un bar, qué ambiente, qué estilo?
- Crear los elementos publicitarios, diseño, logotipo, nombre del bar etc. Esto es realmente divertido, aunque nunca vaya a ser real.
- Crear la carta de comidas: *fondue de filetes de canguro* o bien *jamón con kiwi,* ¡eso estaría muy bien!
- Tomar contacto con la embajada, la Cámara de Comercio, las amistades, conocer Sydney, los australianos, los neozelandeses.
- Comenzar un curso de inglés, o mejor, de australiano.
- Matricularse en un curso para aprender a hacer cócteles (en algunos países se puede conseguir un diploma de especialización).
- Conseguir pianistas para el bar, por ejemplo Fede, ese borracho que aporrea el piano en el pub de la esquina de casa, sería adecuado. O puedo comenzar un curso de piano.

Te sorprenderá que hasta los planes más locos, como puede ser éste, sólo se componen de pasos independientes y realizables, que se puedan llevar a cabo uno tras otro de forma sencilla, cada uno con su propio sentido. Eso representa un maravilloso enriquecimiento vital que permite seguir avanzando. ¡Soñar así, de todas formas, es mejor que mirar boquiabierto como un pasmarote, con los ojos como platos!

Una vez pegado en el *timeline,* tu sueño adquiere una forma visible, una dimensión temporal, unas etapas por las que tienes que pasar. Y te quedará claro si realmente quieres conseguir ese objetivo. Al final del ejercicio te darás cuenta de que las únicas resistencias contra el objetivo, realizable y soñado la mayoría de las veces, son otras, de hecho lo son el capitán y el fogonero: ellos sencillamente no quieren, ponen poco empeño, tienen demasiado miedo porque la montaña les parece muy alta, tienen puros prejuicios por si las cosas no funcionan, padecen de una vulgar apatía porque, sencillamente, somos demasiado vagos.

Quejarse y maldecir, mirar películas policíacas con la boca abierta, quedarse atontado, todo eso es mucho más sencillo, ¡pero desde hace mucho tiempo ya no es bonito!

Esto significa que la mayoría de los objetivos no se consiguen, y no porque no se puedan alcanzar, sino porque, en realidad, nosotros no queremos conseguirlos y desde el principio sólo buscamos los motivos por los que *no* se pueden llevar a cabo. No deseamos salir corriendo y arriesgarnos a un fracaso. Podemos colocar nuestras manos sobre el regazo y echar pestes sobre lo malo que es el mundo, en lugar de decirnos que lo que nos ocurre realmente es que nos portamos como unos perros perezosos.

Una pequeña vuelta atrás hacia nuestro verdadero tema. La búsqueda de un trabajo adecuado y siguiendo el camino adecuado significa: pregúntate, con la mayor precisión posible, qué es lo que realmente quieres ser, lo que te divierte, dónde tienes éxito y lo que quieres llegar a ser en unos cuantos años. Cuanto más preciso seas, mayor será la probabilidad de que tu futuro tenga lugar, y no cualquier futuro, sino el *tuyo.*

Uno no puede anticiparse por completo a su destino, mucho de lo que ocurre en el mundo es pura casualidad. Pero te puedo garantizar una cosa: ¡*Todo* hombre con éxito se lo ha trabajado y «currado» muy a fondo!

PLANIFICAR TU CARRERA PROFESIONAL

¿DÓNDE ESTOY Y HACIA DÓNDE VOY?

Pongámonos prácticos de nuevo: entre los asesores de Personal y las personas que buscan trabajo hay sus más y sus menos, que resultan absurdos, sobre cuál es la definición del puesto y cómo se desarrolla el plan de carrera. Aparentemente se espera de nosotros que mostremos a los demás, entre otras cosas, dónde están en realidad en este momento, y dónde van a terminar después. Estas preguntas son complicadas, muy complicadas.

Eso es importante, se dice, para saber exactamente dónde se empieza. Una toma de posición demasiado estricta conlleva el gran peligro de que nos ciñamos a ella de una forma exagerada, que definamos unas fronteras muy estrechas y, por decirlo de alguna forma, nos apropiemos demasiado del puesto. Esto es exactamente lo contrario a lo que yo he venido predicando hasta ahora: hay que pensar en la vida desde el final, desde sus posibilidades, dejar reposar los objetivos, pasar y aceptar el aquí y el ahora en lugar de retirarse a un lugar determinado y tratar de permanecer anclado allí para siempre.

Sin embargo, cuando hacemos un sencillo inventario de nuestras capacidades, experiencias, deseos, así como de nuestros déficits, incapacidades o aversiones, todo resulta correcto. Pero eso no es gran cosa, sólo un trabajo de aplicación: siéntate y haz una lista de lo que es y lo que ha sido. No hace falta que hagas una tesis doctoral ni dejes que unos asesores de Personal se pavoneen contigo mientras pretenden aconsejarte la realización de cualquier tarea extravagante. Eso no aporta nada. Yo soy de los que aconsejo reflexionar más sobre el futuro que sobre la definición de una ubicación imaginaria.

Para que tu inventario llegue a su dimensión más profunda, comencemos ahora con una visión galáctica de las cosas.

Una pequeña digresión filosófico-astronómica...

¿Toma de posición con respecto al puesto? Nosotros, pequeños y desnudos monos, nos desplazamos sobre un diminuto y solitario guisante azul que se mueve a una velocidad de 107.208 km/h alrededor de una lámpara incandescente que es un poco mayor. A la vez giramos alrededor del eje de nuestro propio guisantito a una velocidad que en el ecuador es de unos 1.670 km/h y que, según se va hacia el norte (o el sur), va disminuyendo. En España, de sur a norte puede estar entre los 1.340 km/h y los 1.230 km/h. Y luego, a unos satisfactorios 900.000 km/h, en 230 millones de años giramos alrededor de Sagitarius A* en el centro de nuestra galaxia, situado a 16.000 años luz (a ojo de buen cubero, a unos 9.460.800.000.000 km de distancia). ¡Nada de hablar de *lugar* ni de *sitio*!

¿Qué pasaría con la determinación de las fechas? El universo existe desde hace 13.700 millones de años, la Tierra desde hace 4.500 millones y el Sol tiene combustible para 7.000 millones de años más. Nuestros ochenta añitos sobre el guisante azul tienen tan poco significado que ningún hombre ha inventado una palabra para ello.

¿Por qué estoy contando esto? Hace que todo se mantenga libre de preocupaciones, le quita a todo su exagerada importancia y seriedad, es la visión definitiva desde el helicóptero. Muestra la verdadera sublimidad del Universo y la increíble gracia (¡estúpida palabra, pero es la adecuada!) de que nos sea permitido vivir. Debemos, lo queramos o no, *confiar* en que cualquier cosa pasará a la Historia.

Toma de posición y plan de carrera

Ahora no se puede eludir con los mismos ribetes galácticos la pregunta, no menos seria: ¿Desde dónde y desde cuándo *tú* realmente estás en órbita? Y esto sólo lo puedes contestar si tienes claras las preguntas que ahora siguen. La reflexión sobre ello nos hace conscientes acerca de en quién y en qué nos hemos convertido y cuánto tiempo nos queda para ser algo. La mayoría de esto ya lo has trabajado en la preparación de la charla de presentación:

- ¿Qué puedo hacer bien en cuanto al trabajo, los idiomas, la aptitud, la formación, las aficiones?
- ¿Qué he hecho hasta ahora? Las estaciones de mi vida en cuanto a la preparación y el trabajo, pero también en los temas de familia, entorno social, en lo privado y muy personal.
- ¿Qué decisiones clave han determinado mi vida y por qué las he resuelto así?
- ¿Qué tengo? Balance en cuanto a cuestiones monetarias, acciones, herencias, hipotecas, deudas, haberes, fortuna.

Toma de posición: lista. ¡Vale! Pero es mucho trabajo. Sobre la base de este listado, y ahora la cosa se pone más interesante, puedes desarrollar el futuro, hacer planes y definir objetivos de proyecto:

- ¿Qué más quiero hacer?
- ¿Qué más quiero aprender?
- ¿Qué más quiero llegar a ser?
- ¿Qué más quiero tener?

Planificación del futuro: listo. ¡Ahora se trata de la cronología y de la realización concreta!

¿Y el plan de carrera? Las carreras no se pueden planificar, y quien lo crea está fantaseando. Yo todavía no he visto a nadie al que le salieran las cosas exactamente como las había planeado. Un objetivo definido de una forma estricta tiende a irse estrechando. Constantemente aparecen demasiadas posibilidades no esperadas, muchas casualidades que determinan nuestra vida. Pero, además, tú también puedes echarle una mano al azar creando muchas de las condiciones previas para tus objetivos: estudiar, mantenerte siempre ojo avizor, perseguir objetivos y divertirte con la vida. Plan de carrera: listo.

Sin embargo, si tú en tu interior te sientes muy inseguro y no estás a gusto, si realmente ya no sabes ni dónde tienes la cabeza ni cómo puedes empezar con nada, si realmente ya no tienes un punto de arranque a partir del cual puedas tirar hacia delante, entonces mis cuentos sobre las galaxias y mis análisis abracadabrantes te van a poner nervioso. Son muchos los aspectos vitales en los que, simultáneamente, te puede apretar el zapato, y deberás reconocer y explorar cuidadosamente qué es lo que te va.

Test de personalidad profesional

En tal caso te aconsejo una dedicación intensiva al tema, buscando, además, el apoyo de profesionales. Existen consejeros públicos o privados, laborales, personales y de carrera, hay psicólogos y monitores personales.

Sin embargo, las personas que trabajan en este ramo y los métodos utilizados no están libres de dudas. Hoy en día mucha gente se denomina a sí mismo como asesor, inventan cualquier tipo de bello y profundo test con magníficos diagramas, y no harán más que engañarte, todo ello impuesto hoy en día en forma muy peligrosa a base de esotéricos teatros de variedades con los significados astrológicos de los sueños y el examen de las vísceras de las aves (como hacían los augures romanos). Por ello debes ser cuidadoso y no dejarte seducir por sandeces que lo único que hacen es confundirte aun más y volverte loco. He leído tantos libros y folletos a ese respecto que he llegado incluso a marearme. Al final, sólo me faltó un pelo para inscribirme en una secta de ovnis...

Ahora en serio: según mi opinión, y está probado desde un punto de vista científico, el método más profesional y con mayor capacidad informativa son los tests psicológicos y los cuestionarios con los que se puede *medir,* de forma relativa, cualquier dimensión de tu psique o tu vida para poder compararla con los valores normales registrados sobre un gran colectivo de personas. Entonces podrás saber dónde estás realmente, pero no en el Universo, sino aquí abajo, en este mundo. Existen muchas de estas herramientas denominadas de diagnóstico: inteligencia, memoria, personalidad, intereses laborales, felicidad vital, cualquier dificultad psíquica o enfermedad. Son, por encima de todo, las herramientas más eficaces y seguras para hacernos conscientes de lo que ocurre contigo y con tu vida.

Estos tests están compuestos la mayoría de las veces por unas baterías de preguntas o de tareas que uno tiene que contestar o resolver. Hoy en día estas cosas están configuradas en los ordenadores y ahora sólo hay que hacer clic con el ratón en lugar de pintar cruces.

A mí, personalmente, este tipo de tests (y he hecho una buena cantidad de ellos) me ha abierto los ojos a medias y me han puesto, con toda claridad, algunas cosas sobre una bandeja de plata, cosas que yo de alguna forma anhelaba pero que no sabía de forma clara. Me han ayudado enormemente a posicionarme, a reconocer con más claridad los problemas existentes y a solucionarlos, para clasificarme mejor a mí mismo y para no marchar nunca en la dirección errónea.

Existen muchos tests y empresas dedicadas a su análisis y explotación. Tú mismo puedes consultarlo en cualquier buscador introduciendo algunas sencillas palabras clave como: «test», «inteligencia», «memoria, «personalidad», etc. Quiero advertir expresamente de aquellas pruebas que son puramente comerciales, realizados sin ninguna base científica y comercializados en un papel muy brillante y con mucho lujo. Los resultados de esos tests no son fiables ni aportan ninguna información, la mayoría de las veces no tienen ninguna utilidad práctica.

Mapas de ideas

Yo pienso que la formación de *mindmaps* o mapas de ideas es un buen método. ¿Los conoces? Escribe en el centro de un papel un tema central acerca de la vida, por ejemplo: *Mi vida hoy* y luego ramifica desde ese centro una serie de subtemas, como pueden ser el trabajo, la pareja, la familia, aficiones, el dinero, el fogonero, el capitán etc., hasta que vayas llegando a las más finas ramificaciones. Esto crea una estructura con una extraordinaria idea de conjunto y claridad. Estos mapas de ideas con los temas los puedes tener a mano en cualquier momento, los puedes comprobar y completar. Realiza un par de mapas de ideas con asuntos tales como: «Todos mis problemas de un vistazo», «Esto es lo que quiero conseguir», «Mi bar en Sydney», «Todavía puedo llegar a ser esto», «Mi pareja de ensueño», etc. A menudo, al escribir se encienden algunas lucecitas. Es muy efectivo si ilustras con dibujos los momentos estelares, pues luego, al colgarlo, queda mucho mejor.

Escribir para siempre o evolucionar

El peligro en cualquier toma de posición es que te quedes atascado para escribir y continuar. Entonces piensas que, sin ningún remedio, eres de una u otra forma, que puedes hacer X pero no Y, que eres el apropiado para A y B, pero en ningún caso para C. Eso es arriesgado. El ser humano puede aprender y evolucionar constantemente. Incluso el cociente intelectual se puede modificar practicando, y no hablemos de la memoria. Quien una vez fue un patito feo puede convertirse de repente en un cisne, quien fue expulsado del colegio consigue, más tarde, alcanzar el Premio Nobel, etc. Por eso hay que tener cuidado con la toma de postura acerca del puesto. Sólo hay que utilizarla como elemento de ayuda, y nunca como pronóstico de futuro. ¿Vale?

AMPLIACIÓN DE HORIZONTES

Cualquier toma de posición, los planes de futuro y el establecimiento de objetivos siempre me han resultado algo temible, pues definen la vida de tal forma que parece quedar encasillada para siempre. Casi siempre cometemos el mismo error, el de ir sobre seguro y no querer ver más allá de nuestras narices. Por eso, y casi para finalizar.

Nuestro horizonte es un línea circular que se encuentra a unos 5 kilómetros de nosotros, y eso si mides 1,80 de estatura y estás sobre una zona llana. Es decir, desde donde tú estás no ves prácticamente el 100 % de las tierras que hay en el mundo. Pero tras el horizonte sigue habiendo otras cosas, muchas más. Para eso no hace falta tener una gran sabiduría, pero es totalmente correcto.

Quien no encuentra trabajo o no encuentra el adecuado, tiene un gran problema: está buscando delante de sus narices y sólo allí. Piensa que en su jardín tienen que crecer todas las flores del mundo, pero eso no ocurre. La mayoría de los puesto de trabajo no se encuentran porque no se buscan, ni en el lugar adecuado ni de la forma correcta.

Ampliación de horizontes 1: movilidad geográfica

Si la montaña no va al profeta, es el profeta el que debe ir a la montaña: una historieta surgida en uno de nuestros seminarios en cuanto al tema de la movilidad (me he limitado a cambiar de sitio la localización de los lugares).

Un participante en un seminario era agrimensor en San Martín de Montalbán, un pequeño pueblo de Toledo. ¡Muy idílico! Ganado, pastos, gallinas y mazapán por todas partes. Desde hacía meses buscaba en vano un trabajo, pero (y no lo digo en broma) lo hacía en los alrededores de San Martín. Quien conozca el lugar, sabe que está en medio de la nada. Y él se extrañaba de no encontrar ningún anuncio en el periódico que dijera: «Se busca agrimensor en San Martín». Renegaba del mundo, de la coyuntura económica, del Banco de España, siempre enfadado y furioso. Y decía que nuestro seminario no servía para nada, que yo era un charlatán, etc.

La moraleja de la historia:

- Debía ampliar su radio de acción, y eso suponía una verdadera tortura.
- Incluso en Navahermosa, un pueblo de los alrededores, había una empresita con posibilidades para su empleo.
- Un par de kilómetros más allá está Toledo, donde hay más de cincuenta direcciones posibles. Y también el proyecto del tren de alta velocidad, una obra enorme.
- Y en otros países vecinos, como Francia o Portugal, hay varios miles de empresarios que podían necesitar agrimensores.
- Y más allá: en Europa occidental la necesidad de agrimensores aumenta por miles.
- ¡Y en Europa del Este y en los Estados Unidos y en China! ¿Qué vamos a decir de los países en vías de desarrollo?
- Y luego también esta Marte u Orión y los hombrecillos verdes...
- Sí, pero: ¿Y mis niños, y mi casita rústica toledana y mis matas de fresas? ¡Qué pena dejar todo eso, qué desgracia!

Otras historias de éxito: Uno de nuestro colaboradores se mudó de su primera casa, con sus dos niños, desde Francia a España y se instaló en Toledo (no era San Martín de Montalbán, pero casi). Lo dejaron todo y ahora están allí y allí siguen viviendo. Han conseguido el permiso de trabajo y ahora, como extranjeros en España, incluso han creado su propia empresa. «Dentro de algunos años podemos volver, si tenemos ganas de hacerlo».

Y otra más: Un familiar emigró con su mujeres y sus 4 (sí, puesto en letra: cuatro) hijos al Indostán por un período de varios años. ¡Es verdad! No se lo van a creer: ¡esos niños aún viven allí! ¡Qué bien están! Han adquirido una enorme experiencia gracias a lo que han visto y aprendido. ¡Es fabuloso! Jamás querrán olvidar esa fase de sus vidas.

No tiene que ser el Indostán o Toledo. Y no digo que sea sencillo dejar a un lado a la familia. ¡Pero si ante nuestra propia puerta no hay nada, es preciso ampliar el radio de acción! No pienses que ningún otro sitio puede ser más bonito que tu casa de ahora. Por lo menos será igual de bonito, aunque distinto. Un cambio de lugar de residencia te estimula, te mantiene joven, receptivo y con capacidad de adaptación. Uno aprende mucho de ello y no se queda como atontado. Cuantas más cosas hagas, más puertas se te abrirán. ¡Es lógico!

Ampliación de horizontes 2: Tú no eres, sino que llegas a ser

Yo no conozco a casi nadie que a los 30 o 40 años de edad siga sabiendo lo mismo que aprendió cuando tenía 15. Todas las personas se han convertido en otra cosa. Hoy en día la gente cambia de trabajo como si cambiara de coche, es lo normal. Antes se pasaban 30 años en el mismo puesto, eso resultaba muy honroso pero hoy en día es un síntoma de apatía. No es normal quedarse siempre en el mismo sitio. ¡Hay que convertirse en personas! A ello se añade que no hay una sola persona de la que se pueda pensar que es igual que tú. Las personas son muy ricas en cuanto a sus facetas, que son profundas, complejas y carecen de definición. Casi todos son capaces de muchas cosas, pero se restringen demasiado. Con respecto a esto, una pequeña historia verídica:

Un participante del seminario era investigador en el campo de la inmunología humana, y eso que significa ser un científico altamente cualificado. Conoce a sus potenciales empleadores y dice: «Un laboratorio de investigación está en Londres, otro en Bruselas, otro en Viena y un par de ellos más en los Estados Unidos. Ya he preguntado a todos. Y no hay nada». Con toda la razón, constantemente estaba cabizbajo y compungido. «No hay ninguna esperanza, estoy acabado.» Ése era su único discurso y estaba siempre atormentado por las más negras dudas.

Un participante de nuestro seminario escuchaba con mucho interés. De algún modo, eso le resultaba familiar: «Inmunología, virología. Yo tengo un tío que se dedica a eso». Le preguntó a su tío, que dirigía un laboratorio de investigación altamente cualificado en el campo de la inmunología veterinaria. Buscaban desesperadamente un experto en el campo humano, pero no encontraban a nadie. Tampoco habían puesto nunca un anuncio para buscar gente así de cualificada, pues les parecía que habría sido totalmente inútil.

No se lo van a creer: se encontraron el uno al otro. Y el laboratorio está situado en el mismo barrio en el que vive nuestro inmunólogo humano. Puede ir a pie al trabajo.

Esta historia *no* es inventada. Y la moraleja:

- Si no hubiera estado en el paro, no habría venido a hacer nuestro curso.
- Si no hubiera contado su historia, nunca se habría resuelto su problema y quizá se habría convertido en un caso de necesitar ayuda social o un borracho.
- Un pequeño salto de pensamiento desde la inmunología humana a la veterinaria era la solución que tenía a mano, delante de sus narices, en su mismo barrio y, a pesar de eso, estaba oculta para él.

Esto significa, en primer lugar, que aun cuando todo te parezca totalmente inútil y que no veas ninguna solución a tu situación, lo cierto es que para cada problema existe un millón, muchos millones de soluciones, pero hay que buscarlas, ayudar un poco al mundo, dar tiempo a las cosas, rebelarse (aunque suene un poco bíblico), ponerse a ello; luego se empiezan a abrir puertas y ventanas, y muchas de ellas te resultarán asombrosas.

Y esto significa en segundo lugar que tú a veces eres un poco inseguro desde el punto de vista profesional, hasta el punto de que debes hacer un cambio total de trabajo. Esto es, de hecho, un poco peligroso, pero es interesante y te puede catapultar hacia adelante, muy lejos en la vida.

Y en tercer lugar: un carnicero no es simplemente uno que pasa toda su vida pegado al maestro carnicero detrás del mostrador. También es un salchichero, un verdugo, un vendedor, un especialista en productos alimenticios, de algún modo un decorador, un esteta, quizá también un voluntario para países en desarrollo, un asesor sobre carnicería, sobre tecnologías del matadero y sus instalaciones. El que puede descuartizar a los animales seguro que también puede reconstruirlos y convertirse en taxidermista. Y no pienses en marcos o ámbitos demasiado pequeños, el mundo es *enorme*. Y tus posibilidades infinitas.

Ampliación de horizontes 3: Un jueguecito como postre

Es un juego de pensar que me impactó mucho en este contexto. Es así: a partir de un cuadrado hay que hacer cuatro partes iguales. ¿Cuántas soluciones hay?

¡Prueba antes de mirar la solución que aparece después!

Seguro que ya has empezado a dibujar con el bolígrafo líneas rectas en el cuadrado, desde una esquina o desde la mitad de la hoja, pasando por el punto central. Puede que lo dejes enseguida. Hay muchos que abandonan y opinan que no hay más soluciones.

Tan pronto como abandones la idea fija de que las líneas rectas deben terminar en las esquinas o en el centro de la hoja, podrás decidirte por figuras geométricas, como por ejemplo líneas en forma de «L». Prueba un poco más. ¡Hay muchas posibilidades! O también puedes hacer girar las líneas alrededor del punto central donde se cortan, y la cosa ahora ya se pone más interesante. Y ya lo puedes ver: tienes una serie infinita de soluciones.

Si abandonas la fijación de que las líneas tienen que ser rectas, podrás trazar curvas de cualquier forma desde una esquina al punto central, y, girándolas tres veces, hacerlas llegar a cualquier otra esquina. Hay infinitas. Y cada una de estas líneas se puede girar de infinitas formas. Te ha sorprendido, ¿no?

Si dejas la idea de que sólo debes trabajar con cuatro líneas, entonces también podrás dibujar formas (corazones, estrellas, ositos, etc.) en cada una de las partes. ¿Quién dijo que eso no se podía hacer?

¿Y quién ha dicho que no puede sobrar ningún trozo? Sólo se decía: «Haz cuatro partes iguales», y ninguna otra cosa. Pinta, por tanto, un círculo o en cuadrado en tu cuadrado y, sencillamente, forma cuatro partes iguales.

Podemos seguir haciendo prácticas, pero para eso hay que utilizar un poco la *fantasía*: tan pronto dejes de pensar que sólo tienes que trabajar con papel y lápiz, cosa que nadie ha dicho, puedes hacer algo con diversos rotuladores, pinceles, tijeras, etc. con colores, sonidos, paja, pegamento, encontrar muchas variantes.

Tan pronto abandones la idea fija de que *iguales* significa *de igual tamaño* o *igual de grande*, entonces podrás cortar cuatro triángulos que sean totalmente distintos a partir de tu cuadrado. La igualdad significa en este caso que los cuatro son triángulos. También pueden ser iguales en cuanto al material, el color, el sonido al golpearlos, la rugosidad, el peso, etc.

Tan pronto como abandones la idea fija de que deberías hacer algo con *ese* cuadrado de papel, puedes coger otro que sea de madera, metal, gomaespuma, o lo que quieras. Allí pone algo de *un* cuadrado y no de *ese* cuadrado.

Podrías seguir con este juego hasta el infinito. ¿Pensaste al principio que podía haber tantas soluciones? A lo mejor sólo suponías que tenías unas pocas, un número finito de ellas. Quizá también hayas descubierto algunas series infinitas de soluciones que no conocías como, por ejemplo, las que se obtienen girando. Pero existen, y ésa es la única *realidad, infinitas por infinitas* posibilidades, o sea una cifra increíblemente grande.

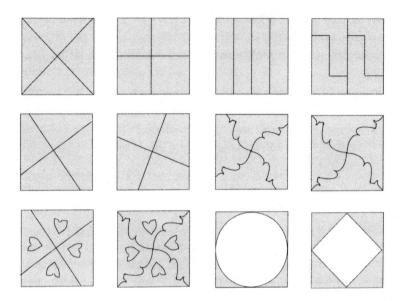

Cualquier infinitud que tú no hayas descubierto se basa en las limitaciones que tú mismo te hayas impuesto, ya que en el ejercicio no decía nada sobre ello. De nuevo vuelvo a oír a tu capitán, protestando, y que dice, por ejemplo, que no vale cortar y que eso no es más que una tontería infantil. De nuevo vuelve a no tener razón, ya que en ningún sitio pone que eso no se pueda hacer. Esta forma de protestar es sólo un índice de las calladas normas que albergas en tu cabeza para estos acertijos y que no quieres abandonar. ¡Hay que pensar sobre el efecto que estas inconscientes autolimitaciones tienen sobre la vida! ¿No es un juego increíble? ¡Es algo de sabios! Una verdadera revelación. Yo creo que Isaac Newton lo hubiera resuelto, pero pienso que de una forma menos seductora que la que se expone aquí.

Ya está bien sobre el tema de ampliación de horizontes. Es importante y por eso me he extendido y le he dado tanto relieve en este final. Y también porque a mí, en tiempos de dificultades económicas, me están colocando constantemente eso de «¡Esto no se puede hacer!» o «¡Ya no hay más posibilidades, las he probado todas!». ¡Nadie es capaz de haberlo probado todo! El mundo es más grande de lo que nosotros podemos sospechar.

Y con ello hemos llegado al final de esta historia, que quiero concluir con una gran epílogo.

PALABRAS DE CIERRE: TÚ ERES QUIEN ERES

TÚ ERES EXACTAMENTE EL SER HUMANO QUE ERES

Ya llegamos lentamente a la recta final. Tú, mi querido/a amigo/a, que has leído el libro hasta aquí, eres el único ser que miras, en éste tu mundo, con los dos ojos que tú tienes en la cara. Ninguna otra persona mira a través de ellos y ninguno puede mirar por ellos. ¡Sólo tú! Té eres la única persona que está en el lugar en el que tú estás, que tiene tu historia y que es como tú. Eres la única persona que estará contigo desde el día de tu nacimiento al de tu muerte.

En este momento no tienes *absolutamente* ninguna posibilidad de ser otra persona, ni de estar en un tiempo o lugar distinto de donde estás, *aquí* y *ahora*. Tú puedes hacer muchas cosas, pero ser es algo que haces tú solo, ni más ni menos. Tú eres uno de los miles de millones de experimentos que prueban de un modo continuado cómo es la vida en este planeta. No tienes *ninguna otra elección* que la de ser uno de esos intentos, el que tú eres, de aceptarte y hacer de ello lo que sea debido. *¡De llegar a ser algo!*

Esto suena curioso porque es así de natural, pero es increíblemente importante: cuánto tiempo desperdiciamos en nuestra vida dedicándonos a desear estar en otro sitio distinto al que en realidad estamos, por ejemplo en la playa, o ser otra persona distinta de la que somos, o haber vivido de forma distinta a la que lo hemos hecho o vivir un futuro distinto al que tendremos que vivir. ¡Este constante intento de no estar aquí y ahora y estos deseos, creados por nosotros mismos, son lo más absurdo que existe, pues estamos anhelando lo imposible! No pasa nada y nosotros somos otra persona. ¡Nunca! ¡Tú eres tú mismo, pero no vas a continuar siendo siempre el mismo!

Una vez que uno lo ha entendido bien, tendrá, de una vez por todas, toda la tranquilidad del mundo. Ya que reñir por todo, comparar, desear y poner el grito en el cielo no sirve de nada. Tú sigues siendo el que eres por mucho que protestes. ¡Pero, queridos, las personas pueden *llegar a ser* mucho, realmente casi *todo*!

Cualquier largo viaje hacia cualquier remoto lugar se comienza en un determinado momento y dando los primeros pasos. Y esto sólo lo hacemos como el ser humano que somos, desde el *aquí* y el *ahora*. Aquí y ahora son los únicos lugares y el único momento que *realmente* existen y donde *realmente* estamos, de lo contrario no existe nada. Y eso lo olvidamos con demasiada frecuencia. Tenemos la posibilidad de aceptarnos a nosotros mismos, lo que somos y cómo somos. Simplemente aceptarlo. Sin más contemplaciones, ni valoraciones, ni disputas, ira o rabia. Ya que lo que somos no es ni bueno ni malo, sino que, sencillamente, lo somos.

Virginia Satir, una psicóloga muy competente, dijo:

Yo soy yo. En ningún sitio hay alguien que pueda ser exactamente como yo. Algunas personas se parecen a mí en ciertos aspectos, pero nadie es idéntico a mí. Todo lo mío me pertenece: mi cuerpo y todo lo que hace, mi mente con todos sus pensamientos e ideas, mis ojos con todas las imágenes que ve, todos mis sentimientos, enfado, alegría, frustración, amor, decepción, excitación, mi boca y todas las palabras que pronuncia, ya sean amables, duras o bruscas, verdaderas o falsas, mi voz, alta o baja, y todo lo que hago, sea para los demás o para mí misma.

Puesto que todo lo mío me pertenece, puedo conocerme a la perfección. Si lo hago, puedo amarme y aceptar contenta todas las partes de mi persona. Así puedo hacer posible que se desarrolle lo mejor de mí. Sé que tengo aspectos que me desconciertan, y también sé que hay partes que desconozco totalmente. Sin embargo, mientras que yo sea amable y cariñosa conmigo misma, puedo ser animosa y estar llena de esperanza. El aspecto que tengo, lo que hago o

digo, lo que pienso y siento: ésa soy yo. Ésa soy yo y me muestro a mí misma dónde estoy en este momento. Puedo ver, oír, sentir, pensar, hablar y actuar. Tengo todo lo que necesito para sobrevivir, para estar cerca de los demás, para ser creativa y estructurar a mi alrededor un mundo muy sensato. Yo soy yo y soy muy valiosa.

Bonito, ¿no es cierto? Y muy tranquilizador. Y sencillo. ¡Llevar la dirección de tu propia vida, organizarte a ti mismo, eso es un desafío!

Y ya está. No tengo nada más que decir. ¡Por lo menos hoy no! Te deseo lo mejor del mundo, mucho éxito en tu nuevo trabajo y en tu vida, la que comienza justo en este instante. ¡Adiós!

CHRISTOPH

EJEMPLOS

AHORA VIENEN LOS EJEMPLOS

Aquí encontrarás unos pocos ejemplos de solicitudes, historiales en forma de «DEBES» y «NO DEBES», cómo se pueden hacer bien o mal. Notarás muy claramente la diferencia, sobre todo si lo miras con los ojos de la gente de Personal.

Ejemplo 1: Demasiado conciso

Julián Tachín
C/ Olmeda, 17, Aprto.
28730 Buitrago del Lozoya
(Madrid)

Empresa Macabeos

(att. Sra. Buscagente)
C/ Moldavia 1236

28037 Madrid

Solicitud de empleo

Estimada Sra. Buscagente:

Adjunto le acompaño mi historial.
Como ya le he mencionado vía internet, solicito un empleo como vendedor o en cualquier otro puesto que me pueda servir de desafío.

Atentamente: Julián Tachín

Diálogo interior de la gente de Personal

¡Qué presentación más curiosa, carente de ortodoxia y estética, poco vistosa. Líneas con distinto espaciamiento y tamaños de letra, todo muy amontonado! ¿Qué nos dice? La mitad de la hoja está vacía, ha dejado mucho sitio libre. ¿No tenía nada más que contar?

Dice que quiere ser vendedor o cualquier otra cosa. ¿No sabe lo que quiere? Sólo piensa en un trabajo. No se percibe ningún entusiasmo por la empresa. Sólo quiere la pasta.

¿De qué va? Toda la carta es un aburrimiento. No es convencional ni auténtica, no evidencia autoaprecio, no tiene sentido por los detalles. Es una persona simple, aburrida, seca y totalmente práctica, un minimalista que apenas se toma molestias excepto para lo más preciso. ¡Como trabaje igual...! Toda la carta es un rollo y como solicitud lo único que hace es desquiciarme los nervios.

Además, para ser vendedor hay que tener más espontaneidad, mejor trato personal y más capacidad de convicción. ¡Como vendiera nuestros productos de forma igual de seca a como se vende a sí mismo, estaríamos listos!

Comentario

Con esta carta, el señor Tachín, por desgracia, se ha eliminado él solo. Parece estar claro, ¿no? Si se hubiera molestado un poco en presentarse... Lo que yo siempre digo: ¡Hay que plantear las cosas correctamente!

Ejemplo 2: Demasiado largo

Almacenes Macabeos
(att. Sra. Buscagente)
Altillo, 23
44001 Teruel

Estimada Sra. Buscagente:

He leído con gran interés los anuncios que ha publicado en los diarios locales, y su solicitud de personal me ha causado gran y espontánea satisfacción por su magnífica presentación y su interesante contenido. Además, su empresa es muy conocida entre mis amistades. Por tanto, me permito solicitar uno de sus magníficos empleos y estaría satisfechísima si dispusiera de un tiempo para revisar benévolamente mi currículum.

Además, le puedo agregar que tengo 43 años y soy la tercera de los cuatro hijos de Antonio Estero y María Labrador. Mi padre fue uno de los últimos campesinos del pueblecito de Motilón, y allí cursé mis estudios primarios y secundarios.

Tras pensarlo muy bien, me decidí a hacer unos cursos de comercial y tengo la satisfacción de indicarle que en la firma Agudo, S. A. conseguí un puesto de aprendizaje.

[... y sigue un montón de páginas donde, con prosa fluida, cuenta desde su boda hasta la bendición que le produjo el nacimiento de sus hijos...]

La saluda atentamente:

ANA ESTERO

Diálogo interior de la gente de Personal

¡Qué carta más larga para todo lo que tengo que hacer! ¿Qué nos dice? Al principio nada, únicamente que los anuncios le han resultado *magníficos* e *interesantes* y luego nada otra vez excepto que solicita un empleo, cosa que yo ya casi había pensado que iba a hacer, y que revise *benévolamente* su expediente. ¿Cómo voy a ser benévola?

¡Y ahora viene lo más soso! ¿Qué me interesan sus hermanos y el campesinado de sus padres en Motilón? ¿Qué hay de su propio oficio? Da una impresión muy pobre de ella misma, si por lo menos hubiera ido a la escuela o hecho un aprendizaje. ¡Oh, Dios, casi tiene cincuenta años, y como siga así me veo que mañana aún sigo leyendo su escrito!

Esta buena señora puede resultar simpática, pero ¿qué me interesa de lo que dice? ¿Qué busca, quién es y dónde está? ¿Qué quiere de mí?

Comentario

Ha ido demasiado lejos. Eso de dedicar una página y media de su novela a comentar todos sus pasos desde la boda, los partos hasta sus coqueteos con otras empresas. Así no se va a ningún sitio. Apuesto a que nadie de Personal es capaz de leer una carta así sin irritarse o, al menos, sin que le cause la menor satisfacción. ¡No se hace así!

Ejemplo 3: ¡Así no!

Almacenes Macabeos
(att. Sr. Andogalán)
C/ Altillo, 23
44001 Teruel

Estimado Sr. Andogalán:

Por la presente le presento mi solicitud para el puesto de vendedora. Le acompaño mi currilum y en él podrá comprobar mi evidente aptitud para encajar en alguno de sus ofrecimientos. Yo estaría muy encantada de mantener una revista de trabajo con usted acerca de este tema.

Atentamente: Maria del Ciervo

Diálogo interior de la gente de Personal

¿Qué dicen estos garabatos que apenas puedo leer? ¿Para qué se han inventado los ordenadores y las impresoras? ¡Vaya mujer más anticuada!

Está claro que no se ha tomado ninguna molestia. ¿Por qué no dice que su *afición* es la *grafología* y la *astrología*? Está claro que es irregular y chapucera, desordenada, poco cuidadosa y nerviosa; no la veo en plan profesional. Y esas mayúsculas que parecen los aguijones de la cola de un escorpión..., y no hablemos de toda la letra en general.

¡Además, no se dice «currilum» sino «currículum», ni «revista» sino «entrevista»!

¿Cómo se llama esta dama, «del Ciervo», «del Cuervo...?

Y, por cierto: ¡¡Yo soy la señora *Buscagente*; el señor *Andogalán* se jubiló hace ya mucho tiempo y puede que haya fallecido!! ¡¡Yo soy ahora la nueva Jefa de Personal!!

Comentario

La señora «Ilegible» lo tiene mal por la forma en que la acusan sus garabatos. De una solicitud manuscrita no debes esperar muchos frutos porque apenas se puede leer. Y quien no tenga un ordenador debe hacerse rápidamente con uno de ellos y practicar. No hay comentarios acerca del insuficiente contenido de la carta.

Ejemplo 4: ¡Y así, en absoluto!

Aldo Marques
Camino San Benedito, 44
37480 Fuentes de Oñoro (Salamanca)

Utilidad e Informática, S. A.
(att. Sra. Buscagente)
C/ Loroprés, 908
37003 Salamanca

Muy señores míos:

Escribo porque busco yo un puesto duradero de programador, yo tener 12 años de experiencia en PC y grandes sistema, y software. También hacer trabajos en mi casa.

Yo soy motivado y testarudo para investigar lo que sirva para un trabajo de ensueño.

Mi interés en su empresa ser muy grande, pues todavía no tengo posibilidades de experiencia, pero yo puedo todas las herramientas de software usar para trabajar: Visual Studio 97, Office Prof., 3D Studio, ecétera.

Espero poder ustedes recibir mi oferta, pues ahora carezco todo de trabajo.

Siento no tener mis informes pues quedaron cuando yo separé de mi señora, pero estoy dispuesto si quieren preguntare.

Queriendo esperar su llamada para hablar, les saluda con atención: Aldo Marques

Diálogo interior de la gente de Personal

¡Me llamo Buscagente, señora Buscagente, y no *Muy-señores-míos*! Veamos qué pone:

¿Cómo dice? ¡Los PC no son *grandes sistemas*! Y pretende investigar *testarudamente* para nosotros. Está claro que es extranjero y, además, no nos aporta ninguna clase de historial. Lo tiene su ex mujer y no se lo ha devuelto. ¡Menuda bronca le debieron montar a este pobre hombre! Y *ahora viene bien una sonrisa maliciosa*. Es verdad que su vida se estropeará si no encuentra un trabajo de ensueño. Nos hace falta un programador experimentado, capaz y que hable nuestro idioma...

Comentario

No tengo nada contra los extranjeros, sino todo lo contrario, pero está claro que para trabajar con nosotros tienen que dominar el idioma. Siempre se debe hacer que alguien de confianza, y que tenga ese idioma como lengua materna, repase nuestro historial en la lengua de la empresa. Sin experiencia ni manejo del idioma...

Seguramente nuestro amigo Marques es muy bueno, pero no puede demostrarlo. Desde luego, no con esta carta, que no sirve para superar ningún obstáculo. La esperanza de que hablar con alguien de Personal es correcta: le hablarán para darle una negativa.

NOTAS PARA LOS EJEMPLOS

Joaquín Torrente, página 271

Una página muy bien organizada, un resumen que resulta muy eficaz de entrada y que proporciona una información muy clara acerca de su carrera. Tipo de escritura adecuado y papel de buena calidad, no se puede pedir más.

Berta Proceta, página 272

Este escrito también está muy bien organizado, con letra moderna y original. Información muy concisa, pero llena de intensidad, sobre su historial. Todo en una sola página.

Esteban Toledo, página 274

Una variante muy transparente que resulta muy adecuada para la gente de Recursos Humanos. Bien estructurada, clara e informativa; resulta de un atractivo muy eficaz para la solicitud de un trabajo como informático.

Carola Alpreste, página 277

Una joven busca trabajo como aprendiz para un puesto de ebanistería. Encuentra uno porque ha echado el resto y ha escrito una solicitud absolutamente estupenda: una composición impresa en color sobre papel amarillo pálido resulta absolutamente sensacional para una ebanista, una carta atrevida, voluntariosa y positivamente descarada, el currículum vitae, siendo de una persona que carece de experiencia, es muy sustancioso y sirve como eficaz publicidad.

Juan Martínez, página 281

Estas hojas de cálculo son cosas que se les dan muy bien a los especialistas. Sin embargo, deben ser tan claras y descriptivas como las que aquí nos presenta nuestro amigo Juan.

Currículum. Ejemplo 1. Estético, original y eficaz

Joaquín Torrente

- Diplomado en Ingeniería Eléctrica por la Universidad Voltaica Valenciana.
- Tres años y medio de experiencia como ingeniero de seguridad de redes.
- Mucha experiencia con clientes y empresas, tanto pequeñas y medianas como con grandes firmas.
- Abierto a cualquier tipo de innovación, comunicativo y de ideas positivas.

Historial profesional

Ingeniero de seguridad de redes en la empresa Comunicaciones Estatales
Enero 1997 - octubre 2003

- Participación en el desarrollo y dirección de proyectos del consorcio Firewall Services.

- Autor y ponente de cursos internos sobre «Safety&Security».

- Monitor de equipos internos de «Implementation & Helpdesk».

Joaquín Torrente
c/ Olivo Antiguo, 22
46045 – Valencia
Tfno: 983-xxyyxx
Fax: 983-zzyyww
Móvil: 653-ttmmqq
joato@rs.valenc.es

Currículum. Ejemplo 2. Bonito y claro

Berta Proceta

DATOS PERSONALES

- Berta Proceta
- Fecha de nacimiento: 23 febrero 1985
- Calle del Volantín, 243. 28054-Madrid
- Tfno: 91-xxyyxx
- Móvil: 612-ttmmqq
- bertp@antac.es
- Soltera

FORMACIÓN

- 1991-1998:   Escuela primaria en Majadahonda (Madrid).
- 1998-2002:   Bachillerato en el Instituto la Estrella (Madrid).
- 09/03-05/05:   Contabilidad en la Universidad Económica de Alcorcón (Madrid).

IDIOMAS

- Francés   Oral: nivel conversación.
             Escrito: nivel carta particular.
- Inglés   Oral: nivel conversación de negocios.
             Escrito: nivel correpondencia.

BERTA PROCETA. C/ DEL VOLANTÍN, 243. 28054 MADRID

HISTORIAL PROFESIONAL

- 07/99-09/01 Repocalsa, S. A., Alcobendas (Madrid).
  Asistente comercial: Facturación y libramientos en SAP R/3. Asistencia administrativa a la jefatura de contabilidad. Presentaciones en Powerpoint, tratamiento de textos Word, hojas de cálculo Excel.

- 10/01- hasta hoy Repocalsa, S. A., Alcobendas (Madrid).
  Contable: Contabilidad general sobre acreedores y deudores en SAP R/3.

CONOCIMIENTOS ESPECIALES

- 07/99-09/01
  MS-Office / SAP FI/CO   **Usuario avanzado**

  Contabilidad: Libros de contabilidad Club de Golf de Villanueva del Pardillo (Madrid).

BERTA PROCETA. C/ DEL VOLANTÍN, 243. 28054 MADRID

Currículum. Ejemplo 3. Bonito, claro e informativo

Currículum

Datos personales

Nombre:	Esteban
Apellido:	Toledo
Dirección:	c/ Altastortas 321, 06087 Badajoz
Teléfonos:	924-aabbcc (profesional)
	924-eeffgg (personal)
E-mail:	esteto@pro.es
Fecha de nacimiento:	22 noviembre 1972
Estado civil:	soltero

Formación

1988-1993:   Instituto de Extremadura, Mérida. **Bachiller.**

1993-1997:   Estudios de Química Orgánica e Inorgánica en la Universidad Estatal Pacense, Badajoz. **Licenciado en CC. Químicas.**

1997:   Tesina «Simulación del desarrollo de la polaridad en conexiones multicanal».

1998-1999:   Comienzo de tesis doctoral en el grupo de Cristalografía y Química bajo la tutoría del Dr. Arsenio Canela, del Departamento de Química y Bioquímica. Universidad Estatal Pacense, Badajoz.

Experiencia profesional

1998-1999:   **Adjunto** del Departamento de Química y Bioquímica. Universidad Estatal Pacense, Badajoz: Monitor de prácticas, atención al alumnado, revisión de trabajos científicos, soporte de red, diseño y publicación de páginas web.

1991-1999:   **Tesorero** de la Filmoteca San Benito de Badajoz: Adquisición de carteles de cine, organización de jornadas de trabajo de ámbito cinematográfico, gestión de tesorería.

Desde 1999:   **Ingeniero de Sistemas** en Coprinta e Hijos, Mérida, (asesoría para personal informático): Soporte y administración de sistemas y redes, planificación y desarrollo de proyectos, diseño y publicación de páginas web, diseño gráfico en general, evaluación y adquisición de hard y software.

Desde 2000:   **Diseñador y programador multimedia** para la Clínica Médica de la Universidad Estatal Pacense, Badajoz: Programación configuración e implementación de medios pedagógicos para CD-ROM y páginas web, diseño y publicación web, producción de material para clases teóricas y prácticas.

Conocimientos especiales

- Profundo conocimiento del sistema operativo Apple Macintosh, desde el System 7 hasta Mac OS X.
- Muy buen conocimiento de aplicaciones usuales, en especial Adobe, Macromedia, y productos Microsoft de Macintosh y PC.
- Transmisión de información y solución de problemas.
- Servicio de redes mixtas: PC, Mac, Unix.
- Diseño gráfico para anuncios, cartelería y folletos.

Idiomas

Español	Lengua materna	
Inglés	Oral: excelente	Escrito: excelente
Francés	Oral: conversación a buen nivel	Escrito: cartas sencillas
Alemán:	Oral: conversaciones sencillas	Escrito: defectuoso.

Referencias

Informática

Lucas Sangoro
Coprinta e Hijos,
06800 Mérida (Badajoz)

924-1234XX
lucsan@coprinta.es

Dr. Eustaquio Alondra
Departamento de Informática
Universidad Estatal Pacense

C/ Reina de Saba, 976
C/ Reina de Saba, 976
eustal@uepac.es

Química

Prof. Dr. Arsenio Canela
Departamento de Química
y Bioquímica.
Universidad Estatal Pacense

C/ Reina de Saba, 976
06087 Badajoz
arcane@uepac.es

Cine

Angel Guarda
Filmoteca San Benito

c/ Amor Magnífico, 98
06087 Badajoz
924-aadd ff
anguar@cine.es

Currículum. Ejemplo 4. Poco convencional y muy estético. Papel color amarillo pálido

Ebanistería Herencia, Marazuela y Cía.
Camino de la Fuente, 17
4001 Segovia

Estimados señores Herencia y Marazuela:

Después de pasar toda una semana curioseando en su taller, he terminado absolutamente maravillada. Todo lo que producen ustedes me tiene absolutamente fascinada.

Para mí la cosa está muy clara. ¡Lo único que deseo es aprender ebanistería con ustedes!

Incluso aunque, como supongo, para este año no tengan el menor puesto para ofrecerme, les ruego acepten mi solicitud de empleo como aprendiz de ebanistería a partir del próximo verano.

Les garantizo que al trabajar con ustedes voy a dar lo mejor de mí para ser como una magnífica estudiante del oficio.

Tengo algún pequeño bagaje que ofrecerles:

- Un período de prácticas de 7 meses en Ebanisterías Colomé, de León.
- Acostumbrada a tratar con los clientes.
- Título de Bachiller.
- Estoy a punto de conseguir el carnet de conducir (me examino pronto).
- Enorme interés por la ebanistería.

Como referencia, pueden ustedes conectar con mi anterior jefe: Rufino Colomé. Quedo impaciente a la espera de sus noticias, y celebraría enormemente recibir su llamada.

Afectuosamente: Carola Alpreste

P. D.: En caso de que ustedes me rechacen, me haré una vagabunda o, incluso, algo peor: ¡Trataré de estudiar en una ebanistería francesa! ¿A que es terrible?

Currículum vitae

Carola Alpestre
Ronda del Bandido, 146
24021-León
caralp@rban.es
Móvil: 679-xxzzyy

Fecha de nacimiento:	17 junio 1983
Estado civil:	Soltera
Natural:	Elda (Alicante)

Estudios

1997-2002:	Instituto Profesional, León. Orientación profesional hacia Psicología, Pedagogía o Filosofía.
1993-1997:	Instituto de Bachillerato, Alcoy (Alicante).
1989-1993:	Escuela primaria Daellos, Almansa (Albacete).

Actividades profesionales

Desde nov. 2002:	Aprendiza en Ebanisterías Colomé, León. Dedicación al 90 %.
Desde la primavera de 2002:	Servicio de bar en el Club Salsero, León. Al 10 %.
Julio a octubre de 2002:	Camarera en el Restaurante Borinquen, León. Al 70 %.

Trabajos en períodos de vacaciones

Año 2000 (dos semanas):	Pintora en Contratas Félix, León.
Año 1999 (dos semanas):	Empleada del Bar Eugenio, León.
Año 1998 (tres semanas):	Gasolinera de Ponferrada (León).
Año 1997 (dos semanas):	Trabajos de archivo en Calzados Rumor, Elda.

Idiomas

Español:	Lengua materna.
Inglés:	Oral y escrito (nivel de Bachillerato).
Francés:	Oral y escrito (nivel de Bachillerato).
En el año 2000 (tres semanas):	Estancia para estudiar inglés en Thames River Academy, Londres.
Alemán:	Clases particulares desde febrero de 2003.

Referencias

Rufino Colomé (es mi jefe actual).	Ebanisterías Colomé. Calle Anterior al Puente, 234 24055-León Tfno.: 987-xzyyxz

Currículum. Ejemplo 5. Los conocimientos especiales en un vistazo

Perfil de Juan Martínez

Lenguajes de programación
(ordenados alfabéticamente)

Ordenadores	Años	1	2	3	4	Cliente/servidor	Años	1	2	3	4
ANSI COBOL	10			X		Borland C					
HP SPL						Borland C++					
IBM Assembler						Clipper					
IBM CSP						IDEAL PC					
IBM FORTRAN						Java					
IBM IDEAL						MS Visual Basic					
IBM JCL	10			X		PowerBuilder	3				X
NCR Neat/3						dmbasic	1		X		
NCR Neat/VS						DQL	2		X		
						ABAP/4		X			
						UNIX-Shell	2		X		
						PL/SQL	1		X		

Leyenda: Años: tiempo de trabajo con el producto/ 1 = Formación. 2 = Experiencia práctica. 3 = Sólidos conocimientos. 4 = Experto

Bases de datos
(ordenados alfabéticamente)

Ordenadores	Años	1	2	3	4	Cliente/servidor	Años	1	2	3	4
DL/1						DBase					
DB/2	6				X	MS Access	2		X		
Total						Oracle	4				X
						RDB					
						Sybase	3		X		

Leyenda: Años: tiempo de trabajo con el producto/ 1 = Formación. 2 = Experiencia práctica. 3 = Sólidos conocimientos. 4 = Experto

Perfil de Juan Martínez

Sistemas operativos (ordenados alfabéticamente)											
Ordenadores	**Años**	**1**	**2**	**3**	**4**	**Cliente/servidor**	**Años**	**1**	**2**	**3**	**4**
CICS	8			X		DOS	2		X		
IMS	8			X		UNIX	3			X	
JES						MS Access	2		X		
MVS	10			X		Novell NW 2/3/4					
RJE						Oracle	2		X		
Tranpro						RDB					
TSO	10			X		Sybase					
VRX						Wind. NT Server	1		X		
VSE						Windows 3/95/NT	4			X	
UNIX	4			X		LINUX	1		X		

Leyenda: Años: tiempo de trabajo con el producto/ 1 = Formación. 2 = Experiencia práctica. 3 = Sólidos conocimientos. 4 = Experto

Topología de redes, protocolos y productos (ordenados alfabéticamente)											
WAN	**Años**	**1**	**2**	**3**	**4**	**LAN**	**Años**	**1**	**2**	**3**	**4**
ATM						Ethernet					
Frame Relay						HUB					
ISDN						IPX/SPX					
Multipoint						NetBEUI					
Router						NetBiOS					
TCP/IP	4		X			Switch					
Telepac x.25						Tokenring					

Leyenda: Años: tiempo de trabajo con el producto/ 1 = Formación. 2 = Experiencia práctica. 3 = Sólidos conocimientos. 4 = Experto

Herramientas (ordenadas alfabéticamente)											
Planificación	**Años**	**1**	**2**	**3**	**4**	**Herramientas**		**1**	**2**	**3**	**4**
Entscheidungst						ISPF	10				X
Hermes						MS Office	6				X
HI-PO						MS Projekt					
Jackson	8			X		Time-Line					
Merise											
N-Phasen											
Top-Down											

SITIOS WEB

Asesoramiento personal y bancos de datos de trabajo

Nota:

Prácticamente en todas las universidades públicas y privadas disponen, para sus licenciados, de oficinas de asesoramiento sobre ofertas, currícula, aspectos legales, etc., relativos al empleo, por lo que en lugar de proceder a una relación más o menos exhaustiva, estimamos preferible la consulta directa vía internet.

En cualquier buscador de internet, la sola introducción de palabras clave del tipo «asesoramiento laboral», «trabajo temporal», «ofertas de empleo», «búsqueda de trabajo», etc., proporcionará una auténtica oleada de datos sobre instituciones oficiales y privadas, a nivel universal, estatal, comunitario, regional y provincial relacionadas con el tema en cuestión. Unas veces la posibilidad de incorporación y consulta a sus bancos de datos es a título gratuito y, en otros casos, se exige el pago de determinadas cuotas.

Las organizaciones que se presentan en la lista que sigue no han sido seleccionadas por ninguna particularidad especial y, en todo caso, no se puede ofrecer ninguna garantía sobre la posibilidad de obtención de empleo por su intermedio.

www.inem.es/inicial/descargas.html

Es el Servicio Público de Empleo Estatal del Instituto de Empleo y contiene detallada información sobre todo tipo de ofertas de empleo de la Administración General del Estado, modelos de contrato, etc.

www.laboris.net

Es la bolsa de empleo del Grupo Anuntis Segundamano; publica *Mercado de Trabajo,* de difusión nacional, y *Mercado Laboral,* que tienen ediciones locales en Cataluña, en la Comunidad de Madrid, en Andalucía y en Valencia.

http://empleo.paginasamarillas.es

Bolsa de ofertas de empleo de las Páginas Amarillas.

www.empleo.com

Permite la búsqueda de ofertas de empleo clasificadas tanto por sectores laborales como por su localización geográfica

www.administrativos.com

Página especializada en la localización de empleos de tipo administrativo o de secretariado.

www.eduso.net

Portal para educadores sociales.

www.michaelpage.es

Página internacional con criterios de búsqueda de ofertas en España.

www.primerempleo.com

Portal gratuito dedicado a recién titulados sin experiencia laboral.

www.atiempoparcial.com

Portal español que ofrece e informa sobre trabajos a tiempo parcial.

www.teletrabajo.es

Ofertas de trabajo y demanda de empleo para todo tipo de trabajos realizados a distancia por personas externas a una organización.

www.talentmanager.com

Página internacional para buscar ofertas por países, sectores y funciones.

Azcarreras.com

Una de las mejores páginas para aprender a hacer un buen curriculum. Además tienen entrevistas con grandes empresas.

www.monster.es

Búsqueda de ofertas por países, regiones y sectores.

www.trabajo.org

Bolsa de trabajo on-line de todos los sectores.

www.oficinaempleo.com

Información sobre empleo y bolsa de trabajo.

www.mtas.es
(Ministerio de Trabajo y Asuntos Sociales)

Información sobre el empleo en España, guía laboral y de asuntos sociales, información estadística y ellaces a los órganos dependientes.

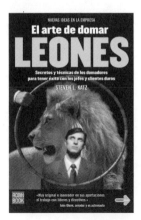

El arte de domar leones
STEVEN L. KATZ

Según el autor de este libro, Steven L. Katz, no hay duda de que las relaciones humanas en el mundo empresarial actual pueden ser comparadas con la doma de animales salvajes. No se trata sólo de nuestros jefes, sino también de nuestros compañeros e, incluso, de nuestros clientes. *El arte de domar leones* es un libro eminentemente práctico que nos enseñará a descubrir el fantástico domador que todos llevamos dentro.

China. Mil millones de consumidores
JAMES MCGREGOR

Con 1.300 millones de habitantes, el mercado chino pronto superará al norteamericano y europeo juntos. El autor, James McGregor, ex directivo de numerosas empresas en China y exitoso emprendedor por cuenta propia, nos descubre las maniobras necesarias para negociar con el gigante asiático y las claves para navegar por las aguas a menudo imprevisibles de las negociaciones internacionales.

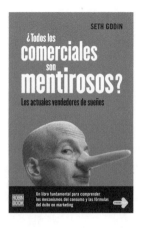

¿Todos los comerciales son mentirosos?
SETH GODIN

En el mundo empresarial actual, es más importante lo que el consumidor cree que lo que es el producto realmente. Una buena historia, bien contada y vendida, hace que el comprador esté dispuesto a pagar un plus por la exclusividad. Y la empresa que crece en el mundo de hoy es la que se dedica a satisfacer deseos, no la que satisface necesidades. Un libro especialmente dirigido a los interesados en el mundo del marketing desarrollado de manera intrigante y reveladora.

La carta de presentación

FLORENCE LE BRAS

La guía definitiva para redactar cartas de presentación eficaces y conseguir el empleo que desea.

No es posible acceder a un puesto laboral sin un dossier de candidatura correctamente elaborado. La redacción de la carta de presentación es, sin duda, una de las etapas más difíciles en la búsqueda de empleo. Esta útil y práctica guía da respuesta a todas las cuestiones que nos asaltan al redactar una carta de presentación.

La mujer líder

AMY HENRY

Con una experiencia en el mundo de los negocios de más de diez años, Amy Henry ha demostrado que tiene todo lo que hay que tener —determinación, inteligencia, creatividad, profesionalidad y encanto— para triunfar en el mundo empresarial de hoy. Sus experiencias y consejos pueden ser muy valiosos para superar los momentos más críticos en el ascenso profesional.

Los amos del mundo

SABRINA COHEN Y PAOLO LIGAMMARI

Las biografías que nos revelan el éxito de los hombres y las mujeres que han acumulado las mayores fortunas del planeta. ¿Quiénes son y como lo han conseguido?

Los autores han analizado la historia de estos personajes destacados y nos descubren las claves de su éxito, cómo consiguieron acumular sus inconmensurables fortunas, el camino que siguieron y la historia que les acompaña.